設備取得を支援する!

中小企業投資促進税制／経営強化税制の実務

税理士 橋本 満男 著

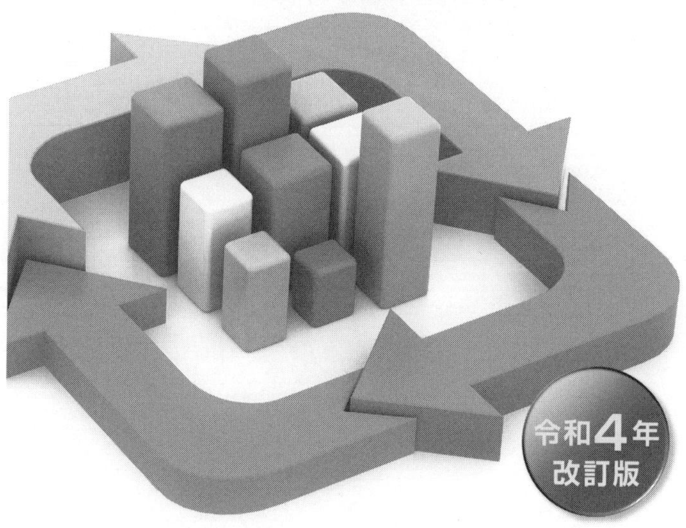

令和4年改訂版

中小企業の生産性向上や経営基盤強化を後押しする2税制をQ&Aを交えて徹底解説!

一般財団法人 大蔵財務協会

はじめに

地域経済の中核を担う中小企業を取り巻く状況は、ますます厳しさを増しており、ポストコロナを見据えて、生産性の向上や経営基盤の強化を支援する必要があるとの思いから、令和３年度税制改正では、中小企業者等に係る軽減税率の特例、中小企業投資促進税制及び中小企業経営強化税制の適用期限を２年延長するとともに、商業・サービス業・農林水産業活性化税制については、対象業種を中小企業投資促進税制に統合のうえ廃止されました。

中小企業経営強化税制では令和２年にコロナ緊急対策として、テレワーク等に資する「デジタル化設備（Ｃ類型)」が対象資産に追加され、さらに３年度改正でも対象資産に「経営資源集約化に資する設備（Ｄ類型）が追加されています。

多くの中小企業者に利用されている中小企業投資促進税制及び中小企業経営強化税制は、それぞれ一定の要件の下に適用を認めることとしているため、その適用に当たっては法人を取り巻く環境に応じた選択と検討が求められます。

本書は、この中小企業の設備取得２税制を適用するための手引書としてご利用いただきたく、実務的な取扱いについて解説するものです。

多くの中小企業者に設備取得２税制が活用され、その利用に当たって本書が理解する手助けとなれば幸いです。

最後に本書の刊行にご助力を賜りました大蔵財務協会の皆様に御礼を申し上げます。

令和４年１月

税理士　橋本満男

もくじ

第1章　中小企業の設備取得2税制の概要

第2章　中小企業投資促進税制

2 適用対象資産

3 指定事業

4 特別償却

5 特別税額控除

6 その他

第3章　中小企業経営強化税制

Ⅲ Q&A ……………………………………………… 202

第４章　参考法令集

凡　例

法法………………法人税法
法令………………法人税法施行令
法規………………法人税法施行規則
措法………………租税特別措置法
措令………………租税特別措置法施行令
措規………………租税特別措置法施行規則
法基通……………法人税基本通達
措通………………租税特別措置法通達（法人税編）
旧法法……………令和３年度改正法による改正前の法人税法
旧法令……………令和３年度改正法令による改正前の法人税法施行令
旧法規……………令和３年度改正法規による改正前の法人税法施行規則
旧措法……………令和３年度改正法による改正前の租税特別措置法
旧措令……………令和３年度改正措令による改正前の租税特別措置法施行令
旧措規……………令和３年度改正措規による改正前の租税特別措置法施行規則
旧措通……………令和３年度改正措通による改正前の租税特別措置法通達
耐通………………耐用年数の適用等に関する取扱通達
改正法附則………令和３年改正法附則
経営強化法………中小企業等経営強化法
経営強化法令……中小企業等経営強化法施行令
経営強化法規……中小企業等経営強化法施行規則
競争力強化法……産業競争力強化法
競争力強化法令…産業競争力強化法施行令
競争力強化法規…産業競争力強化法施行規則
会社法……………会社法
震災税特法………東日本大震災の被災者等に係る国税関係法律の臨時特例に関する法律

※　本書は令和４年１月10日現在の法令・通達、情報によっています。

第1章

中小企業の設備取得 2 税制の概要

Ⅰ　中小企業の設備取得２税制の骨子と比較

令和３年度改正では、中小企業投資促進税制及び中小企業経営強化税制の適用期限が２年延長されるとともに、商業・サービス業・農林水産業活性化税制については、対象業種を中小企業投資促進税制に統合したうえ廃止されました。

以下、この本において解説する中小企業の設備取得２税制とは、次の２つの制度をいいます。

- **中小企業投資促進税制**―中小企業者等が機械等を取得した場合の特別償却又は法人税額の特別控除（租税特別措置法第42条の６）
- **中小企業経営強化税制**―中小企業者等が特定経営力向上設備等を取得した場合の特別償却又は法人税額の特別控除（租税特別措置法第42条の12の４）

1 設備取得２税制の骨子

設備取得２税制の骨子は次の各表のとおりです。

(1) 中小企業投資促進税制（措法42の６）

<table>
<tr><td colspan="3">一定の機械装置等の対象設備を取得した場合、特別償却又は税額控除が選択適用できる。</td></tr>
<tr><td>対象法人</td><td colspan="2">青色申告書を提出する、資本金又は出資金の額が１億円以下の法人等</td></tr>
<tr><td>適用期間</td><td colspan="2">平成10年６月１日から令和５年３月31日まで</td></tr>
<tr><td rowspan="8">対象設備</td><td colspan="2">下記の設備であって、指定事業の用に供するもの</td></tr>
<tr><td>設備</td><td>取得価額要件等</td></tr>
<tr><td>機械装置</td><td>単品160万円以上</td></tr>
<tr><td>測定工具及び検査工具</td><td>単品120万円以上又は単品30万円以上かつ事業年度で複数合計120万円以上</td></tr>
<tr><td>一定のソフトウェア</td><td>単品70万円以上又は事業年度で複数合計70万円以上</td></tr>
<tr><td>普通貨物自動車</td><td>車両総重量3.5t以上</td></tr>
<tr><td>内航船舶</td><td>取得価額の75％が対象</td></tr>
<tr><td colspan="2">国内への投資であること、中古資産・貸付資産でないこと　等</td></tr>
<tr><td>指定事業</td><td colspan="2">製造業、建設業、鉱業、卸売業、道路貨物運送業、倉庫業、港湾運送業、ガス業、小売業、料理店業その他の飲食店業（料亭、バー、キャバレー、ナイトクラブその他これらに類する事業については生活衛生同業組合の組合員が行うものに限る。）ほか</td></tr>
<tr><td rowspan="2">措置の内容</td><td>資本金3,000万円以下の法人</td><td>取得価額[注]の30％の特別償却又は７％の税額控除
（注）内航船舶は取得価額の75％相当額</td></tr>
<tr><td>資本金3,000万円超１億円以下の法人</td><td>取得価額[注]の30％の特別償却
（注）内航船舶は取得価額の75％相当額</td></tr>
</table>

(2)　中小企業経営強化税制（措法42の12の４）

中小企業等経営強化法に基づき、認定を受けた経営力向上計画に従って行われた、一定の設備投資について、即時償却又は税額控除が選択適用できる。

対象法人	青色申告書を提出する、資本金又は出資金の額が１億円以下の法人等であって、中小企業等経営強化法の経営力向上計画の認定を受けた同法の特定事業者等に該当するもの
適用期間	平成29年４月１日から令和５年３月31日まで
対象設備	下表の設備であって、指定事業の用に供するもの

類型	生産性向上設備（A類型）	収益力強化設備（B類型）	デジタル化設備（C類型）	経営資源集約化に資する設備（D類型）
要件	一定期間内に販売されたモデルで、その生産性が旧モデル比で年平均１％以上向上する設備	投資利益率が年平均５％以上の投資計画に係る設備	遠隔操作、可視化、自動制御化のいずれかを可能にする投資計画に係る設備	計画終了年次の修正ROA又は有形固定資産回転率が一定の率を満たす投資計画に係る設備
設備	機械装置(160万円以上) 測定工具及び検査工具（30万円以上） 器具備品（30万円以上） 建物附属設備(60万円以上) ソフトウェア(70万円以上)	機械装置（160万円以上） 工具（30万円以上） 器具備品（30万円以上） 建物附属設備（60万円以上） ソフトウェア（70万円以上）		
確認者	工業会等	経済産業局		

<table>
<tr><td rowspan="2"></td><td>その他要件</td><td colspan="2">①生産等設備を構成するものであること
（生産等活動の用に直接供される設備が対象）
②国内への投資であること
③中古資産・貸付資産でないこと　等</td></tr>
<tr><td colspan="3">(注) 1　発電用設備（機械装置及び建物付属設備）のうち売電割合50％超に係るものは対象外となる。
2　器具備品のうちの医療機器及び建物附属設備は医療保健業を行う事業者が取得する場合に対象外となる。
3　A類型のソフトウェアは、設備の稼働状況等に係る情報収集機能及び分析・指示機能を有するものであることが必要である。</td></tr>
<tr><td>指定事業</td><td colspan="3">中小企業投資促進税制の指定事業に同じであり、製造業、建設業、鉱業、卸売業、道路貨物運送業、倉庫業、港湾運送業、ガス業、小売業、料理店業その他の飲食店業（料亭、バー、キャバレー、ナイトクラブその他これらに類する事業については生活衛生同業組合の組合員が行うものに限る。）ほか</td></tr>
<tr><td rowspan="2">措置の内容</td><td colspan="2">資本金3,000万円以下の法人</td><td>即時償却又は10％の税額控除</td></tr>
<tr><td colspan="2">資本金3,000万円超
１億円以下の法人</td><td>即時償却又は７％の税額控除</td></tr>
</table>

２ 設備取得２税制の比較

	中小企業投資促進税制 （令5.3.31まで適用）	中小企業経営強化税制 （令5.3.31まで適用）
経営力向上計画	不要	必要
設備 （いずれも一定のものに限る）	機械装置	機械装置
	測定工具・検査工具	工具
		器具備品
		建物附属設備
	ソフトウエア	ソフトウエア
	普通貨物自動車	
	内航船舶	
指定事業	あり（２税制の指定事業は同一）	
特別償却	30％	即時償却
税額控除	７％（資本金3,000万円以下のみ適用可）	10％（資本金3,000万円超１億円以下は７％）
控除上限	上記２税制の合計で調整前法人税額の20％	

○　中小企業投資促進税制は何らの事前手続を要しません。

○　中小企業経営強化税制を利用するためには、事前手続として中小企業等経営強化法に定める経営力向上計画について認定を受ける必要があります。

　ただし、経営力向上計画書の作成は難しいものではありませんし、法人税（又は所得税）の優遇だけでなく、補助金や融資、法的支援においても有利に作用します。

○　設備取得２税制の適用に当たっては、事前手続の有無、税制優遇の内容、対象設備、要件等を比較したうえでの活用が期待されます。

Ⅱ 中小企業の設備取得２税制に係る令和３年度改正のポイントと改正後の措置の概要

設備取得２税制の令和３年度改正のポイント及び、令和３年度改正後における各税制措置の相関図は以下のとおりです。

1　設備取得２税制の令和３年度改正のポイント

(1)　中小企業投資促進税制

○　適用期限が、令和５年３月31日まで２年延長されました。

○　適用対象法人に商店街振興組合が加わり、中小企業者又は農業協同組合等若しくは商店街振興組合となりました。

　また、みなし大企業の判定における大規模法人の範囲が見直され、大規模法人から独立行政法人中小企業基盤整備機構（判定法人の発行する株式が中小企業等経営強化法の認定事業再編投資組合の組合財産である場合におけるその組合員の出資に係る部分に限ります。）を除外する措置が廃止されました。

○　適用対象資産から匿名組合契約等の目的である事業の用に供するものが除外されました。

○　指定事業に次の事業が追加されました。

①　料亭、バー、キャバレー、ナイトクラブその他これらに類する事業で、生活衛生同業組合の組合員が行うもの

②　不動産業

③　物品賃貸業

⑵　中小企業経営強化税制

○　適用期限が、令和５年３月31日まで２年延長されました。

○　適用対象法人のみなし大企業の判定における大規模法人から独立行政法人中小企業基盤整備機構（判定法人の発行する株式が中小企業等経営強化法の認定事業再編投資組合の組合財産である場合におけるその組合員の出資に係る部分に限ります。）を除外する措置が廃止されました。

また、中小企業等経営強化法が改正され、経営力向上計画の認定を受けることができる者が同法の特定事業者等（改正前：同法の中小企業者等）とされましたが、同法の中小企業者等で同法の特定事業者等に該当しないものについては、経過措置として、令和５年３月31日までの間は、同法の特定事業者等とみなして、同法の経営力向上に関する規定が適用されます。

○　適用対象資産は、中小企業等経営強化法施行規則の改正により、「経営資源集約化に資する設備（D類型）」が加わりました。

⑶　商業・サービス業・農林水産業活性化税制

○　適用期限の到来をもって廃止されました。

2 令和３年度改正後の設備取得に係る税制措置の概要

法人税[※1]について、即時償却又は取得価額の10%[※2]の税額控除が選択適用できます。（中小企業経営強化税制）

※１ 個人事業主の場合には所得税　　※２ 資本金3000万円超１億円以下の法人は７％

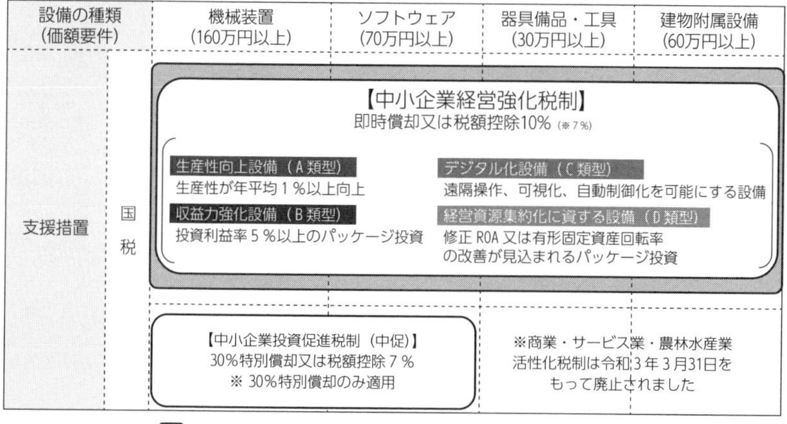

□を付した部分は、経営力向上計画の認定が必要
※ を付した部分は、資本金3,000万円超１億円以下の法人の場合

（出所：中小企業庁「中小企業等経営強化法に基づく支援措置活用の手引き」）

第2章

中小企業投資促進税制

解説

中小企業投資促進税制、すなわち「中小企業者等が機械等を取得した場合の特別償却又は法人税額の特別控除（措法42の６）」制度は、中小企業者等が一定の機械装置等の対象設備を取得や製作等した場合に、基準取得価額の30％の特別償却又は７％の税額控除が選択適用（税額控除は資本金3,000万円以下の法人のみ）できるものです。

本制度のポイントは以下のとおりです。

○　ポイント

1　特別償却が適用できる法人は、青色申告書を提出する中小企業者又は農業協同組合等若しくは商店街振興組合である。

　税額控除が適用できる法人は、上記の法人のうち資本金の額が3,000万円以下の法人等（特定中小企業者等）に限られる。

2　対象資産は、特定機械装置等であり、それは機械及び装置及び一定の工具、ソフトウェア、車両及び運搬具、船舶であって一定の規模のものに限られる。

3　対象資産のうち、機械及び装置については１台又は１基の取得価額が160万円以上、一定の工具については１台又は１基の取得価額が120万円以上若しくはその事業年度における複数の一定の工具（単品30万円以上のものに限る。）の取得価額の合計額が120万円以上及び一定のソフトウェアについては一のソフトウェアの取得価額が70万円以上若しくはその事業年度における複数の一定のソフトウェアの取得価額の合計額が70万円以上の取得価額要件がある。

4　対象資産は製造業、建設業などの指定事業の用に供した場合にのみ適用できる。

5　国内において事業の用に供されないもの、中古資産及び貸付資産（一定の船舶を除く。）は対象にならない。

6　特別償却限度額は、基準取得価額の30％相当額である。特別償却不足額については、１年間の繰越しができる。

7　税額控除限度額は、基準取得価額の７％相当額である。ただし、供用年度において控除できる金額は、本制度における税額控除、及び中小企業経営強化税制（措法42の12の４）の規定における税額控除の合計でその事業年度の調整前法人税額の20％相当額が限度である。

供用年度で控除できなかった金額は、１年間の繰越しが認められる。

8　租税特別措置法上の圧縮記帳及び他の特別償却等との重複適用は認められないが、法人税法上の圧縮記帳との重複適用は認められる。

9　本制度の適用を受けるためには、確定申告書等に償却限度額の計算に関する明細書と付表及び控除の対象となる特定機械装置等の取得価額、適用金額等を記載した書類を添付する必要がある。また、適用額明細書も添付すること。

1 概要

本制度は、中小企業者等(注１)が指定期間(注２)内に、新品の特定機械装置等(注３)を取得し(注４)又は製作して、これを国内にあるその中小企業者等の営む指定事業(注５)の用に供した場合に、その指定事業の用に供した日を含む事業年度において、普通償却のほかに特別償却（基準取得価額の30％）ができるというものです。なお、中小企業者等のうちの特定中小企業者等(注６)にあっては特別償却に代えて税額控除（基準取得価額の７％）が選択控除できます（措法42の６①②）。

(注)１　中小企業者等とは、中小企業者（適用除外事業者に該当するものを除きます。）又は農業協同組合等若しくは商店街振興組合で青色申告書を提出するものをいいます。
２　指定期間とは、平成10年６月１日から令和５年３月31日までの期間をいいます。
３　特定機械装置等とは、機械及び装置並びに一定の工具、ソフトウエア、車両運搬具及び船舶をいいます。
４　特別償却については、所有権移転外リース取引により取得したものを除きます（措法42の６⑥）
５　指定事業とは、製造業、建設業等をいいます。ただし、内航船舶貸渡業以外の貸付業は除かれます。
６　特定中小企業者等とは、中小企業者等のうち、資本金等の額が3,000万円超の法人（農業協同組合等及び商店街振興組合を除きます。）以外の法人をいいます。

2 適用対象法人

本制度の適用ができる法人は、次に掲げる法人です。

(1) 特別償却

中小企業者又は農業協同組合等若しくは商店街振興組合で、青色申告書を提出するもの（以下「中小企業者等」といいます。）をいい、具体的には次の法人を指します（措法42の６①）。

①　中小企業者

次の法人のうち適用除外事業者（※1）に該当しないものをいいます（措法42の4⑧七八、措令27の4㉑）。

イ　資本金の額又は出資金の額が1億円以下の法人のうち次に掲げる法人以外の法人

一　その発行済株式又は出資（その有する自己の株式又は出資を除きます。次号において同じです。）の総数又は総額の2分の1以上が同一の大規模法人（※2）の所有に属している法人

二　その発行済株式又は出資の総数又は総額の3分の2以上が複数の大規模法人（※2）の所有に属している法人

ロ　資本又は出資を有しない法人のうち常時使用する従業員の数が1,000人以下の法人（※3）

②　農業協同組合等

農業協同組合、中小企業等協同組合、出資組合である商工組合等（詳細は19ページの農業協同組合等の表参照）をいいます（措法42の4⑧九）。

③　商店街振興組合

令和3年度改正で、対象法人に商店街振興組合が追加されました（措法42の6①）。なお、商店街振興組合は、特定中小企業者等にも該当することとされています（措令27の6⑦）。

（注）　商店街振興組合は、改正前においても、中小企業者に該当すれば本制度の対象でしたが、この改正により、出資金の額が1億円を超えることにより中小企業者に該当しない場合であっても本制度の対象となります。

※1　適用除外事業者とは

中小企業者から除かれる適用除外事業者とは、次の算式の

要件に該当する法人をいいます（措法42の４⑧八、措令27の４㉒～㉖）。

(算式)

$$\frac{\text{その事業年度開始の日前３年以内に終了した各事業年度の所得金額の合計額}}{\text{上記の各事業年度の月数の合計数}} \times 12 > 15\text{億円}$$

○　所得金額は別表一「１」（マイナスの場合は０）。

○　設立後３年を経過していないなど、一定の事由がある場合には、この算式の金額に一定の調整を加えた金額で判定します。

○「その事業年度開始の日前３年以内に終了した各事業年度の所得金額」が、例えば修正申告や更正により変更された場合には、変更後の正当額により改めて判定を行うことになります。また、「一定の事由」に基づく金額の計算についても同様です（措通42の４(3)－１の２）。

※２　大規模法人とは

株式の所有割合で中小企業者から除かれる法人を算出する場合の大規模法人とは、下表のⅰ～ⅳに該当する法人をいい、中小企業投資育成株式会社は除かれます。

ⅰ	資本金の額又は出資金の額が１億円を超える法人
ⅱ	資本又は出資を有しない法人のうち常時使用する従業員の数が1,000人を超える法人

iii	大法人による完全支配関係がある法人 ※　大法人とは、資本金の額又は出資金の額が５億円以上である法人、相互会社若しくは外国相互会社（常時使用従業員数が1,000人超のものに限ります。）又は受託法人をいいます。
iv	100％グループ内の複数の大法人に発行済株式又は出資の全部を直接・間接に保有されている法人

（注）　令和３年度改正により、みなし大企業の判定における大規模法人の範囲が見直され、みなし大企業の判定における大規模法人から独立行政法人中小企業基盤整備機構（みなし大企業の判定の対象法人の発行する株式の全部又は一部が中小企業等経営強化法の認定事業再編投資組合の組合財産である場合におけるその組合員の出資に係る部分に限ります。）を除外する措置が廃止されました（措法42の６①、旧措令27の６①）。

※３　資本等を有しない法人

中小企業者に該当するかどうかの判定において従業員数基準が適用されるのは、資本又は出資を有しない法人のみです。したがって、資本金等の額が１億円以下の法人については、15ページのイ一、二に該当しない限り、常時使用する従業員の数が1,000人を超えても中小企業者に該当します（措通42の４(3)－２）。

なお、「常時使用する従業員の数」は、常用であると日々雇い入れるものであるとを問わず、事務所又は事業所に常時就労している職員、工員等（役員を除きます。）の総数によって判定します。この場合において、法人が酒造最盛期、野菜缶詰・瓶詰製造最盛期等に数か月程度の期間その労務に従事する者を使用するときは、当該従事する者の数を「常時使用する従業員の数」に含めます（措通42の４(3)－３）。

　また、出資を有しない公益法人等又は人格のない社団等については、収益事業に従事する従業員数だけでなくその全部の従業員数によって行います（措通42の４(3)－４）。

参考　中小企業者の範囲（措法42の４⑧七八、措令27の４㉑～㉖）

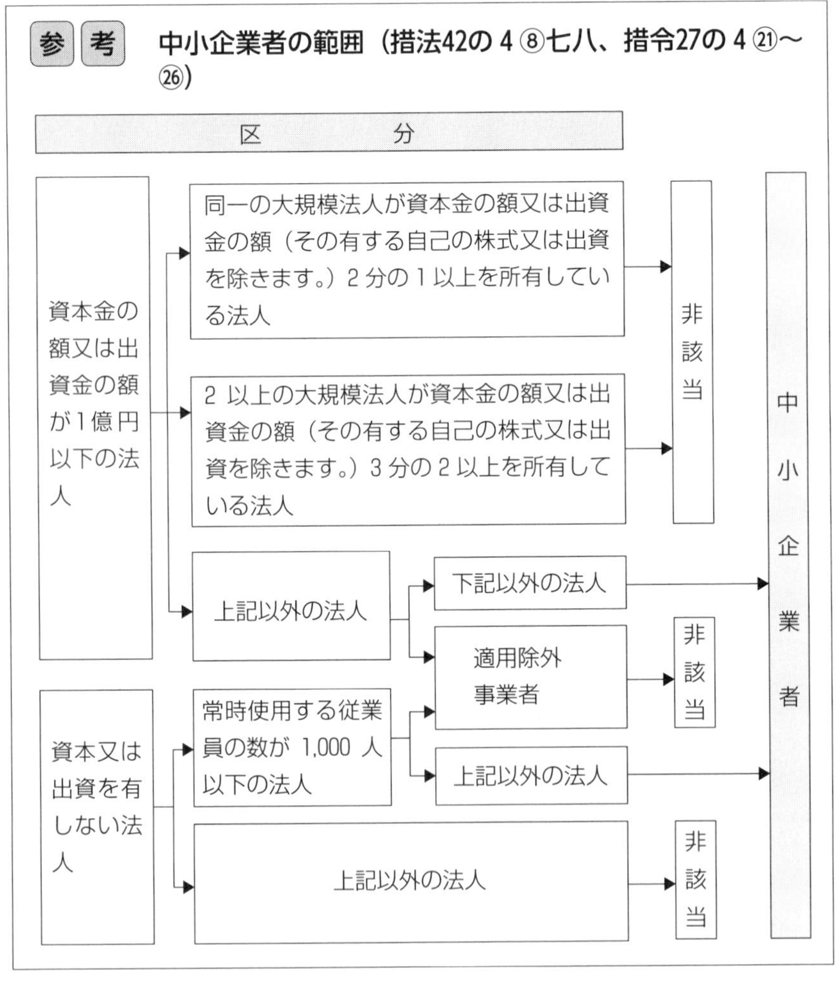

○　特別償却が適用できる中小企業者等の範囲

中小企業者等の分類	具体的な対象法人
中小企業者（青色申告する適用除外事業者に該当しない右の法人に限る）	イ　資本金の額又は出資金の額が１億円以下の法人 ただし、次の法人を除く。 一　その発行済株式又は出資（自己の株式又は出資を除く。二において同じ。）の総数又は総額の２分の１以上が同一の大規模法人に所有されている法人 二　その発行済株式又は出資の総数又は総額の３分の２以上が複数の大規模法人に所有されている法人 ロ　資本又は出資を有しない法人のうち常時使用する従業員の数が1,000人以下の法人
農業協同組合等（青色申告する右の法人に限る）	農業協同組合、農業協同組合連合会、中小企業等協同組合、出資組合である商工組合及び商工組合連合会、内航海運組合、内航海運組合連合会、出資組合である生活衛生同業組合、漁業協同組合、漁業協同組合連合会、水産加工業協同組合、水産加工業協同組合連合会、森林組合並びに森林組合連合会
商店街振興組合（青色申告法人に限る）	商店街振興組合

⑵　税額控除

上記⑴の中小企業者等のうち、資本金の額又は出資金の額が3,000万円を超える法人（農業協同組合等及び商店街振興組合を除きます。）以外の法人（以下「特定中小企業者等」といいます。）は、特別償却に代えて税額控除が適用できます（措法42の６②、措令27の６⑦）。

つまり、税額控除が選択適用できる特定中小企業者等とは、上記⑴に掲げる中小企業者等のうち資本金の額又は出資金の額が3,000万円以下の法人及び資本又は出資を有しない法人のうち常時使用する従業員の数が1,000人以下の法人並びに農業協同組合等及び商店街振興組合です。

○　税額控除が選択適用できる特定中小企業者等の範囲

特定中小企業者等の分類	具体的な対象法人
特定中小企業者（青色申告する適用除外事業者に該当しない右の法人に限る）	イ　資本金の額又は出資金の額が3,000万円以下の法人 　ただし、次の法人を除く。 一　その発行済株式又は出資（自己の株式又は出資を除く。二において同じ。）の総数又は総額の２分の１以上が同一の大規模法人に所有されている法人 二　その発行済株式又は出資の総数又は総額の３分の２以上が複数の大規模法人に所有されている法人 ロ　資本又は出資を有しない法人のうち常時使用する従業員の数が1,000人以下の法人
農業協同組合等（青色申告する右の法人に限る）	農業協同組合、農業協同組合連合会、中小企業等協同組合、出資組合である商工組合及び商工組合連合会、内航海運組合、内航海運組合連合会、出資組合である生活衛生同業組合、漁業協同組合、漁業協同組合連合会、水産加工業協同組合、水産加工業協同組合連合会、森林組合並びに森林組合連合会
商店街振興組合（青色申告法人に限る）	商店街振興組合

なお、法人が、適用対象法人に該当する中小企業者等（適用除外事業者に該当するかどうかの判定を除きます。）又は特定中小企業者等に該当するかどうかは、特定機械装置等の取得等をした日及び事業の用に供した日の現況によって判定します（措通42の６－１）。

アドバイス

■　中小企業者又は特定中小企業者の範囲を定義する「資本金の額」は法人税法で定める資本金等の額（法法２十六）ではなく、会社法その他法律に基づく法定資本として登記上表示されている資本金の額となります。

3　適用対象年度

適用対象事業年度は、適用対象法人が、指定期間である平成10年６月１日から令和５年３月31日までの間に、適用対象資産である特定機械装置等でその製作等の後事業の用に供されたことのないものを取得等して、これを国内にあるその適用対象法人の営む製造業などの指定事業の用に供したときにおけるその指定事業の用に供した日を含む事業年度（以下「供用年度」といいます。）とされています（措法42の６①）。

（注）　供用年度からは、解散の日（合併による解散を除きます。）を含む事業年度及び清算中の各事業年度を除くこととされています。

アドバイス

■　取得とは引渡しを受けたときを指します。したがって、検収が終わっていない段階では引渡しが済んでいないことから未取得の状態といえます。

■　事業の用に供するとは、その減価償却資産のもつ属性に従って本来の目的のために使用を開始するに至ったことを指します。したがって、機械を据え付け、試運転を完了し、製品等の生産を開始したときが事業の用に供したといえます。

4　適用対象資産

本制度の対象となる資産（以下「特定機械装置等」といいます。）は、その製作の後事業の用に供されたことのない（つまり新品の）次に掲げる資産で、指定期間内に取得し又は製作して指定事業の用に供したものです。ただし、一定の船舶を除いて貸付け用に供する資産は該当しません。

また、匿名組合契約等の契約の目的である事業の用に供するものは除かれます（措法42の６①、措令27の６①～④、措規20の３①～④）。

○　特定機械装置等

設備の種類	設備の範囲
(1)　機械及び装置	全ての機械及び装置で１台又は１基の取得価額が160万円以上のもの
(2)　工具	製品の品質管理の向上等に資する測定工具及び検査工具（電気又は電子を利用するものを含みます。）で次に掲げるいずれかのもの イ　１台又は１基の取得価額が120万円以上のもの ロ　その事業年度の取得価額の合計額が120万円以上のもの（１台又は１基の取得価額が30万円未満であるものを除きます。）
(3)　ソフトウエア	電子計算機に対する指令であって一の結果を得ることができるように組み合わされたもの（システム仕様書も含まれます。）で次に掲げるいずれかのもの イ　一の取得価額が70万円以上のもの ロ　その事業年度の取得価額の合計額が70万円以上のもの（少額減価償却資産及び一括償却資産の適用を受けたものを除きます。） ただし、以下に掲げるソフトウエアは対象から除かれます。 (1)　複写して販売するための原本

	⑵　開発研究（新たな製品の製造若しくは新たな技術の発明又は現に企業化されている技術の著しい改善を目的として特別に行われる試験研究をいいます。）の用に供されるもの ⑶　サーバー用オペレーティングシステムのうち、認証サーバー用オペレーティングシステム以外のもの ⑷　サーバー用仮想化ソフトウエアのうち、認証サーバー用仮想化ソフトウエア以外のもの ⑸　データベース管理ソフトウエアのうち、非認証データベース管理ソフトウエア又はその非認証データベース管理ソフトウエアに係るデータベースを構成する情報を加工する機能を有するソフトウエア ⑹　連携ソフトウエアのうち、日本産業規格X0027に定めるメッセージの形式に基づき日本産業規格X4159に適合する言語を使用して記述された指令を日本産業規格X5731-8に基づき認証をする機能及びその指令を受けた旨を記録する機能を有し、かつ、国際標準化機構及び国際電気標準会議の規格15408に基づき評価及び認証をされたもの以外のもの ⑺　不正アクセス防御ソフトウエアのうち、国際標準化機構及び国際電気標準会議の規格15408に基づき評価及び認証をされたもの以外のもの
⑷　車両及び運搬具	次の大型貨物自動車 道路運送車両法施行規則別表第１に規定する普通自動車で貨物の運送の用に供されるもののうち車両総重量（道路運送車両法第40条第３号に規定する車両総重量をいう。）が3.5トン以上のもの
⑸　船舶	次の内航船舶 内航海運業法第２条第２項に規定する内航海運業の用に供される船舶

（注）１　機械及び装置とは、製品を製造する設備等をいい、詳細については財務省令「減価償却資産の耐用年数等に関する省令」に定められています。

２　超音波診断装置、人工腎臓装置、CTスキャナー装置、歯科診療用椅子などの医療機器は「器具及び備品」に該当し、「機械及び装置」に該当しないため、特定機械装置等に該当しません。

3　ソフトウエアとしては、自社利用の開発委託ソフトウエア、経理ソフトウエアや表計算ソフトウエアなどのパーケージソフトウエア、自社開発ソフトウエア等が該当となります。

4　取得価額の要件を判定する場合において、対象資産について国庫補助金等の圧縮記帳の適用をした場合には、その圧縮記帳後の金額を基礎として判定します（措通42の６－３）。

[匿名組合契約等の契約の目的である事業の用に供するものは除かれる]

対象資産から匿名組合契約その他これに類する契約の目的である事業の用に供するものが除外されました（措法42の６①）。

類する契約とは、次の契約をいいます（措令27の６④）。

①　当事者の一方が相手方の事業のために出資をし、相手方がその事業から生ずる利益を分配することを約する契約

②　外国における匿名組合契約又は①の契約に類する契約

この除外規定は、令和３年度改正で規定されたものであり、令和３年４月１日以後に取得等する特定機械装置等について適用されます。

[平成29年改正事項]

一定の器具及び備品は、平成29年３月31日までに取得等したものが適用対象となっていましたが、平成29年４月１日以後に取得等するものからは本制度の対象から除外されました。

なお、平成29年４月１日以後に取得等する器具及び備品については、中小企業経営強化税制の対象となっています。

[中古資産は対象にならない]

本制度の対象資産は、特定機械装置等に該当するもので、製作又は建設の後事業の用に供されたことのない、いわゆる新品に限られます。

アドバイス

■　工具の取得価額の合計額が120万円以上であるかどうかについては、測定工具及び検査工具の取得価額の合計額により判定します（措通42の６－２）。

■　特定機械装置等の取得価額は法人税法施行令第54条《減価償却資産の取得価額》に規定する取得価額、すなわち、その資産の購入の代価に、外部及び内部の付随費用を加えた額です。

因みに、機械及び装置の設置に必要な専用の基礎工事はその機械及び装置の取得価額に算入されます。

■　共有する設備については、共有持分に基づき資産計上している資産の取得価額が対象となります。

■　プログラムの修正、改良等で既存ソフトウエアの仕様が大幅に変更され、新たなソフトウエアを製作したと同様と認められる場合（既存ソフトウエアとの同一性がなくなっている）は、新たなソフトウエアの取得として本制度の適用があります（法基通７－３－15の２（注）２）。

■　ファイナンスリースのうち所有権移転外リース取引については税額控除のみ利用可能（特別償却は利用不可）となります。なお、税額控除額は毎年のリース料ではなく、リース資産額をベースに計算することとなります。また、オペレーティングリースについては本制度の対象外となります。

■　特定機械装置等の新規取得・製作が対象であり、中古品や改良・修繕等の資本的支出は対象となりません。

5 指定事業

適用対象となる指定事業は次に掲げる事業です（措法42の６①、措令27の６⑤、措規20の３⑤、措通42の６－５）。

製造業、建設業、農業、林業、漁業、水産養殖業、鉱業，採石業，砂利採取業、卸売業、道路貨物運送業、倉庫業、港湾運送業、ガス業、小売業、料理店業その他の飲食店業（料亭、バー、キャバレー、ナイトクラブその他これらに類する事業にあっては、生活衛生同業組合の組合員が行うものに限る。）、一般旅客自動車運送業、海洋運輸業及び沿海運輸業、内航船舶貸渡業、旅行業、こん包業、郵便業、通信業、損害保険代理業、不動産業、情報通信業、駐車場業、物品賃貸業、学術研究、専門・技術サービス業、宿泊業、洗濯・理容・美容・浴場業、その他の生活関連サービス業、映画業、教育、学習支援業、医療、福祉業、協同組合及サービス業（廃棄物処理業、自動車整備業、機械等修理業、職業紹介・労働者派遣業、その他の事業サービス業）

（注）1　指定事業に該当するかどうかは、おおむね日本標準産業分類の分類を基準として判定します（措通42の６-５）。

2　電気業、映画業以外の娯楽業、水道業、鉄道業、航空運輸業、銀行業等は対象になりません。したがって、太陽光発電設備等による売電事業は、電気業に属し製造業に該当しないので本制度の指定事業に含まれません。

3　風俗営業等の規制及び業務の適正化等に関する法律第２条第５項に規定する性風俗関連特殊営業に該当する事業についても、対象となりません。

4　その他の飲食店業のうち料亭、バー、キャバレー、ナイトクラブに類する事業には、例えば大衆酒場及びビヤホールのように一般大衆が日常利用する飲食店は含まないので、これら一般大衆が日常利用する飲食店業は、生活衛生同業組合の組合員が行うものでない場合でも指定事業となります（措通42の６－６）。

5　法人の営む事業が指定事業の用に係る事業に該当するかどうかは、

その法人が主たる事業としてその事業を営んでいるかどうかは問いません（措通42の６－４）。また、指定事業とその他の事業とを営む法人が、その取得等をした特定機械装置等をそれぞれの事業に共通して使用している場合には、その全部を指定事業の用に供したものとして適用されます（措通42の６－７）。

6　上記に掲げる事業のうち、次の事業は令和３年度改正で追加されたものです。

①　料亭、バー、キャバレー、ナイトクラブその他これらに類する事業で、生活衛生同業組合の組合員が行うもの

②　不動産業

③　物品賃貸業

これらの指定事業は法人が令和３年４月１日以後に取得又は製作をする特定機械装置等について適用となります。

したがって、令和３年４月１日前に開始し、同日以後に終了する事業年度において、工具及びソフトウエアの取得価額要件における１事業年度中に取得又は製作をして国内にある指定事業の用に供したこれらの資産の取得価額の合計額が120万円又は70万円以上であるかどうかを判定する場合には、上記の事業の用に供したこれらの資産は、同日以後に取得又は製作をした資産のみがこの取得価額要件の判定の基礎に算入されると考えられます。

[国内において指定事業の用に供されないもの及び貸付資産（一定の船舶を除く。）は対象にならない]

本制度の対象資産は、特定機械装置等に該当するもので、製作又は建設の後事業の用に供されたことのない、いわゆる新品に限られます。

また、本制度の適用要件として、国内にあるその法人の指定事業の用に供することが必要であり、一定の船舶を除いて、貸付けの用に供したものは原則として対象となりません（措法42の６①）。ただし、自己の下請業者に貸与した場合において、その特定機械装置等が専ら自己のためにする製品の加工等の用に供されるものであるときは、その特定機械装置等は自己の事業の用に供したものとして、本制度の適用が認められます（措通42の６－８）。

[貸付資産であっても一定の船舶の貸付けは対象となる]

適用対象となる船舶の貸付けとは、内航海運業法第2条第2項に規定する内航運送の用に供される船舶の貸渡しをする事業（内航船舶貸渡業）を営む法人が貸し付ける内航海運業の用に供される船舶をいいます（措法42の6①、措令27の6⑤）。

令和3年度改正により指定事業に物品賃貸業が追加されましたが、内航船舶貸渡業の内航海運業を除き、貸付け用の特定機械装置等は適用対象となりません。したがって、レンタル用の建設機械には、本制度は適用となりません。

アドバイス

- 売電のためにその電力供給として設置した太陽光発電設備は電気業の用に供したことになるため指定事業の用に供したといえません。
  ただし、例えば自動車製造業を営む法人が、その製造設備を稼働するための電力供給として設置した太陽光発電設備は、製造業の用に供したことになるため指定事業の用に供したことになります。
- 娯楽業については、映画業を除いて対象になりません。
- 法人の営む事業が指定事業に該当するかどうかは、その法人が主たる事業としてその事業を営んでいるかどうかは問いません（措通42の6－4）。

6 特別償却限度額

中小企業者等が適用できる特別償却の償却限度額は、基準取得価額の30％相当額です。

基準取得価額とは、船舶を除いて特定機械装置等の取得価額をいい、船舶についてはその取得価額に75％を乗じた金額をいいます（措法42の6①、措令27の6⑥）。

（算式）

当期償却限度額　＝　普通償却限度額　＋　特別償却限度額

特別償却限度額　＝　基準取得価額（注）　×　30/100

（注）　基準取得価額は、特定機械装置等に該当する機械及び装置、工具、ソフトウエア及び車両運搬具は取得価額をいい、船舶は取得価額に75％を乗じた額をいいます。

なお、法人が供用年度で特別償却限度額まで償却費を計上しなかった場合、その償却不足額は翌事業年度に繰り越すことができます（措法52の2）。

アドバイス

- 所有権移転外リース取引により取得した特定機械装置等について特別償却は適用できません（措法42の6⑥）。

7　税額控除限度額

特定中小企業者等が特別償却に代えて選択適用できる税額控除の控除限度額は、基準取得価額の７％相当額です（措法42の６②）。

（算式）

税額控除限度額　＝　基準取得価額　×　７/100

ただし、その税額控除限度額がその事業年度の調整前法人税額の20％相当額を超える場合には、控除を受ける金額は、その20％相当額が限度となります。

なお、本制度における税額控除限度額に係る税額控除と中小企業経営強化税制（措法42の12の４②）における税額控除限度額に係る税額控除の合計で当期の調整前法人税額の20％相当額が上限となりますが、これら２税制の中では本制度における税額控除が優先控除されるため、供用年度における調整前法人税額の20％相当額は、まず、本制度の税額控除限度額に係る税額控除に充てられます。

［調整前法人税額］

調整前法人税額とは租税特別措置法第42条の４第８項第２号に規定する調整前法人税額をいい、具体的には、次に掲げる規定を適用しないで計算した場合における法人税額（附帯税の額を除く。）、すなわち、適用年度の所得金額に法人税率を乗じて計算した法人税額（別表一「２」）を指します（措法42の６②、42の４⑧二、震災税特法17の２⑭、17の２の２⑨、17の２の３⑨、17の３⑥、17の３の２⑥、17の３の３⑤、措令27の４⑥）。）。

イ　試験研究を行った場合の法人税額の特別控除（措法42の４）

ロ　中小企業者等が機械等を取得した場合の法人税額の特別控除（措

法42の６②③）

ハ　沖縄の特定地域において工業用機械等を取得した場合の法人税額の特別控除（措法42の９①②）

ニ　国家戦略特別区域において機械等を取得した場合の法人税額の特別控除（措法42の10②）

ホ　国際戦略総合特別区域において機械等を取得した場合の法人税額の特別控除（措法42の11②）

ヘ　地域経済牽引事業の促進区域内において特定事業用機械等を取得した場合の法人税額の特別控除（措法42の11の２②）

ト　地方活力向上地域において特定建物等を取得した場合の法人税額の特別控除（措法42の11の３②）

チ　地方活力向上地域等において雇用者の数が増加した場合の法人税額の特別控除（措法42の12）

リ　認定地方公共団体の寄附活用事業に関連する寄附をした場合の法人税額の特別控除（措法42の12の２）

ヌ　中小企業者等が特定経営力向上設備等を取得した場合の法人税額の特別控除（措法42の12の４②③）

ル　給与等の支給額が増加した場合の法人税額の特別控除（措法42の12の５）

オ　認定特定高度情報通信技術活用設備を取得した場合の法人税額の特別控除（措法42の12の６②）

ワ　事業適応設備を取得した場合等の法人税額の特別控除（措法42の12の７④～⑥）

カ　控除対象所得税額等相当額の法人税額の特別控除制度（措法66の７⑤）

ヨ　控除対象所得税額等相当額の法人税額の特別控除制度（措法66の

9の３④）

タ　使途秘匿金の支出がある場合の課税の特例（措法62①）

レ　土地の譲渡等がある場合の特別税率（措法62の３①⑨）

ソ　短期所有に係る土地の譲渡等がある場合の特別税率（措法63①）

ツ　特定同族会社の特別税率（法法67）

ネ　所得税額の控除（法法68）

ナ　外国税額の控除（法法69）

ラ　分配時調整外国税相当額の控除（法法69の２）

ン　仮装経理に基づく過大申告の場合の更正に伴う法人税額の控除（法法70 ）

ウ　税額控除の順序（法法70の２）

ヰ　外国法人に係る所得税額の控除（法法144）

ノ　外国法人に係る外国税額の控除（法法144の２）

オ　外国法人に係る分配時調整外国税相当額の控除（法法144の２の２）

ク　税額控除の順序（法法144の２の３）

ヤ　特定復興産業集積区域等において機械等を取得した場合の法人税額の特別控除（震災税特法17の２②③）

マ　企業立地促進区域において機械等を取得した場合の法人税額の特別控除（震災税特法17の２の２②③）

ケ　避難解除区域等において機械等を取得した場合の法人税額の特別控除（震災税特法17の２の３②③）

フ　特定復興産業集積区域等において被災雇用者等を雇用した場合の法人税額の特別控除（震災税特法17の３）

コ　企業立地促進区域等において避難対象雇用者等を雇用した場合の法人税額の特別控除（震災税特法17の３の２）

エ　避難解除区域等において避難対象雇用者等を雇用した場合の法人税額の特別控除（震災税特法17の３の３）

アドバイス

- 所有権移転外リース取引により取得した特定機械装置等について税額控除は適用できます。
- 特定機械装置等を指定事業の用に供した供用年度後の事業年度においてその特定機械装置等の対価の額につき値引きがあった場合には、供用年度に遡って税額控除限度額の修正を行うものとされていますが、適用を受ける時点で価額の修正が予定されていなかったものは控除税額の修正は必要ありません（措通42の６－10）。

8　税額控除限度超過額の繰越し

税額控除限度額がその事業年度の調整前法人税額の20％相当額を超えるために、その事業年度において税額控除限度額の全部を控除しきれなかった場合には、その控除しきれなかった金額（以下「繰越税額控除限度超過額」といいます。）について１年間の繰越しが認められます（措法42の６③④）。

その場合の税額控除上限額は、繰越控除する事業年度の調整前法人税額の20％相当額（その事業年度において本制度により控除される金額又は中小企業経営強化税制により控除される金額がある場合には、これらの金額を控除した残額）が限度となります。

[被合併法人等が有する繰越税額控除限度超過額]

繰越税額控除限度超過額は、法人が解散した場合は打ち切りとされる（措法42の６③）ほか、繰越税額控除限度超過額を有している法人を被合併法人等（被合併法人、分割法人、現物出資法人又は現物分配法人をいいます。）とする合併等（合併、分割、現物出資又は現物分配をいいます。）を行った場合には、その合併等が適格合併等に該当し、その繰越税額控除限度額の基となった資産をこれにより移転したときであっても、その繰越税額控除限度超過額を合併法人等に引き継ぐことは認められません（措通42の５～48（共)-４）。

[法人税法の規定との関係（税額控除の順序)]

法人税法には、分配時調整外国税相当額の控除（法法69の２）や仮装経理に基づく過大申告の場合の更正に伴う法人税額の控除（法法70)、所得税額の控除（法法68）及び外国税額の控除（法法69）がありますが、本制度における税額控除は、これらの法人税法の規定による税額控除より先に控除をするものとされています（法法70の２、措法42の６⑩)。

すなわち、適用年度においては、まずこの中小企業投資促進税制による税額控除をし、次に分配時調整外国税相当額の控除をし、次いで仮装経理に基づく過大申告の場合の更正に伴う法人税額の控除をした後において、所得税額控除及び外国税額控除をすることになります。

9　適用手続

(1)　特別償却の適用を受ける場合

本制度の特別償却の適用を受けるためには、確定申告書等に特定機械装置等の償却限度額の計算に関する明細書（申告書別表16(1)又は(2)）及び「中小企業者等又は中小連結法人が取得した機械等の特別償却の償却限度額の計算に関する付表（特別償却の付表(2)）を添付する必要があります（措法42の６⑦)。また、適用額明細書の添付が必要です。

⑵　税額控除の適用を受ける場合

本制度の法人税額の特別控除の適用を受けるためには、確定申告書等（控除を受ける金額を増加させる修正申告書又は更正請求書を提出する場合には、その修正申告書又は更正請求書を含みます。）に控除の対象となる特定機械装置等の取得価額、控除を受ける金額及びその金額の計算に関する明細を記載した書類（申告書別表6⒁）を添付する必要があります（措法42の6⑧）。また、適用額明細書の添付が必要です。

この場合において、控除される金額の計算の基礎となる特定機械装置等の取得価額は、確定申告書等に添付された書類に記載された特定機械装置等の取得価額を限度とすることとされています（措法42の6⑧）。

（注）　租税特別措置法における法人税額の特別控除制度についての当初申告要件は、確定申告書等に添付される特定の事項（対象資産の取得価額）を記載する必要があることから、法人税法における当初申告要件とは異なるため、確定申告書等において制度の適用を受けていない場合には、修正申告や更正の請求によって新たに制度の適用を受けることはできません（措法42の6⑧）。

⑶　繰越税額控除の適用を受ける場合

繰越税額控除を受けるためには、供用年度以後の各事業年度の確定申告書に繰越税額控除限度超過額の明細書を添付し、かつ、その繰越税額控除限度超過額に係る税額控除の適用を受けようとする事業年度の確定申告書等（控除を受ける金額を増加させる修正申告書又は更正請求書を提出する場合には，その修正申告書又は更正請求書を含みます。）に控除の対象となる繰越税額控除限度超過額、控除を受ける金額及びその金額の計算に関する明細を記載した書類を添付する必要があります（措法42の6⑨）。また、適用額明細書の添付が必要です。

10 留意事項

(1) 特別償却等に関する複数の規定の不適用

本制度による特別償却又は税額控除の規定の適用を受けた場合は、研究開発税制(注)を除き、租税特別措置法上の圧縮記帳、他の制度による特別償却又は他の税額控除の規定との重複適用は認められません（措法53）。ただし、法人税法上の圧縮記帳との重複適用は認めらます。

なお、法人税法上の圧縮記帳の適用を受けた資産については、圧縮記帳後の取得価額を基にして特別償却限度額又は税額控除限度額を計算することになります（法令54③）。

（注）令和３年度改正で、法人の有する減価償却資産の取得価額又は繰延資産の額のうちに試験研究費の額が含まれる場合において、その試験研究費の額につき試験研究を行った場合の法人税額の特別控除制度の適用を受けたときは、その減価償却資産又は繰延資産については、租税特別措置法の規定による特別償却又は税額控除制度等は、適用しないこととされました（措法53②）。

これは、同改正で試験研究を行った場合の法人税額の特別控除制度の対象となる試験研究費の額に、試験研究のために要する費用の額で研究開発費として損金経理をした金額のうち、棚卸資産若しくは固定資産（事業の用に供する時において試験研究の用に供する固定資産を除きます。）の取得に要した金額とされるべき費用の額又は繰延資産（試験研究のために支出した費用に係る繰延資産を除きます。）となる費用の額が追加されたことによります。これに伴い、取得価額に対する二重のインセンティブとならないように、試験研究を行った場合の法人税額の特別控除制度と特別償却又は税額控除制度等との重複適用が排除されたものです。

なお、事業の用に供する時において試験研究の用に供する固定資産は、上記の重複適用の排除の対象外であり、従前どおり、取得価額について特別償却又は税額控除制度等の適用を受けた場合であっても、減価償却費について試験研究を行った場合の法人税額の特別控除制度の適用を受けることができます。

この改正は、法人の令和３年４月１日以後に開始する事業年度分の法人税について適用されます（改正法附則43）。

⑵　その他の留意事項

①　一の資産について本制度による特別償却と税額控除との重複適用は認められません（措法42の６②）。

②　対象資産が複数ある場合には、一部の対象資産については特別償却を適用し、他の対象資産については税額控除を適用することにより、制度の特典を十分に活用することができます。

③　所有権移転リース取引により取得した特定機械装置等については、特別償却又は税額控除が適用できますが、所有権移転外リース取引により取得した特定機械装置等については、税額控除は適用できますが特別償却は適用できません（措法42の６⑥）。

④　特別償却の適用を受けることに代えて、特別償却限度額以下の金額を損金経理により特別償却準備金として積み立てること又はその事業年度の決算確定日までに剰余金の処分により特別償却準備金として積み立てることにより、損金の額に算入することも認められます。

この適用を受けるには、確定申告書等に特別償却準備金として積み立てた金額の損金算入に関する申告の記載をし、その積み立てた金額の計算に関する明細書を添付する必要があります（措法第52の３）。

11 特別償却の計算例

特別償却限度額は、特定機械装置等に該当するものの基準取得価額に30％を乗じた価額です（基準取得価額とは、特定機械装置等に該当する機械及び装置、工具、ソフトウエア及び車両運搬具は取得価額をいい、船舶は取得価額に75％を乗じた額をいいます。）。

（算式）

当期償却限度額 ＝ 普通償却限度額 ＋ 特別償却限度額

特別償却限度額 ＝ 基準取得価額 × 30/100

次のような事例で、具体的な計算を行います。

【前提条件】

・事業年度　令和３年４月～令和４年３月
・課税所得額　1,000万円（下記機械の減価償却費計上前の金額）
・機械の取得月／供用月　令和３年10月/令和３年10月
・機械の取得価額　1,000万円
・償却方法　定率法
・法定耐用年数　10年（定率法償却率0.200）

○　特別償却適用比較表　（単位：万円）

項目	普通償却の場合	特別償却をした場合	効果
①　償却前課税所得	1,000	1,000	—
②　普通償却額	100	100	—
③　特別償却額	－	300	300
④　課税所得(①－②－③)	900	600	△300
⑤　法人税額(④×15％)	135	90	△45

（注）計算例は、万円未満四捨五入しています。

(計算過程)

② 普通償却額 ＝ 1,000万円 × 0.200 × 6/12(10月～3月) ＝ 100万円

③ 特別償却額 ＝ 1,000万円 × 30/100 ＝ 300万円

(注) 普通償却額の計算では、月数按分を行いますが、特別償却額の計算では月数按分は行いません。

【効果】

初年度に法人税額45万円が軽減されます。

(注) 特別償却制度は、初年度に普通償却額とは別枠で減価償却できますので、初年度の税負担は軽減されます。しかし、その後の減価償却額は、特別償却として先取りした分だけ減少しますから、資産の全体を通算すれば特別償却しなかった場合とその償却できる合計額は同じとなります。

12 税額控除の計算例

税額控除は、法人税額から税額を控除することができる制度で、その分だけ納付する法人税額が少なくなります。

税額控除限度額は基準取得価額の７％相当額で、その事業年度の調整前法人税額の20％を限度としますが、その限度額を超過した分は翌事業年度に繰り越して適用することができます。

(算式)

税額控除限度額 ＝ 基準取得価額 × ７/100

次のような事例で、具体的な計算を行います（資本金の額を1,000万円とします。）。

【前提条件】

・事業年度　令和３年４月～令和４年３月
・課税所得額　1,000万円（下記機械の減価償却費計上前の金額）
・機械の取得月／供用月　令和３年10月/令和３年10月
・機械の取得価額　1,000万円
・償却方法　定率法
・法定耐用年数　10年（定率法償却率0.200）

○ 税額控除適用比較表　（単位：万円）

項目	通常の場合	税額控除をした場合	効果
① 償却前課税所得	1,000	1,000	―
② 普通償却額	100	100	―
③ 課税所得（①－②）	900	900	－
④ 法人税（③×15％）	135	135	－
⑤ 税額控除額	―	27	27

⑥　納付法人税額(④－⑤)	135	108	△27

（注）計算例は、万円未満四捨五入しています。

(計算過程)

②　普通償却額 ＝ 1,000万円 × 0.200 × 6／12(10月～３月) ＝ 100万円

③　税額控除額

⑴　税額控除限度額（基準取得価額の７％）

＝ 1,000万円 × 7％ ＝ 70万円

⑵　法人税額の上限額（調整前法人税額の20％）

＝ 135万円 × 20％ ＝ 27万円

⑶　⑴と⑵の少ないほう　27万円

【効果】

法人税額27万円が軽減されます。

控除しきれなかった43万円（70万円－27万円）は、翌事業年度に繰り越して税額控除の対象となります。

Ⅱ 申告書別表記載の手引き

1 中小企業者等又は中小連結法人が取得した機械等の特別償却の付表のチェックポイント（特別償却の付表(2)）

○対象になる事業の種類
製造業、建設業など特定の事業（26ページ参照）

○平成10年６月１日から令和５年３月31日までの間に取得等をして事業の用に供しているか。

○機械装置の取得価額は160万円以上か。
○一定の工具の取得価額は120万円以上か（複数工具の合計額で判定する場合は、「16」欄が120万円以上か）。
○一定のソフトウエアの取得価額の合計額は70万円以上か。
○法人税法上の圧縮記帳の適用を受けた場合には、その圧縮後の金額によっているか。

○対象資産が内航船舶である場合、取得価額に75％を乗じているか。

○工具の取得価額要件を複数工具の合計額で判定した場合、その合計額を記載しているか。
○測定工具及び検査工具については１台又は１基の取得価額が30万円未満であるものは対象にならない。
○ソフトウエアの取得価額要件を複数資産の合計額で判定した場合、その合計額を記載しているか。

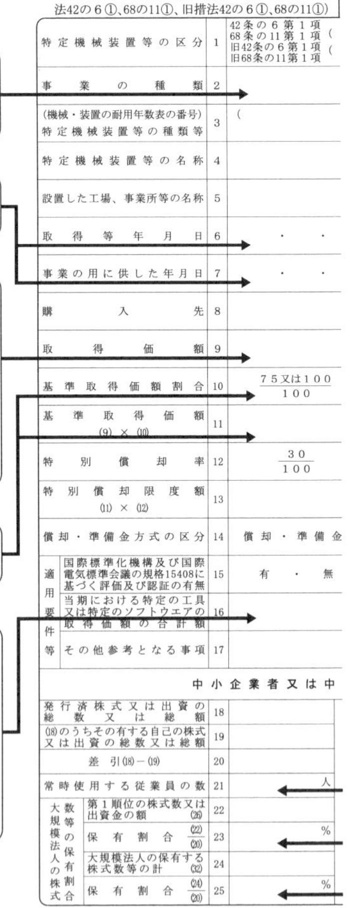

中小企業者等又は中小連結法人が取得した機械等の特別償却の償却限度額の計算に関する付表（措法42の６①、68の11①、旧措法42の６①、68の11①）

特定機械装置等の区分	1	42条の６第１項（ 68条の11第１項（ 旧42条の６第１項 旧68条の11第１項
事業の種類	2	
（機械・装置の耐用年数表の番号）特定機械装置等の種類等	3	（
特定機械装置等の名称	4	
設置した工場、事業所等の名称	5	
取得等年月日	6	・　・
事業の用に供した年月日	7	・　・
購入先	8	
取得価額	9	
基準取得価額割合	10	75又は100 / 100
基準取得価額 (9)×(10)	11	
特別償却率	12	30 / 100
特別償却限度額 (11)×(12)	13	
償却・準備金方式の区分	14	償却・準備金
適用要件等　国際標準化機構及び国際電気標準会議の規格15408に基づく評価及び認証の有無	15	有・無
適用要件等　当期における特定の工具又は特定のソフトウエアの取得価額の合計額	16	
適用要件等　その他参考となる事項	17	

中小企業者又は中

発行済株式又は出資の総数又は総額	18	
(18)のうちその有する自己の株式又は出資の総数又は総額	19	
差引(18)－(19)	20	
常時使用する従業員の数	21	人
大規模法人の株式数等の保有割合　第１順位の株式数又は出資金の額 (26)	22	
大規模法人の株式数等の保有割合　保有割合 (22)/(20)	23	%
大規模法人の株式数等の保有割合　大規模法人の保有する株式数等の計 (32)	24	
大規模法人の株式数等の保有割合　保有割合 (24)/(20)	25	%

この付表(2)は、措置法第42条の６第１項の適用を受ける場合に、特定機械装置等の特別償却限度額の計算に関し参考となるべき事項を記載し、該当の別表16に添付して提出する。

適用法人は、中小企業者（適用除外事業者に該当する者を除く。）又は農業協同組合等若しくは商店街振興組合で青色申告書を提出する法人である。適用除外事業者とは、前３事業年度の平均所得金額が15億円超の法人をいう。

なお、所有権移転外リース取引により取得した特定機械装置等については適用がない。

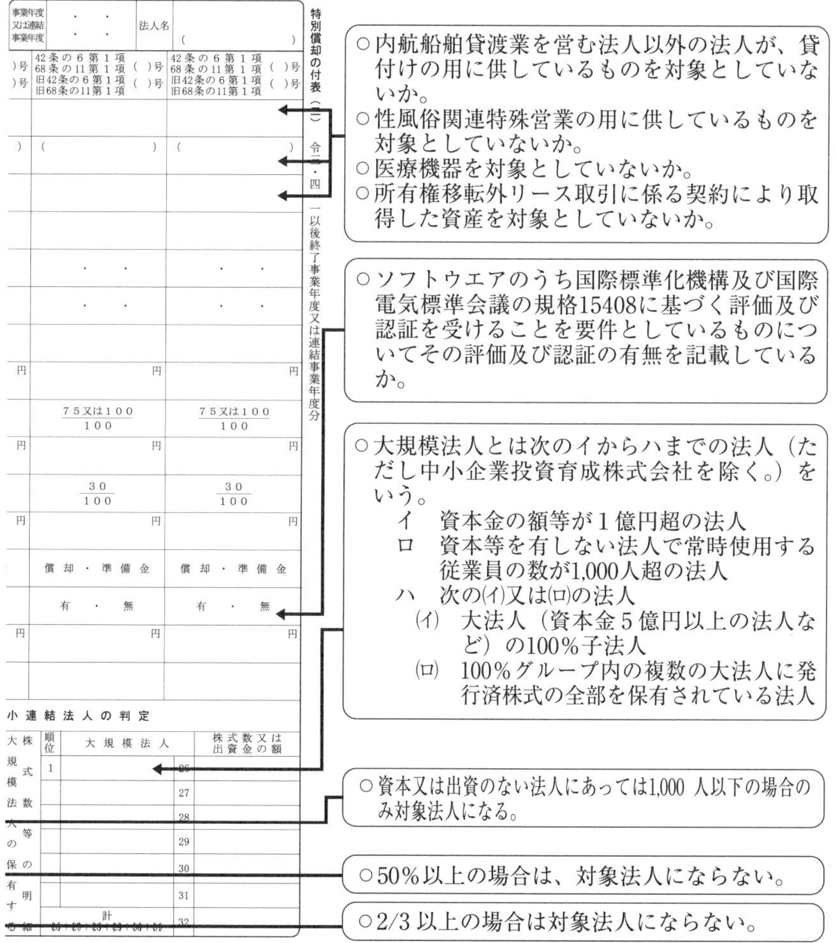

 適用除外事業者の判定（国税庁HP）

適用除外事業者とは、中小企業向け租税特別措置の適用を受けようとする法人（以下「判定法人」といいます。）のその事業年度（以下「判定対象年度」といいます。）開始の日前３年以内に終了した各事業年度（以下「基準年度」といいます。）の所得金額の合計額を各基準年度の月数の合計数で除し、これに12を乗じて計算した金額（次の①～④に掲げる事由がある場合には、その計算した金額に一定の調整を加えた金額）が15億円を超える法人をいいます（措置法42の４⑧八、措置法令27の４㉒～㉖）。

したがって、次の①～④に掲げる事由に該当することがなければ、単純に、合計で36月以上となる各基準年度の所得金額の合計額をその合計月数で除し、12を乗じて計算した金額が15億円を超えるかどうかで判定することとなります。

① 判定法人が特定合併等に係る合併法人等に該当すること【３号】

（注） 特定合併等とは、合併等（合併、分割、現物出資、事業の譲受け又は特別の法律に基づく承継）のうち、判定対象年度開始の日から起算して３年前の日（以下「基準日」といいます。）から判定対象年度開始の日の前日までの間に行われた法人を設立する合併等で事業を移転するものなどをいいます（措置法令27の４㉔一）。

② 判定法人が基準日から判定対象年度開始の日の前日までのいずれかの時において連結法人に該当していたこと【４号】

③ 判定法人が基準日から判定対象年度開始の日の前日までのいずれかの時において公益法人等又は内国法人である人格のない社団等に該当していたこと【５号】

④ 判定法人が外国法人であること【６号】

適用除外事業者に該当するかどうかは、次表により判定することができます。

<table>
<tr><th colspan="5">適用除外事業者の判定表</th></tr>
<tr><td colspan="4">設立の日の翌日以後３年を経過していない場合</td><td>非該当</td></tr>
<tr><td colspan="2">調整計算の要否</td><td colspan="3">不要・要（措置法令第27条の４第22項第（　）号）</td></tr>
<tr><td colspan="2" rowspan="2">事業年度</td><td>各基準年度の所得金額
（別表一「１」等）
（マイナスの場合は０）</td><td>(1)に対する法人税の額に係る欠損金の繰戻し還付の金額の計算の基礎となった欠損金相当額</td><td>各基準年度の月数</td></tr>
<tr><td>1</td><td>2</td><td>3</td></tr>
<tr><td rowspan="6">基準年度</td><td>：　：</td><td>円</td><td>円</td><td>月</td></tr>
<tr><td>：　：</td><td></td><td></td><td></td></tr>
<tr><td>：　：</td><td></td><td></td><td></td></tr>
<tr><td>：　：</td><td></td><td></td><td></td></tr>
<tr><td>：　：</td><td></td><td></td><td></td></tr>
<tr><td>：　：</td><td></td><td></td><td></td></tr>
<tr><td colspan="2">計</td><td></td><td></td><td></td></tr>
<tr><td colspan="2">基準年度の平均所得金額
(((１の計)－(２の計))／(３の計))×12</td><td>4</td><td colspan="2">円</td></tr>
<tr><td rowspan="5">調整計算が「要」である場合</td><td>(１の計)－(２の計)
((３の計)＞36の場合には、
(((１の計)－(２の計))／(３の計))×36の金額)</td><td>5</td><td colspan="2"></td></tr>
<tr><td>合併等調整額</td><td>6</td><td colspan="2"></td></tr>
<tr><td>加算対象連結所得金額</td><td>7</td><td colspan="2"></td></tr>
<tr><td>計
(5)＋(6)＋(7)</td><td>8</td><td colspan="2"></td></tr>
<tr><td>平均所得金額
(8)／３</td><td>9</td><td colspan="2"></td></tr>
<tr><td colspan="2">適用除外事業者の判定
((4)又は(9)＞15億円は該当)</td><td>10</td><td colspan="2">該当・非該当</td></tr>
</table>

イ　設立の日の翌日以後３年を経過していない場合には、適用除外事業者に該当しません。ただし、上記①～④等の事由に該当する場合には設立の日に一定の調整をして判定を行うことになりますので御注意ください。

ロ　上記①～④の事由に該当する場合には、「調整計算の要否」の「要（措置法令第27条の４第22項第（　）号）」欄に該当する号（上記①～④の【　】の号）を記載します（複数の号に該当する場合は全て記載します。）。この場合、基準年度の平均所得金額に一定の調整を加えて計算した金額（「５」から「９」までの各欄）により適用除外事業者の判定を行うことになりますので御注意ください。

ハ 「合併等調整額６」には、措置法令第27の４第23項第３号から第６号までに規定する合併等調整額を記載します。

ニ 「加算対象連結所得金額７」には、措置法令第27の４第23項第４号ロに掲げる金額（「６」欄の金額の計算の基礎とされた金額を除きます。）を記載します。

2 中小企業者等が機械等を取得した場合の法人税額の特別控除に関する明細書のチェックポイント（申告書別表６⒁）

○平成10年６月１日から令和５年３月31日の期間内に取得等をし、事業の用に供しているか。

○内航船舶については「$\left(\left((7)-(8)\right)\times\frac{75}{100}\right)$」を、それ以外の資産については「$\left((7)-(8)\right)$」を適用して計算した金額を記載しているか。

中小企業者等が機械等を取得した場合の法人税額の特別控除に関する明細書

措法第42条の６第１項各号の該当号		1	第　号
事業種目		2	
資産区分	種類	3	
	設備の種類又は区分	4	
	取得年月日	5	・　・
	指定事業の用に供した年月日	6	・　・
取得価額	取得価額又は製作価額	7	
	法人税法上の圧縮記帳による積立金計上額	8	
	差引改定取得価額 $((7)-(8))$又は$\left(((7)-(8))\times\frac{75}{100}\right)$	9	
法人税額の特			
当期分	取得価額の合計額 ((9)の合計)	10	
	税額控除限度額 $(10)\times\frac{7}{100}$	11	
	調整前法人税額 (別表一「2」又は別表一の三「2」若しくは「14」)	12	
	当期税額基準額 $(12)\times\frac{20}{100}$	13	
	当期税額控除可能額 ((11)と(13)のうち少ない金額)	14	
	調整前法人税額超過構成額 (別表六(六)「7の⑥」)	15	
	当期税額控除額 (14)－(15)	16	

翌期繰越税額控	
事業年度又は連結事業年度	前期繰越額又は当期税額控除限度額 23
・　・ ・　・	円
・　・ ・　・	
計	
当期分	(11)
合計	

機械装置

次の要件に該当するか。
①青色申告法人
②資本金の額又は出資金の額が3,000万円以下の法人又は農業協同組合等若しくは商店街振興組合

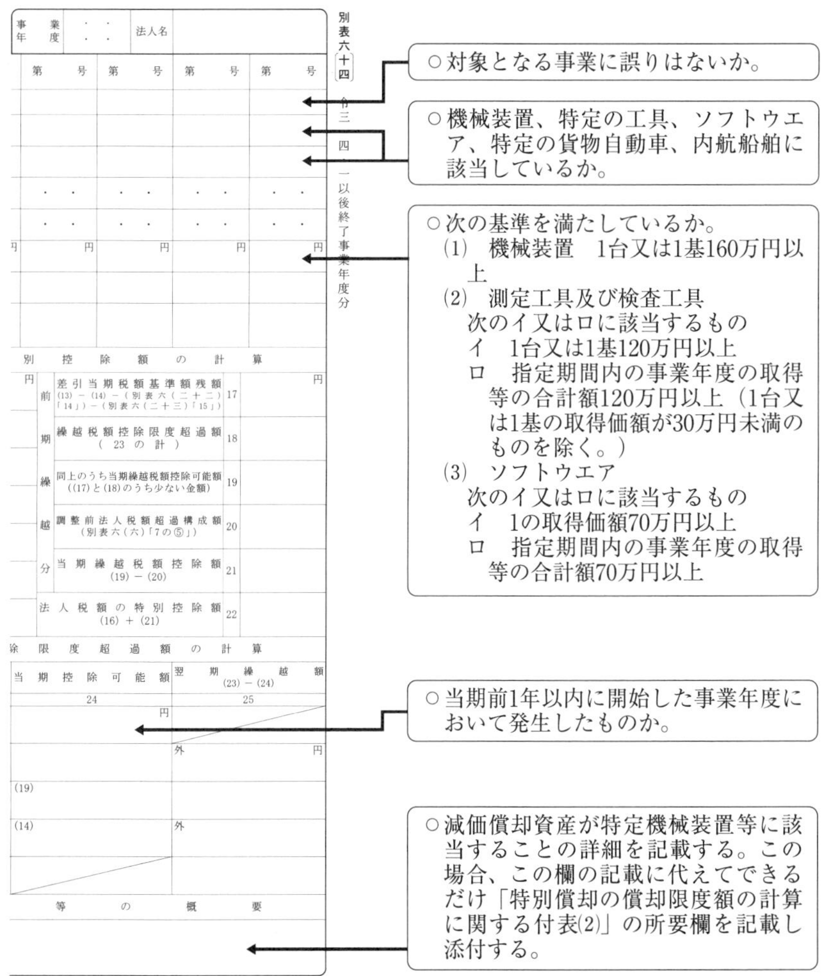

Q＆A

1　適用対象法人

Q1　中小企業投資促進税制における中小企業者等と特定中小企業者等

中小企業投資促進税制が適用できる中小企業者等と特定中小企業者等の違いを教えてください。

A　主として中小企業者等は資本金の額等が１億円以下の法人、特定中小企業者等は資本金の額等が3,000万円以下の法人をいいます。

1　中小企業者等は主として資本金の額又は出資金の額が１億円以下の法人及び資本又は出資を有しない法人のうち常時使用する従業員数が1,000人以下の法人をいう

中小企業投資促進税制では、中小企業者等は特別償却を、特定中小企業者等は特別償却又は税額控除の選択適用ができるとされています（措法42の６①②）。

ここで、中小企業者等とは、中小企業者と農業協同組合等若しくは商店街振興組合を合わせたものをいいます（措法42の６①）。

○　特別償却が適用できる中小企業者等の範囲

中小企業者等の分類	具体的な対象法人
中小企業者（青色申告する適用除外事業者に該当しない右の法人に限る）	イ　資本金の額又は出資金の額が１億円以下の法人 ただし、次の法人を除く。 一　その発行済株式又は出資（自己の株式又は出資を除く。二において同じ。）の総数又は総額の２分の１以上が同一の大規模法人に所有されている法人 二　その発行済株式又は出資の総数又は総額の３分の２以上が複数の大規模法人に所有されている法人 ロ　資本又は出資を有しない法人のうち常時使用する従業員の数が1,000人以下の法人
農業協同組合等（青色申告する右の法人に限る）	農業協同組合、農業協同組合連合会、中小企業等協同組合、出資組合である商工組合及び商工組合連合会、内航海運組合、内航海運組合連合会、出資組合である生活衛生同業組合、漁業協同組合、漁業協同組合連合会、水産加工業協同組合、水産加工業協同組合連合会、森林組合並びに森林組合連合会
商店街振興組合（青色申告法人に限る）	商店街振興組合

（注）　令和３年度改正で対象法人に商店街振興組合が追加されました（措法42の６①）。なお、商店街振興組合は、特定中小企業者等にも該当することとされています（措令27の６⑦）。

この改正は、「特定中小企業者等が経営改善設備を取得した場合の特別償却又は法人税額の特別控除（旧措法42の12の３）」が、適用期限（令和３年３月31日）の到来をもって廃止されましたので、同制度で対象法人であった商店街振興組合を本制度の対象法人に取り込んだものです。

なお、商店街振興組合は、令和３年度改正前においても、中小企業者に該当すれば本制度の対象でしたが、今般の改正により、出資金の額が１億円を超えることにより中小企業者に該当しない場合であっても本制度の対象となります。

2　中小企業者等の中でも特に規模の小さい法人を特定中小企業者等という

上記の１の中小企業者等のうち、資本金等の額が3,000万円を超える法人（農業協同組合等又は商店街振興組合を除きます。）以外の法人を特定中小企業者等といいます（措法42の６②、措令27の６⑦）。具体的には、次の表のとおりです。

○　税額控除が適用できる特定中小企業者等の範囲

特定中小企業者等の分類	具体的な対象法人
特定中小企業者（青色申告する適用除外事業者に該当しない右の法人に限る）	イ　資本金の額又は出資金の額が3,000万円以下の法人 　ただし、次の法人を除く。 　一　その発行済株式又は出資（自己の株式又は出資を除く。二において同じ。）の総数又は総額の２分の１以上が同一の大規模法人に所有されている法人 　二　その発行済株式又は出資の総数又は総額の３分の２以上が複数の大規模法人に所有されている法人 ロ　資本又は出資を有しない法人のうち常時使用する従業員の数が1,000人以下の法人
農業協同組合等（青色申告する右の法人に限る）	農業協同組合、農業協同組合連合会、中小企業等協同組合、出資組合である商工組合及び商工組合連合会、内航海運組合、内航海運組合連合会、出資組合である生活衛生同業組合、漁業協同組合、漁業協同組合連合会、水産加工業協同組合、水産加工業協同組合連合会、森林組合並びに森林組合連合会
商店街振興組合（青色申告法人に限る）	商店街振興組合

中小企業者の範囲の改正（改正の概要と適用時期）

令和３年度改正により、中小企業投資促進税制が適用できる中小企業者の範囲が改正されたと聞いています。その改正の概要と中小企業者の判定に当たり留意すべき点を教えてください。

中小企業者から除外されるみなし大企業の範囲が変更されました。

１　改正の概要

中小企業投資促進税制の適用対象法人は中小企業者等（中小企業者又は農業協同組合等若しくは商店街振興組合）ですが、そのうち中小企業者については次のように改正されました。

○　令和３年改正後の中小企業者

次の法人のうち適用除外事業者に該当しないもの（留意点１：Q３参照）をいいます（措法42の４⑧七、措令27の４㉑）。

イ　資本金の額若しくは出資金の額が１億円以下の法人のうち次に掲げる法人以外の法人

一　その発行済株式又は出資（その有する自己の株式又は出資を除きます（留意点２：Q４参照）。）の総数又は総額の２分の１以上が同一の大規模法人の所有に属している法人

※大規模法人とは、

ⅰ　資本金の額若しくは出資金の額が１億円を超える法人（中小企業投資育成株式会社を除きます。）

ⅱ　資本若しくは出資を有しない法人のうち常時使用する従

業員の数が1,000 人を超える法人

iii　大法人による完全支配関係がある法人（留意点３：Ｑ５参照）

(注)　大法人とは、資本金の額又は出資金の額が５億円以上である法人、相互会社及び外国相互会社（常時使用従業員数が 1,000 人超のものに限ります。）又は受託法人をいいます。

iv　100％グループ内の複数の大法人に発行済株式又は出資の全部を直接・間接に保有されている法人（留意点３：Ｑ５参照）

ニ　その発行済株式又は出資の総数又は総額の３分の２以上が複数の大規模法人の所有に属している法人

ロ　資本若しくは出資を有しない法人のうち常時使用する従業員の数が1,000人以下の法人

令和３年改正後の中小企業者の範囲は上記のとおりですが、改正のポイントは、みなし大企業の判定における大規模法人の範囲が見直され、大規模法人から独立行政法人中小企業基盤整備機構（判定法人の発行する株式の全部又は一部が中小企業等経営強化法の認定事業再編投資組合の組合財産である場合におけるその組合員の出資に係る部分に限ります。）を除外する措置が廃止されたことです（措法42の６①、旧措令27の６①）。

この改正は、法人が令和３年４月１日以後に取得又は製作をする特定機械装置等について適用されます（改正法附則45）。

２　改正後の留意点

令和３年改正後の中小企業者における留意点１～３については、Ｑ３～Ｑ５で解説します。

中小企業者の範囲
（留意点１：適用除外事業者の判定）

次の各ケースにおける法人は適用除外事業者に該当しますか（適用法人の資本金は各事業年度末5,000万円、適用事業年度は令和３年４月１日～令和４年３月31日の事業年度とします）。

ケース１

平成30.４.１～平成31.３.31	所得金額	13億円（欠損金２億控除後のもの）
平成31.４.１～令和２.３.31	所得金額	15億円
令和２.４.１～令和３.３.31	所得金額	16億円

ケース２

平成30.４.１～平成31.３.31	所得金額	28億円
平成31.４.１～令和２.３.31	所得金額	20億円
令和２.４.１～令和３.３.31	欠損金額	▲　５億円

ケース３

令和２.１.10（設立）～令和２.３.31	所得金額	４億円
令和２.４.１～令和３.３.31	所得金額	20億円

A

適用除外事業者とは前３事業年度の平均所得金額が15億円超の中小企業者をいいますから、

（ケース１）の適用法人は適用除外事業者に非該当。

（ケース２）の適用法人は適用除外事業者に該当。

（ケース３）の適用法人は適用除外事業者に非該当。

1　大法人並みの所得を得ている中小企業者は本制度の適用対象外

平成29年度の税制改正で中小企業向け租税特別措置法の適用要件の見直しがありました。それは大法人並みの所得を得ている中小企業者を適用の対象外とするものです。

中小企業者から除かれる適用除外事業者とは、前３事業年度の平均所得金額が15億円超の中小企業者をいい、具体的には、その事業年度開始の日前３年以内に終了した各事業年度（以下「基準年度」といいます。）の所得の金額(注１)の合計額をその各事業年度の月数の合計数で除し、これに12を乗じて計算した金額（判定法人が設立後３年を経過していないことや特定合併等に係る合併法人等に該当するものであること等の一定の事由がある場合には、その計算した金額に一定の調整(注２)を加えた金額）が15億円を超える法人をいいます（措法42の４⑧八）。

（適用除外事業者の判定イメージ）

$$\frac{\text{その事業年度開始の日前３年以内に終了した各事業年度の所得金額の合計額}}{\text{上記の各事業年度の月数の合計数}} \times 12 > 15\text{億円}$$

（注１）　所得の金額には制限が設けられていませんから、課税される所得金額、すなわち、欠損金の繰越控除制度等の適用後の法人税申告書別表一「１」の所得金額をいいます。所得の金額と規定していますから、欠損金額（別表一「１」がマイナスの場合）が生じた年度においては、所得の金額は零円となります。

（注２）　一定の事由とは次の事由等をいい、一定の調整とは次の調整等をいいます（措令27の４㉒～㉖）。

	事由	調整
イ	判定法人が設立後３年を経過していないこと（ハ又はニに掲げる事由に該当する場合を除きます。）	零とします。
ロ	判定法人の各基準年度で還付所得事業年度（法法第80条第１項に規定する還付所得事業年度をいいます。以下同じです。）であるものの法人税の額について、欠損金の繰戻しによる還付の規定の適用があったこと	各基準年度の所得の金額の合計額から還付所得事業年度である基準年度に繰り戻して還付を受けるべき金額の計算の基礎となった欠損金額に相当する金額を控除します。
ハ	判定法人が特定合併等（合併等（合併、分割、現物出資、事業の譲受け又は特別の法律に基づく承継をいいます。）のうち、その事業年度開始の日から起算して３年前の日以後に行われた法人を設立するもの等であるものをいいます。以下同じです。）に係る合併法人等に該当するものであること	対象特定合併等（特定合併等のうち、被合併法人等の特定合併等の日以前に開始した各事業年度を合併法人等の事業年度とみなす等により、その被合併法人等のその事業年度が判定法人の事業年度とみなされることとなる場合のその基因となった特定合併等をいいます。以下同じです。）に係る被合併法人等の対象特定合併等の日の前日までに終了した各事業年度等の一定の事業年度の所得の金額を加算します。
ニ	判定法人が連結法人に該当していたこと	各基準年度の所得の金額の合計額に判定法人の各連結事業年度の連結所得の金額を加算します。

○　主な調整事由一覧

設立後３年未満	繰戻し還付	合併等（受入側）	連結離脱
イ ゼロとする	ロ 減算調整	ハ 加算調整	ニ 加算調整

2　前３事業年度に欠損金額のある事業年度がある場合、適用年度開始の日において設立後３年を経過していない場合などには注意を

上記の説明から、前３事業年度の所得金額いかんによって、適用除外事業者に該当する事業年度と該当しない事業年度が生じる可能性があります。一方、前３事業年度の平均所得金額が15億円以下である限り、適用事業年度の所得金額が15億円を超えても、適用除外事業者には該当しません。

そこで、ご質問のケースについて検討すると次のようになります。

（ケース１）　前３事業年度の所得金額は、それぞれにおいて法人税法第57条等に基づく欠損金額を控除している場合であっても、それらの控除後の所得金額（法人税申告書別表一「１」欄の所得金額）を基礎として計算します。

したがって、

前３事業年度の平均所得金額＝｛(13億円)＋15億円＋16億円｝÷36×12＝14.66億円＜15億円　<u>適用除外事業者に非該当</u>。

（ケース２）　前３事業年度において欠損金額が生じた基準年度における所得の金額は零円となります（法法２①十九、22）。

したがって、

前３事業年度の平均所得金額＝｛28億円＋20億円＋（０円)｝÷36×12＝16億円＞15億円　適用除外事業者に該当。

（ケース３）　適用年度開始の日において設立後３年を経過していない場合の平均所得金額は零とします（措法42の４⑧八、措令27の４㉒一、㉓一）。

したがって、適用除外事業者に非該当。

みなし大企業（留意点２：判定法人の発行済株式から自己株式を除外）

本制度の適用から除外されるみなし大企業の判定に当たっては、判定する法人が保有する自己株式の取扱いが影響すると聞いています。どのように影響するのですか。

みなし大企業の判定においては、判定する法人の発行済株式からその保有する自己株式を除いて計算します。

みなし大企業の判定における大規模法人による所有割合の計算では、判定法人の発行済株式から自己株式を除外して計算する

資本金の額が１億円以下の法人であっても、大規模法人の子会社など大規模法人による経営が行われていると認められる次の法人は「みなし大企業」として本制度が適用できる中小企業者から除かれます。

○　みなし大企業

<table>
<tr><td rowspan="2">資本金の額又は出資金の額が１億円以下の法人のうち右の法人</td><td>一　その発行済株式又は出資（その有する自己の株式又は出資を除きます。）の総数又は総額の２分の１以上が同一の大規模法人の所有に属している法人</td></tr>
<tr><td>二　その発行済株式又は出資（その有する自己の株式又は出資を除きます。）の総数又は総額の３分の２以上が複数の大規模法人の所有に属している法人</td></tr>
</table>

令和元年度改正により、平成31年４月１日以後に開始する事業年度か

ら、みなし大企業の判定における大規模法人による所有割合の計算では、判定法人の発行済株式又は出資から自己の株式又は出資を除外して計算します（措法42の６①、42の４⑧七、措令27の４㉑）。

この結果、自己株式を所有している場合、いままでの株主構成に変動がなくてもみなし大企業に該当して本制度の適用ができなくなる場合が考えられます。

(例)　発行済株式500（自己保有株式40、同一の大規模法人所有株式240）

改正前：240/500＜50％　∴　みなし大企業に該当しない。

改正後：240/460≧50％　∴　みなし大企業に該当し本制度適用不可。

みなし大企業（留意点３：大規模法人に法人税法上のみなし大企業が含まれる）

本制度の適用から除外されるみなし大企業の判定に当たって、その大規模法人に、法人税法上のみなし大企業が含まれると聞いています。具体例を示してください。

令和元年度改正により、みなし大企業の判定における大規模法人の範囲が拡大しました。

令和元年度改正により、本制度の適用から除外される中小企業者（みなし大企業）の範囲が改正された

すなわち、大規模法人に次の法人を追加して、みなし大企業を判定します（措令27の４㉑）。

・　大法人による完全支配関係がある法人

・　100％グループ内の複数の大法人に発行済株式又は出資の全部を直接・間接に保有されている法人

ここで大法人とは、資本金の額又は出資金の額が５億円以上の法人、相互会社若しくは外国相互会社（常時使用従業員数が1,000人超）又は受託法人をいいます。

（例）

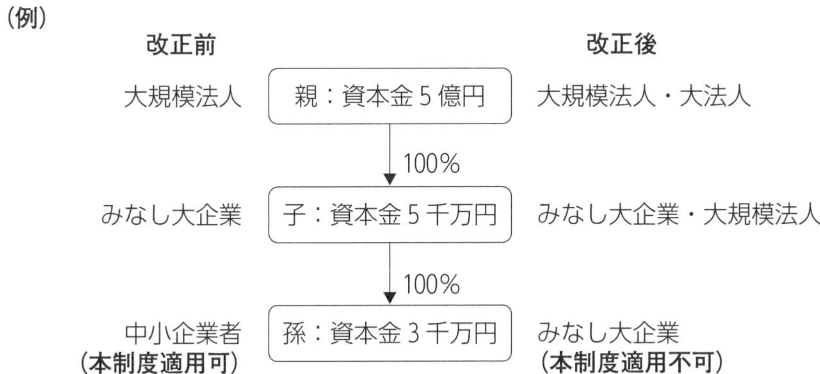

この改正は、平成31年４月１日以後に開始する事業年度分の法人税について適用されます（平成31年改正措法附則49、平成31年改正措令附則18）。

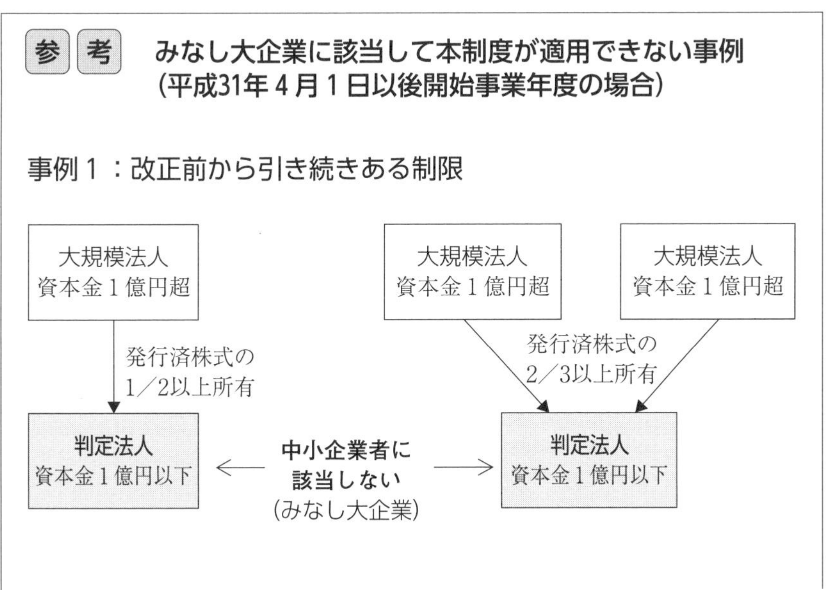

事例2：親法人が大法人の100％子法人に該当

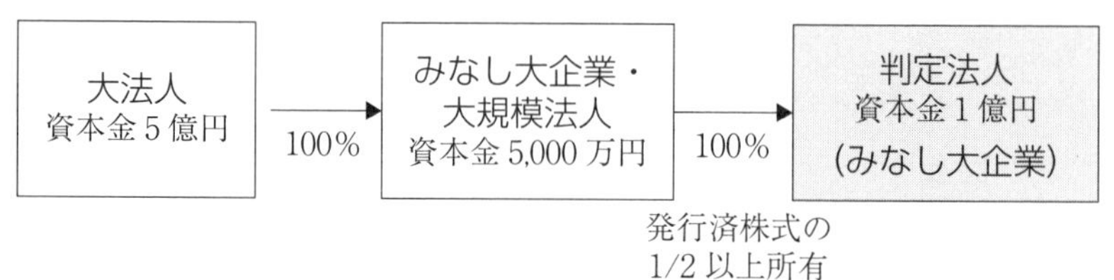

判定法人は中小企業者に非該当
（改正前は、判定法人の直接の出資者が大規模法人に該当しないので中小企業者に該当していた）

事例3：親法人が100％グループ内の複数の大法人に発行済株式の全部を保有されている法人に該当

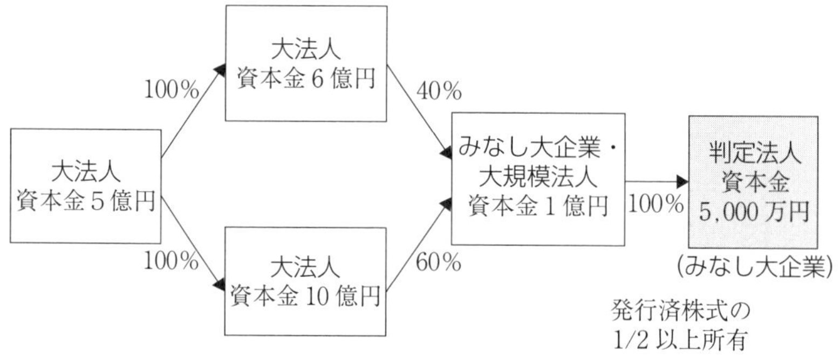

判定法人は中小企業者に非該当
（改正前は、判定法人の直接の出資者が大規模法人に該当しないので中小企業者に該当していた）

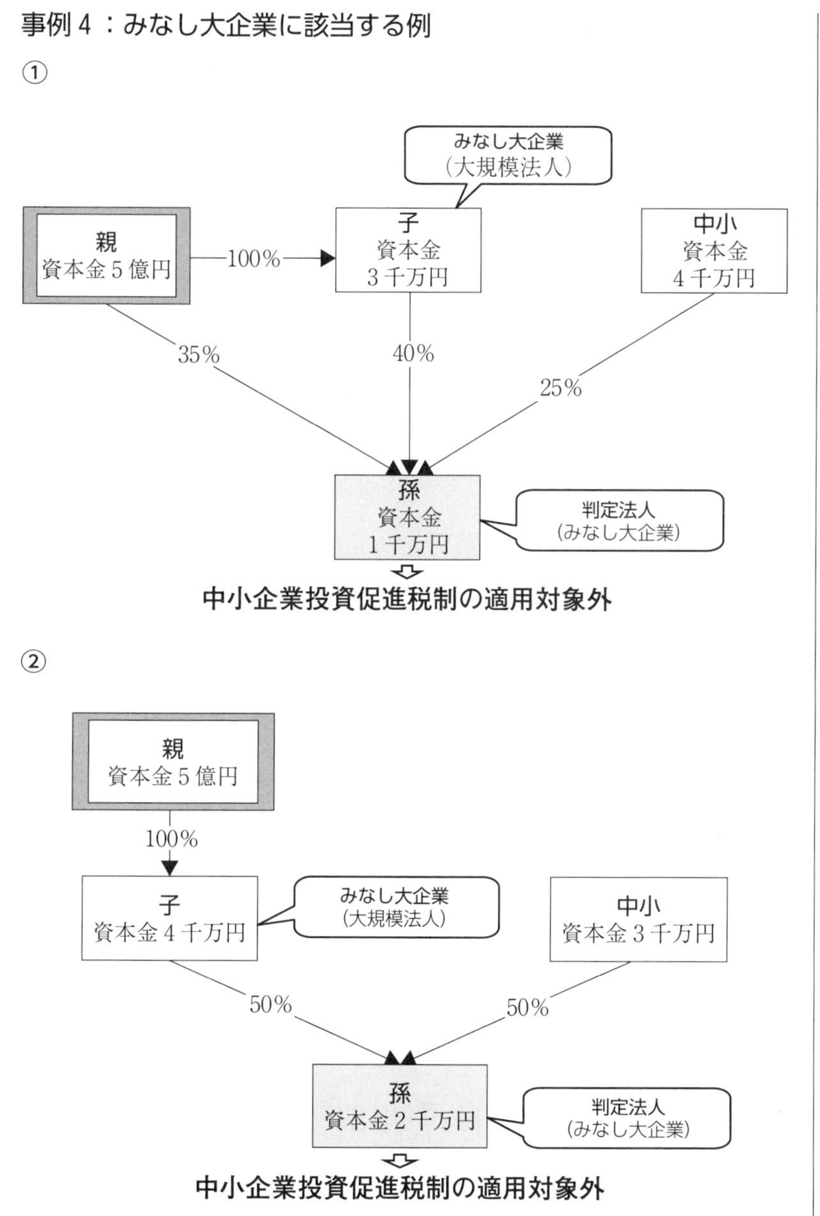
事例４：みなし大企業に該当する例
①
みなし大企業
（大規模法人）
親
資本金５億円
100％
子
資本金
３千万円
中小
資本金
４千万円
35％
40％
25％
孫
資本金
１千万円
判定法人
（みなし大企業）
中小企業投資促進税制の適用対象外
②
親
資本金５億円
100％
子
資本金４千万円
みなし大企業
（大規模法人）
中小
資本金３千万円
50％
50％
孫
資本金２千万円
判定法人
（みなし大企業）
中小企業投資促進税制の適用対象外

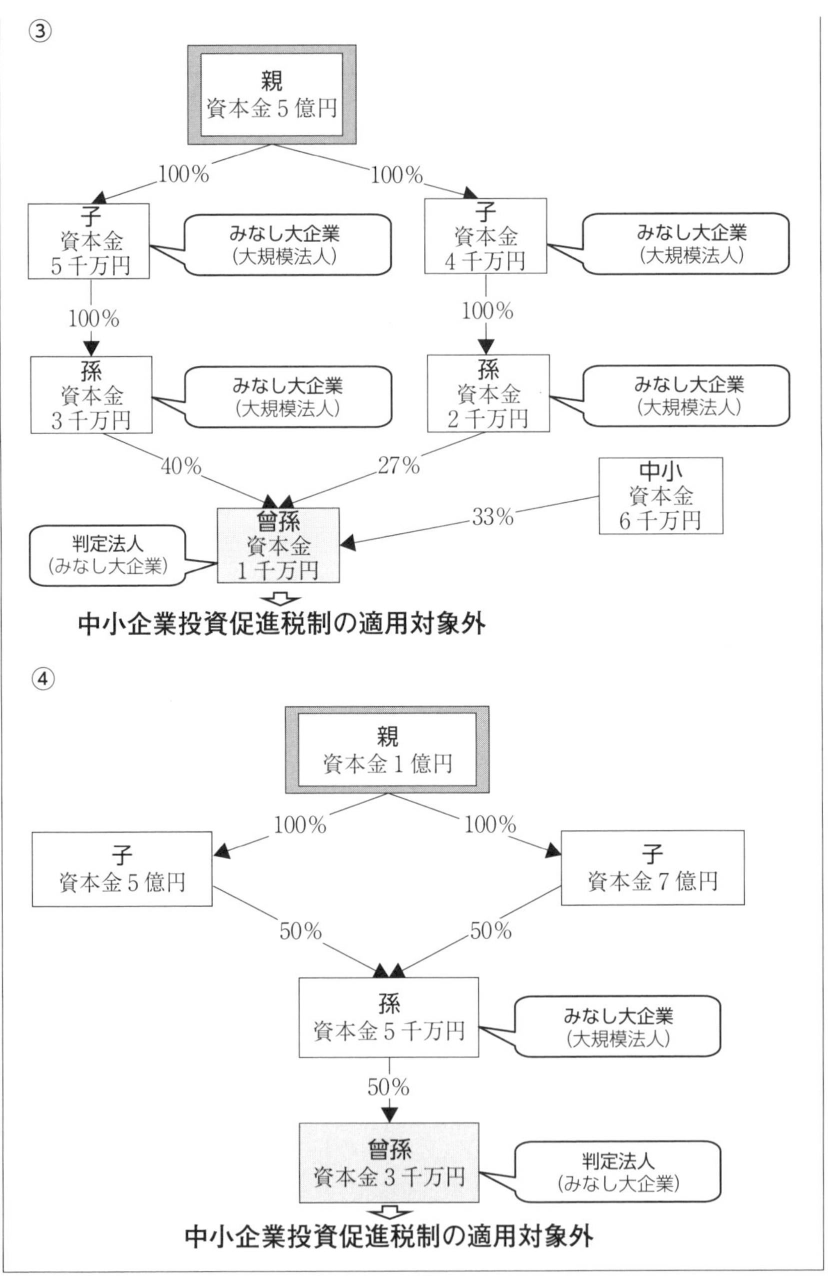
③
親
資本金5億円
100%
100%
子
資本金
5千万円
みなし大企業
（大規模法人）
子
資本金
4千万円
みなし大企業
（大規模法人）
100%
100%
孫
資本金
3千万円
みなし大企業
（大規模法人）
孫
資本金
2千万円
みなし大企業
（大規模法人）
40%
27%
中小
資本金
6千万円
33%
判定法人
（みなし大企業）
曾孫
資本金
1千万円
中小企業投資促進税制の適用対象外
④
親
資本金1億円
100%
100%
子
資本金5億円
子
資本金7億円
50%
50%
孫
資本金5千万円
みなし大企業
（大規模法人）
50%
曾孫
資本金3千万円
判定法人
（みなし大企業）
中小企業投資促進税制の適用対象外

中小企業者の判定例

次図のような資本系列にある判定法人は、中小企業投資促進税制（措法42の６①）の対象となる中小企業者に該当しますか。なお、判定法人の資本金はいずれも2,000万円であり、適用除外事業者に該当しません。

例１

大規模法人（資本金３億円） →100%所有→ 資本金１億円以下の法人（資本金5,000万円） →100%所有→ 判定法人

例２

大法人（資本金10億円） →40%所有→ 判定法人

大法人（資本金10億円） →100%所有→ 資本金１億円以下の法人（資本金5,000万円） →30%所有→ 判定法人

その他の少数株主多数 →30%所有→ 判定法人

A

例１の判定法人は中小企業者に該当し、例２の判定法人は中小企業者に該当しません。

１　大規模法人による所有は、判定法人の直接株主が大規模法人であること

中小企業投資促進税制の特別償却の対象となる中小企業者とは、適用除外事業者に該当しない次の法人です（措法42の６①、42の４⑧七、措令27の４㉑）。

イ　資本金の額若しくは出資金の額が１億円以下の法人のうち次に掲

げる法人以外の法人

一　その発行済株式又は出資（その有する自己の株式又は出資を除きます。）の総数又は総額の２分の１以上が同一の大規模法人の所有に属している法人

※大規模法人とは、

ⅰ　資本金の額若しくは出資金の額が１億円を超える法人（中小企業投資育成株式会社を除きます。）

ⅱ　資本若しくは出資を有しない法人のうち常時使用する従業員の数が1,000人を超える法人

ⅲ　大法人による完全支配関係がある法人

（注）大法人とは、資本金の額又は出資金の額が５億円以上である法人、相互会社及び外国相互会社（常時使用従業員数が1,000人超のものに限ります。）又は受託法人をいいます。

ⅳ　100％グループ内の複数の大法人に発行済株式又は出資の全部を直接・間接に保有されている法人

二　その発行済株式又は出資の総数又は総額の３分の２以上が複数の大規模法人の所有に属している法人

ロ　資本若しくは出資を有しない法人のうち常時使用する従業員の数が1,000人以下の法人

上記のイ一の「～２分の１以上が同一の大規模法人の所有に属している法人」及び二「～３分の２以上が複数の大規模法人の所有に属している法人」の判定におけるその大規模法人は、判定法人の直接の株主が大規模法人であることです。

したがって、Ｑ例１の判定法人の直接の株主「資本金5,000万円の法人」は、資本金１億円以下の法人で大規模法人に該当しないため、判定法人は中小企業者に該当します。

(「資本金5,000万円の法人」は、大規模法人(資本金3億円)に100%保有されていますが、その大規模法人(資本金3億円)は大法人(資本金5億円以上)に該当しないので、「資本金5,000万円の法人」は大規模法人とみなされません。)

2 大法人又は100%グループ内の複数の大法人による完全支配関係(直接・間接による全部の保有)があれば、その法人は資本金1億円以下であっても大規模法人となる

上記1イ一の「iii 大法人による完全支配関係がある法人」及び「iv 100%グループ内の複数の大法人に発行済株式又は出資の全部を直接・間接に保有されている法人」の判定においては、直接・間接の保有を含めて判定しますので、Q例2の「資本金5,000万円の法人」は大法人である資本金10億円の法人に100%保有されてることで、資本金1億円以下ですが大規模法人となります。

そうすると、大規模法人にも該当する「大法人(資本金10億円)」と大規模法人とみなされた「資本金5,000万円の法人」により、判定法人はその発行済株式の総数の3分の2以上(70%)を所有されていますから、中小企業者に該当しません。

株主に変更があった場合

Ａ株式会社（資本金3,000万円、以下「Ａ社」といいます。）は、Ｂ株式会社（資本金20億円、以下「Ｂ社」といいます。）の100％子会社でしたが、当期にＢ社はＡ社の株式のうち80％をＣ株式会社（資本金1,000億円、Ｂ社との資本関係はない、以下「Ｃ社」といいます。）に譲渡しました。なお、Ｂ社の株主は個人甲（100％）であり、Ａ社は適用除外事業者に該当しません。

株主移動後のＡ社に、中小企業投資促進税制が適用できますか。

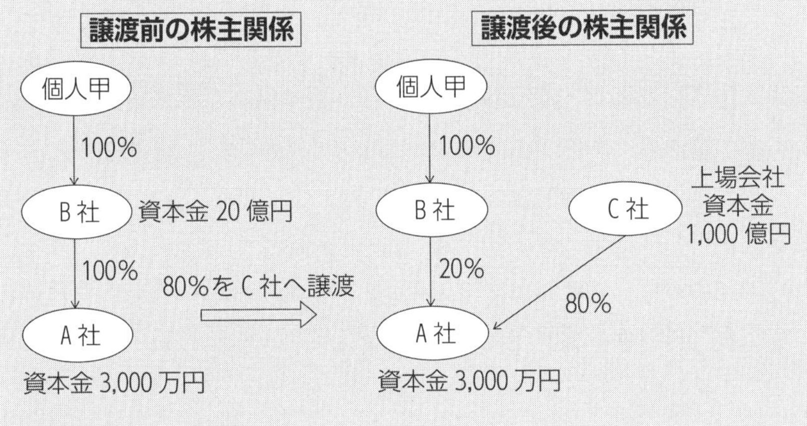

A　中小企業投資促進税制は適用となりません。

その発行済株式数の３分の２以上が複数の大規模法人の所有に属している法人は対象にならない

本制度の適用ができる中小企業者とは、適用除外事業者に該当しない法人です（措法42の４⑧七、措令27の４㉑）。

詳細については、「Ｑ６　中小企業者の判定例」の解説を参照してください。

ご質問の場合、Ａ社の株式のうち80％をＣ社に譲渡したことにより、大法人による完全支配関係（同一の大規模法人による２分の１以上の保有）はなくなりましたが、譲渡後においても複数の大規模法人により３分の２以上の株式を保有されていますから、中小企業投資促進税制は適用となりません。

なお、大法人による完全支配関係がなくなりましたから、法人税関係の特例規定（貸倒引当金の繰入額の損金算入、欠損金の繰越控除額の縮減の不適用等）は適用となります。

農業協同組合等である場合

Ａ農業協同組合連合会（以下「Ａ農連」といいます。）の出資者は、Ｂ農業協同組合（以下「Ｂ農協」といいます。）とＣ農業協同組合（以下「Ｃ農協」といいます。）であり、出資金は前期末及び当期末とも10億円です。

Ａ農連に中小企業投資促進税制の適用はできますか。

なお、Ａ農連の前期における過去３年の所得平均は13億円でしたが、当期における過去３年の所得平均は17億円となっています。

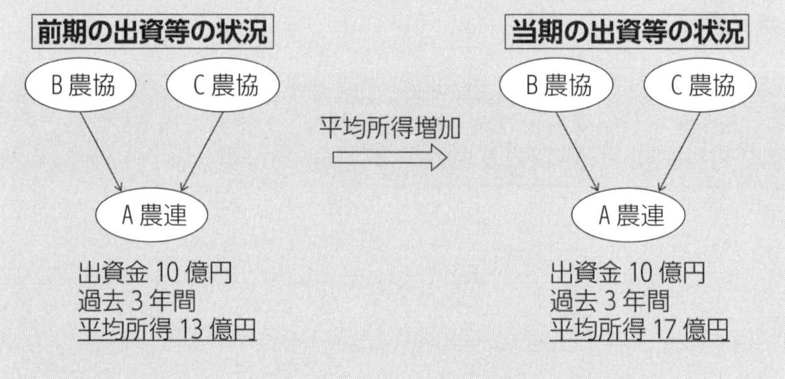

中小企業投資促進税制が適用できます。

農業協同組合等には、適用除外事業者の判定は不要

本制度の特別償却が適用できる中小企業者等とは、中小企業者（資本金若しくは出資金の額が１億円以下の法人（一定の大規模法人の所有に属している法人を除きます。）又は資本若しくは出資を有しない法人の

うち常時使用する従業員の数が1,000人以下のものをいい、適用除外事業者に該当するものを除きます。）又は農業協同組合等若しくは商店街振興組合で青色申告書を提出するものです（措法42の６①）。

また、本制度の税額控除が適用できる特定中小企業者等とは、上記の中小企業者等のうち一定の者（措法42の６②）であり、これら中小企業者等及び特定中小企業者等の詳細は、「Ｑ１　中小企業投資促進税制における中小企業者等と特定中小企業者等」の解説を参照してください。

ところで、適用除外事業者（過去３年の所得金額の年平均額が15億円を超える法人）に該当する法人がその適用から除外されるのは、中小企業者等の中の中小企業者であって、農業協同組合等若しくは商店街振興組合は判定の対象となっていません。

つまり、農業協同組合等及び商店街振興組合は、その出資金が１億円を超える場合であっても、また、過去３年の所得金額の年平均額が15億円を超える場合であっても、中小企業者等及び特定中小企業者等に該当します。

ご質問の場合、Ａ農連は、本制度の適用上「農業協同組合等」に該当するため、その出資金の多寡にかかわらず、また、過去３年の所得金額の年平均額が15億円を超えるかどうかにかかわらず、本制度は適用となります。

特定中小企業者等の該非判定

青色申告する資本金の額が2,000万円の甲株式会社は、乙株式会社（資本金2億円）にその発行済株式の全部を保有されています。

今般、甲株式会社は特定機械装置等を購入しましたので、中小企業投資促進税制の税額控除の適用を検討しています。適用できますか。

A　甲株式会社はその発行済株式の2分の1以上を同一の大規模法人に保有されていますから、特定中小企業者等に該当しません。したがって、本制度の税額控除は適用できません（中小企業者等にも該当しませんから、本制度の特別償却も適用できません）。

1　資本金3,000万円以下の法人であっても、一定の大規模法人の所有に属している法人は除かれる

本制度の税額控除が適用できる法人は、次の表に掲げる法人です（措法42の6②、措令27の6⑦）。

○　税額控除が適用できる特定中小企業者等の範囲

特定中小企業者等の分類	具体的な対象法人
特定中小企業者（青色申告する適用除外事業者に該当しない右の法人に限る）	イ　資本金の額又は出資金の額が3,000万円以下の法人 ただし、次の法人を除く。 一　その発行済株式又は出資（自己の株式又は出資を除く。二において同じ。）の総数又は総額の２分の１以上が同一の大規模法人（※）に所有されている法人 二　その発行済株式又は出資の総数又は総額の３分の２以上が複数の大規模法人に所有されている法人 ロ　資本又は出資を有しない法人のうち常時使用する従業員の数が1,000人以下の法人
農業協同組合等（青色申告する右の法人に限る）	農業協同組合、農業協同組合連合会、中小企業等協同組合、出資組合である商工組合及び商工組合連合会、内航海運組合、内航海運組合連合会、出資組合である生活衛生同業組合、漁業協同組合、漁業協同組合連合会、水産加工業協同組合、水産加工業協同組合連合会、森林組合並びに森林組合連合会
商店街振興組合（青色申告法人に限る）	商店街振興組合

（※）　大規模法人とは、

ⅰ　資本金の額若しくは出資金の額が１億円を超える法人（中小企業投資育成株式会社を除きます。）

ⅱ　資本若しくは出資を有しない法人のうち常時使用する従業員の数が1,000人を超える法人

ⅲ　大法人による完全支配関係がある法人

（注）　大法人とは、資本金の額又は出資金の額が５億円以上である法人、相互会社及び外国相互会社（常時使用従業員数が1,000人超のものに限ります。）又は受託法人をいいます。

ⅳ　100％グループ内の複数の大法人に発行済株式又は出資の全部を直接・間接に保有されている法人

2　中小企業者にも該当せず、特別償却も適用できない

株式会社が対象資産（特定機械装置等）を取得した場合の税額控除は、資本金の額が3,000万円以下の場合に適用されますが、その場合であっても、同一の大規模法人にその発行済株式又は出資（自己の株式又は出資を除きます。）の総数又は総額の２分の１以上を保有されている場合又は複数の大規模法人にその発行済株式又は出資（自己の株式又は出資を除きます。）の総数又は総額の３分の１以上を保有されている場合には、適用がありません。

甲株式会社はその発行済株式の２分の１以上を同一の大規模法人（資本金１億円を超える乙株式会社）に保有されていますから、特定中小企業者等に該当しません。

この「一定の大規模法人の所有に属している法人が除かれる」旨の定めは、資本金の額が１億円以下の法人となる中小企業者の判定においても同様です。したがって、甲株式会社は中小企業者にも該当しませんから、本制度の特別償却も適用できません。

資本金の額が０の場合

Ａ株式会社はこのほど、会社法の規定にのっとり減資を行って、資本金の額を０とすることを検討しております。そうした場合、中小企業投資促進税制の適用に当たっては、「資本又は出資を有しない法人」として取り扱ってよろしいでしょうか。

会社法の適用を受ける法人で資本金の額が零の場合は、資本を有しない法人に該当しません。

1　「資本又は出資を有しない法人」とは、資本制度自体が存在しない法人形態をいう

会社法では、株式会社は、その資本金の額を限度として資本金の額を減少することができるとされていますので（会社法447）、資本金の額が０となり得ることが考えられます。そうしたときにおいて、中小企業投資促進税制等の中小企業者の判定（措令27の４㉑）に当たり、「資本又は出資を有しない法人」として取り扱っていいのかどうかという疑問が考えられます。

この点については、「資本又は出資を有しない法人」というのは、資本制度自体が存在しない法人形態を指すものと解されますので、株式会社など資本制度の存在する会社で資本金の額が０のものは、「資本又は出資を有しない法人」には該当しないことに留意する必要があります（法基通１－５－８）。

したがって、株式会社が減資により資本金の額が０となった法人は、資本金額１億円以下の法人となります。

2　資本金の額とは、法人税法上の資本金等の額ではなく、登記上表示されている資本金の額をいう

なお、本制度の中小企業者である「資本金の額が１億円以下の法人～」の資本金の額とは、会社法その他の法律に基づく法定資本として登記上表示されている資本金の額をいい、法人税法にいう資本金等の額（法法２十六）ではありません。

したがって、例えば、資本金の額５億円であった法人が無償減資により１億円になった場合は、法人税法上の資本金等の額５億円に変わりはありませんが、法定資本として登記上表示される資本金の額は１億円となります。

Q11 中小企業者等の判定時期

中小企業投資促進税制の適用対象法人である中小企業者等は、資本金の額又は従業員の数といった外形的基準に基づいて行うこととされています。その判定の時期として、例えば、①期首、②特定機械装置等の取得等をした時、③その装置等を事業の用に供した時あるいは④期末などが考えられますが、法人によってはこれらのうち中小企業者等に該当していた時期と該当していない時期がある場合が考えられます。中小企業者等の判定はいつの時点で行うことになりますか。

A 中小企業者等に該当するかどうか（適用除外事業者に該当する否かの判定を除く。）は、その特定機械装置等の取得等をした日及び事業の用に供した日の現況により行います。

1　特定機械装置等の取得等をした日及び事業の用に供した日において、中小企業者等に該当していれば適用対象法人となる

本制度は、中小企業者等の設備投資を促進するために設けられた税制上の優遇措置であるという点からも、中小企業者等であるという現況の下に特定機械装置等の取得等をして事業の用に供することを予定した制度といえます。このため、仮に中小企業者等であるという現況の下に特定機械装置等の取得等をして事業の用に供した法人につき、期末において中小企業者等に該当しなくなったとして本制度の適用を受けられないとした場合には、その法人に思わぬ税負担を強いることになり、ひいては設備投資計画の修正を余儀なくさせる結果をも生じ

ることとなり、本制度の趣旨に合致しないこととなります。

そこで、中小企業者等に該当するかどうか（適用除外事業者に該当するかどうかの判定を除きます。）は、その特定機械装置等の取得等をした日及び事業の用に供した日の現況により行う旨が、租税特別措置法通達42の６－１（事業年度の中途において中小企業者等に該当しなくなった場合等の適用）において明らかにされています。

したがって、適用法人が適用除外事業者に該当しない限り、特定機械装置等の取得等をした日及び事業の用に供した日において、中小企業者等に該当していれば、期首又は期末において中小企業者等に該当していなくても本制度の適用は認められるということになりますが、一方で、その取得等をした日において中小企業者等に該当していたが事業の用に供した日においては中小企業者等に該当しなくなった場合や、その事業の用に供した日には中小企業者等に該当するものの、その取得等をした日においては中小企業者等に該当していなかった場合には、本制度の適用はないということになります。

なお、この取扱いは、特定中小企業者等の判定時期についても同様です。

2　適用除外事業者であるかどうかの判定

適用対象法人が、中小企業者のうち適用除外事業者に該当する（基準年度の所得の金額の年平均額が15億円を超える法人）かどうかは、基本的には、各基準年度の確定申告書に記載された所得の金額により計算することとなります。

ただ、確定申告により一旦確定した所得の金額が修正申告や更正により変更された場合には、その変更後の所得の金額をもってその年平均額を再計算することとなるのか、当初の確定申告書に記載された所得の金額から計算した年平均額でよいのか疑問が生じます。この点、所得の金額に変更があった場合に当初の確定申告書に記載された所得の金額により計算した年平均額とする特段の規定はないことから、各基準年度の所得の金額が修正申告や更正により変更された場合には、この年平均額はその変更後の正当額により計算することとなります。このことが、租税特別措置法通達42の４(3)－１の２で明らかにされています。

その結果として、それ以前の判定で適用除外事業者に該当しなかった法人が改めて適用除外事業者に該当することとなれば、遡って該当措置の適用は受けることができないこととなります。

2 適用対象資産

Q12 電子計算機の取扱い

電子計算機は中小企業投資促進税制の対象になりますか。

A 電子計算機を含む全ての器具及び備品は、対象になりません。

器具及び備品には、中小企業経営強化税制の適用を

平成29年3月31日までに取得した器具及び備品（一定の電子計算機、デジタル複合機、試験又は測定機器）は本制度の対象になっていましたが、平成29年度税制改正で、中小企業投資促進税制では一切の器具及び備品は適用対象資産から外されました。

電子計算機を含む器具及び備品への投資をお考えの際は、中小企業経営強化税制の活用をご検討ください。

Q13 医療法人が使用する電子カルテシステムへの適用

青色申告法人である医療法人（出資持分なし、従業員30人）が令和３年５月に電子カルテシステムを400万円で購入し、事業の用に供しました。

中小企業投資促進税制の適用対象資産であるソフトウエアは70万円以上のものとなっております。よって電子カルテシステムは適用資産に該当し、本制度の税額控除が適用できますか。

A 特定中小企業者等に該当する貴法人は、取得する電子カルテシステムを指定事業に供しますから、本制度の税額控除が適用できます。

医療業法人が取得する電子カルテシステムは適用対象資産

中小企業投資促進税制に係る税額控除は、特定中小企業者等が平成10年６月１日から令和５年３月31日までの期間内に、新品の特定機械装置等を取得し又は製作して、これを国内にあるその特定中小企業者等の営む指定事業の用に供した場合に、その指定事業の用に供した日を含む事業年度において、基準取得価額の７％相当額の税額控除ができるものです（措法42の６②）。

⑴　貴医療法人はその出資金に持分がなく、従業員が30人（1,000人以下）ですから特定中小企業者等に該当します。

⑵　本制度の対象資産である特定機械装置等には、一定のソフトウェアで一の取得価額が70万円以上のものが含まれています。

ご質問の電子カルテシステム（電子カルテ）は、従来医師・歯科医師が診療の経過を記入していた、紙のカルテを電子的なシステムに置き換え、電子情報として一括してカルテを編集・管理し、データベースに記録するソフトウェアで、その取得価額が70万円以上ですから、対象資産に該当します。

(3)　医療法人が営む医療業はサービス業として指定事業に該当します（措通42の６－５（注））。

よって、電子カルテシステムは適用資産に該当し、貴法人は税額控除（400万円×７％）ができます。

なお、電子カルテシステムと同時にコンピュータを取得した場合のコンピュータは器具及び備品に該当しますから、本制度は適用できません。

Q14 ソフトウエアの改良費用

ソフトウエアについては機能を付加するバージョンアップにより、新規にその機能を持つ新たなソフトウエアを購入したと同様と認められるものがあります。このような場合でもバージョンアップは従前のソフトウエアに対する資本的支出に該当するとして、本制度の適用はできませんか。

A　プログラムの修正、改良等で既存ソフトウエアの仕様を大幅に変更して、新たなソフトウエアを製作したと認められる場合（既存ソフトウエアとの同一性はなくなっている）は、新たなソフトウエアの取得として本制度の適用があります。

1　プログラムの修正、改良等の内容からみて、既存ソフトウエアの仕様を大幅に変更した、新たなソフトウエアを製作したと認められるか

本制度は、その製作の後事業の用に供されたことのない、いわゆる新品の特定機械装置等を取得等して指定事業の用に供することが要件となっています。

その点、ソフトウエアについては既存のプログラムに改良等を加えるバージョンアップという手段により同種の上位製品に切り換えることが多いところ、このように行われるバージョンアップの中には、例えば、セキュリティパッチを適用するものなどのように既存の機能を強化・拡充する程度のバージョンアップもあれば、既存の機能の強化・拡充にとどまらず、それ自体機能的独立性が高い新機能を既存のものに追加するなどして、実質的に既存ソフトウエアの仕様を大幅に

変更した、新たなソフトウエアを製作したと同視し得るバージョンアップもあります。

ところで、法人が、その有するソフトウエアにつきプログラムの修正等を行った場合において、その修正等が、新たな機能の追加、機能の向上等に該当するときはその修正等に要した費用は資本的支出に該当することとされています（法基通７－８－６の２）から、このようなソフトウエアのバージョンアップ費用については、そのバージョンアップ等により実質的に新製品を取得したことと同様の状況にあるときであっても、法人税法上、資本的支出に該当するものであることから、新たなソフトウエアの取得等には該当せず、本制度の適用対象にはならないのではないかとの疑義が生じます。

しかしながら、ソフトウエアについては、新規製品に切り換えるのに既存の製品のバージョンアップという手段をとることが一般的であるという状況を踏まえると、新たな機能の追加、機能の拡充・置換等を行い、その結果、既存ソフトウエアの仕様を大幅に変更した、新たなソフトウエアの製作など実質的に新たなソフトウエアを取得したと同様の状況にあると認められる場合には、その修正等に要した費用は、新たなソフトウエアの取得等として取り扱うのが相当であると考えられます。

したがって、貴社の今般のソフトウエアのバージョンアップが、そのプログラムの修正、改良等の内容からみて、既存ソフトウエアの仕様を大幅に変更した、新たなソフトウエアを製作したと同様と認められる場合（既存ソフトウエアとの同一性はなくなっている）には、新規に取得したソフトウエアに該当すると思います。

2　令和３年度通達改正で取得価額と資本的支出を明確化

令和３年度の通達改正で、次のように既存ソフトウエアに対するバージョンアップ等による仕様の変化に対する取扱いが整理されました。

すなわち、法人税基本通達７－３－15の２《自己の製作に係るソフトウエアの取得価額等》の（注）２において、「既存ソフトウエア等の仕様を大幅に変更して、新たなソフトウエアを製作するための費用の額は、当該新たなソフトウエアの取得価額になる」旨が明らかにされました。

また、ソフトウエアの資本的支出に関しては、既存ソフトウエア等の仕様を大幅に変更しても、既存ソフトウエア等としての同一性は保たれ、新たなソフトウエアを製作するとまではいえない場合には、固定資産の取得としてではなく、資本的支出として取り扱ったほうが適切であると考えられため、法人税基本通達７－８－６の２《ソフトウエアに係る資本的支出と修繕費》の（注）１において、「既存ソフトウエア等の仕様を大幅に変更するための費用のうち、法人税基本通達７－３－15の２（注）２により固定資産の取得価額になったもの以外のものは、資本的支出に該当する」ことを明らかにしています。

車両及び運搬具への適用

中小企業投資促進税制では、どのような車両及び運搬具が対象になりますか？

対象となるのは大型貨物自動車。

１　対象となる車両及び運搬具は大型貨物自動車

本制度の適用ができる車両及び運搬具は、道路運送車両法施行規則別表第一に規定する普通自動車で貨物の運送の用に供されるもののうち、車両総重量（道路運送車両法第40条第３号に規定する車両総重量をいいます。）が3.5トン以上のものです。

つまり、次の⑴から⑶までの要件をいずれも満たすものです（措規20の３④）。

⑴　道路運送車両法施行規則別表第一に規定する「普通自動車」であること（自動車検査証の「自動車の種別」欄で確認できます。）。

⑵　貨物の運送の用に供されるものであること（下記２参照）。

⑶　車両総重量が3.5トン以上のものであること（自動車検査証の「車輛総重量」欄で確認できます。）。

したがって、小型自動車は、貨物の運送の用に供されるものであっても、本制度の対象資産には該当しません。

２　貨物の運送の用に供されるものの意味

「貨物の運送の用に供されるもの」とは、次の２点を満たす自動車が該当します。

⑴　自動車の登録及び検査に関する申請書等の様式等を定める省令第4条第1項第6号に掲げる自動車検査証（いわゆる車検証）の「最大積載量」欄に記載があること。

⑵　実際にその自動車を貨物の運送の用に供していること。

参考　車両の判定

①　道路運送車両法上、貨物の運送の用に供する自動車については、当然に物品積載装置を有していることが必要とされ、この物品積載装置を有するものに限って自動車検査証の「最大積載量」欄が記載されることとされています。

②　普通自動車に該当するかどうか及び車両総重量が3.5トン以上かどうかについては、自動車検査証の「自動車の種別」欄及び「車両総重量」欄により判定することができます。

③　減価償却資産の耐用年数等に関する省令別表第1（以下「耐用年数省令別表第1」といいます。）において「特殊自動車」に該当するものであっても、車両法省令別表第1においては「普通自動車」に該当するものが存在しますので（例：トラックミキサー）、「普通自動車」に該当するかどうかの判定を耐用年数省令別表第1により行うことはできません。

Q16 橋梁点検車の特別償却等

Ａ社は、建設業を営む３月決算の青色申告している中小企業者です。Ａ社は、令和４年３月までに橋梁点検車を新品１台3,000万円で購入し、事業の用に供する予定です。

中小企業投資促進税制が適用できるでしょうか。

なお、この橋梁点検車は、車両の車台に特殊な構造物を乗せ、この構造物を現場でアーム状に伸ばすことにより作業員がその構造物を伝わって橋梁下部に達し、橋梁等の点検作業を行うことができる構造となっています。

機械及び装置として中小企業投資促進税制が適用できます。

１　「大型貨物自動車以外の車両及び運搬具」は適用対象外

中小企業投資促進税制の適用対象資産は特定機械装置等であり、「機械及び装置」では全てのものが対象となりますが、「車両及び運搬具」では大型貨物自動車のみが対象とされており、それ以外の小型自動車や特殊自動車などは対象となりません。したがって、ご質問の橋梁点検車が特殊自動車として「車両及び運搬具」に該当する場合には、本制度は適用できないことになります。

２　トラッククレーンやコンクリートポンプ車等は機械及び装置に該当

ところで、「車両及び運搬具」と「機械及び装置」の区分はどのように考えるのでしょうか。

「車両及び運搬具」の「特殊自動車」には、「別表第二に掲げる減価償却資産に含まれるブルドーザー、パワーショベルその他の自走式作業用機械並びにトラクター及び農林業用運搬機具を含まない。」とした上で、消防車、救急車、レントゲン車、散水車、放送宣伝車、移動無線車及びチップ製造車、モータースイーパー及び除雪車、タンク車、じんかい車、し尿車、寝台車、霊きゅう車、トラックミキサー、レッカーその他特殊車体を架装したものが掲げられています。

また、「特殊自動車」に該当しない建設車両等として、トラッククレーン、ブルドーザー、ショベルローダー、ロードローラー、コンクリートポンプ車等がありますが、これらのように人又は物の運搬を目的とせず、作業場において作業することを目的とするものは、「特殊自動車」に該当せず、機械及び装置に該当する旨の考え方が示されています（耐通２－５－５）。

3　人又は物の運搬を目的とせず作業場において作業することを目的とするものは機械及び装置に該当

そこで、橋梁点検車が「車両及び運搬具」又は「機械及び装置」のいずれに該当するかが問題となりますが、ご質問の橋梁点検車は、車両の車台に特殊な構造物を乗せ、この構造物を現場でアーム状に伸ばすことにより作業員がその構造物を伝わって橋梁下部に達し、橋梁等の点検作業が容易にできるものです。つまり、本来、現場では足場の設置や撤去に膨大な時間と労力を要するところ、これらの作業が省略できるという画期的な機能を有しているようです。

そうすると、この橋梁点検車は、トラッククレーン、ブルドーザー等のように、まさに「人又は物の運搬を目的とせず作業場において作業することを目的とするもの」と認められますから、耐用年数適用に関する取扱通達２－５－５の趣旨に沿って「特殊自動車」には該当せず、「機械及び装置」に該当して、Ａ社の橋梁点検車は本制度の適用対象資産と考えます。

参考　フォークリフト（荷役作業用）への適用は不可

(1)　フォークリフトの資産区分
税務上の区分：耐用年数別表第一「車両及び運搬具」の「前掲のもの以外のもの」「フォークリフト」「４年」
（物を搭載して移送する運搬用の機器として「車両及び運搬具」に区分されており、「機械及び装置」に該当しません。）

(2)　本制度が適用できる大型貨物自動車の該否
道路運送車両法施行規則別表第一：「大型特殊自動車」に区分
（普通自動車から除外されており、措規20の３④を満たしません。）

製作段階で販売用から自社利用に変更した機械に対する経営強化税制又は投資促進税制の適用

当社は製造用機械の製作販売を業とする資本金1,000万円の株式会社です。顧客から受注した機械を製作していたところ、今月になって急に顧客から契約がキャンセルされました。そこでやむなく、その機械を自社で利用することに変更し、製作は継続しています。製作価額は約400万円の見込みです。

この機械を製作して自社の製造事業の用に供した場合、中小企業経営強化税制又は中小企業投資促進税制の適用はできますか。

なお、事業供用に当たって何らかの事前手続をすることは考えていません。

中小企業経営強化税制は適用できないが、中小企業投資促進税制は適用できます。

1　中小企業経営強化税制の適用を受けるためには経営力向上計画について認定を受ける必要がある

中小企業経営強化税制の適用を受ける中小企業者等は、自社の経営力を向上させるための人材育成やマネジメント、設備投資などの取組を記載した経営力向上計画を事業所管大臣に申請し、各大臣から適当である旨の認定を受ける必要があります（経営強化法17①）。経営力向上計画の認定は、原則として、対象設備の取得前に受ける必要がありますが、認定を受ける前にその設備を取得した場合であっても、その設備の取得日から60日以内に経営力向上計画について認定の申請が受理され、かつ、その設備の事業供用日を含む事業年度と同一の事業年度内にその申請に係る認定がされたときは、この制度の適用が受けられることとされています。

※　中小企業経営強化税制については、第３章を参照してください。また「設備の取得時期について（中小企業経営強化税制Ａ～Ｄ共通）」については160～161ページを参照してください。

2　中小企業投資促進税制の適用に事前手続はない

中小企業投資促進税制は、中小企業者等が平成10年６月１日から令和５年３月31日までの期間内に特定機械装置等の取得等をして、これを国内にあるその中小企業者などの営む製造業、建設業などの指定事業の用に供した場合に、特別償却又は税額控除（税額控除は資本金の額が3,000万円以下の法人のみ）が選択適用でき、機械及び装置に関する適用要件は次の表のとおりであって、適用する法人に事前の手続は何らありません（措法42の６）。

用途又は細目	最低取得価額
全ての機械及び装置	１台又は１基の取得価額が160万円以上

3　自社製作した機械は中小企業投資促進税制の適用が考えられる

上記のことから検討すると、中小企業経営強化税制の適用に当たっては、法人は原則として機械及び装置の取得前に、取得する機械及び装置を記載した中小企業等経営強化法第17条第１項に規定する経営力向上計画を事業所管大臣に申請して認定を受ける手続が必要です。その点、貴社は経営力向上計画は持ってなくこれらの手続を行っていませんから、ご質問の機械について本制度を適用することはできません。

一方、中小企業投資促進税制は、適用法人に特段の事前手続はありません。また、製作している機械は、当初は受注に基づく販売用資産でしたが、受注契約が取り消され自社使用に目的変更してからは固定資産となり、その製作の段階で新品でありますから、ご質問の機械についてはこの制度を適用することができます。

中小企業投資促進税制の取得価額要件における“まとめ買い”の判定

甲社は令和４年３月期において、Ａ測定工具（70万円）とＢ検査工具（60万円）を取得しました。Ａ測定工具は直ちに使用開始しましたが、Ｂ検査工具は新規の事業で使用するため事業供用は令和４年５月（令和５年３月期）になります。甲社はＡ測定工具とＢ検査工具について事業の用に供するそれぞれの事業年度で中小企業投資促進税制の特別償却が適用できますか。

A　令和４年３月期中に「取得等」と「事業供用」があるのはＡ測定工具（70万円）のみであるため、事業年度の合計額で120万円以上とする取得価額要件を満たしません。Ｂ検査工具（60万円）も取得価額要件を満たしません。

“まとめ買い”の判定は「取得等」と「事業供用」が同一事業年度中にあるものについて行う

中小企業投資促進税制は、青色申告書を提出する中小企業者などが平成10年６月１日から令和５年３月31日までの期間（指定期間）内に一定の要件を満たす機械及び装置など「特定機械装置等」に該当する資産を取得等して国内にある製造業、建設業などの指定事業の用に供した場合に、その指定事業の用に供した日を含む事業年度において、特別償却又は税額控除を認めるものです（措法42の６）。

この制度の対象となる特定機械装置等には、製品の品質管理の向上等に資する測定工具及び検査工具で次のものが掲げられています（措法42の６①一、措令27の６③二、措規20の３①）。

イ　１台又は１基の取得価額が120万円以上のもの

ロ　その事業年度の取得価額の合計額が120万円以上のもの（１台又は１基の取得価額が30万円未満であるものを除きます。）

この場合、「ロ　その事業年度の取得価額の合計額が120万円以上のもの（１台又は１基の取得価額が30万円未満であるものを除きます。）」に該当するかどうかについては、測定工具及び検査工具の合計額により判定しますが、ただ、「取得等」と「事業供用」が同一事業年度中にあるものについて判定し、「取得等」と「事業供用」の事業年度が異なるものについて合算して判定することはできません（措令27の６③二、措通42の６－２（注））。

したがって、甲社が令和４年３月期においてＡ測定工具（70万円）とＢ検査工具（60万円）を取得し、このうちＢ検査工具の事業供用が令和５年３月期となった場合、令和４年３月期の同一事業年度中に「取得等」と「事業供用」があるものの合計はＡ測定工具（70万円）となって120万円以上との要件を満たさないので、本制度の特別償却は適用できないことになります。

なお、特定機械装置等に掲げられている一定のソフトウエア（その事業年度の取得価額の合計額が70万円以上のもの）に該当するかどうかについても同様であり、「取得等」と「事業供用」が同一事業年度中にあるものについて判定し、「取得等」と「事業供用」の事業年度が異なるものについては合算して判定することはできません（措令27の６③三）。

Q19 リース資産に対する適用

資本金1,000万円の青色申告する当社が、リース取引により導入した機械（特定機械装置等に該当）を国内にある指定事業の用に供した場合、特別償却又は税額控除の選択適用ができますか。

A 所有権移転リース取引の場合は、特別償却又は税額控除が選択適用できますが、所有権移転外リース取引の場合は、税額控除のみが適用できます。

1　税務上のリース取引は、引渡しの時に売買があったものとされる

法人が税務上のリース取引（①中途解約の禁止と②フルペイアウトの要件を満たすリース取引）を行った場合には、リース資産の賃貸人から賃借人への引渡しの時にそのリース資産の売買があったものとして、その賃貸人及び賃借人である法人の各事業年度の所得の金額の計算を行うこととされています（法法64の２）。したがって、税務上のリース取引を行った場合には、そのリース資産は売買により賃借人において取得したものと扱われます。

ところで、本制度における「取得等」は「取得（その製作の後事業の用に供されたことのないものの取得に限ります。）又は製作をいい（措法42の６①）、リース取引による取得を除いていません（ただし、所有権移転外リース取引による取得については特別償却の適用において除外（措法42の６⑥））から、リース取引により取得した特定機械装置等についても、所定の要件を満たす限り本制度の適用対象資産となります。

2　所有権移転外リース取引は、資産の売買と同様の取引とは認められない

リース取引には、所有権移転リース取引と所有権移転外リース取引（法令48の2五⑤に規定するリース取引）がありますが、所有権移転リース取引（①所有権移転条項付リース取引、②割安購入選択権付リース取引、③特別仕様資産対象リース取引、④リース期間短縮リース取引及び⑤これらに準ずるリース取引）は、実質的に通常の資産の売買と同様の取引と認められ、資産の所有権も賃借人に移っていると見ることができます。

これに対し、所有権移転外リース取引（所有権移転リース取引以外のリース取引）は、通常の資産の売買と同様の取引とは認められないと考えられます。

3　所有権移転外リース取引は、税額控除のみが適用できる

そこで、税務上のリース取引に該当するリース取引で特定機械装置等を賃借した法人は、そのリース取引が所有権移転リース取引に該当する場合にはリース資産に対する特別償却又は税額控除の選択適用ができますが、所有権移転外リース取引に該当する場合には税額控除のみが適用でき、特別償却は適用できない取扱いとなっています（措法42の6⑥）。

この取扱いは、本制度のほか、例えば中小企業経営強化税制（措法42の12の4⑥）など租税特別措置法の他の規定による特別償却や圧縮記帳（法法47①、措法65の7⑯等）においても同様となっています。

Q20 キュービクルへの適用

自動車部品製造業のＡ社において、工場にキュービクル（約500万円）を設置しました。そのキュービクルの資産種類は建物附属設備又は機械装置のいずれですか。

また、機械装置であるとすれば、中小企業者等が機械等を取得した場合等の特別償却の対象となりますか。

なお、当該キュービクルは工場内の機械装置のための変圧器であって、工場用建物のためのものではありません。

製造工程の動力用の電源装置として使用される電気設備は「機械及び装置」に該当するので、本制度が適用できます。

建物に附属する電気設備は建物附属設備に、製造用機械に附属する電気設備は機械及び装置に該当する

キュービクル（キュービクル式高圧受電設備）は、発電所から変電所を通して送られてくる高圧の電気を100Ｖや200Ｖに変圧する受電設備を収めた金属製の箱のことであり、小規模変電所ともいうことができるものと思います。

ところで、耐用年数の適用等に関する取扱通達２－２－２が定める電気設備は、建物附属設備に該当するものをいいますから、店舗や工場、事務所用の建物の照明等に係るものを指します。

これに対し、工場等における製造工程の動力用の電源装置として使用される電気設備は、「機械及び装置」に該当し、その耐用年数は「設備の種類」に応じた耐用年数となります（耐通１－４－１～３）。

ご質問のキュービクルは工場内の機械装置のための変圧器であって、工場用建物のためのものではありませんから「機械及び装置」であり、中小企業投資促進税制に関する一定の要件を満たした場合には、その特別償却が適用できます。

単品の単位の判定

適用対象資産である機械及び装置、ソフトウエアなどの単品ごとの取得価額は、具体的にはどの単位ごとに判定するのですか。

単品ごとの取得価額は、通常１単位として取引されるその単位ごとに判定します。

単品とは、通常１単位として取引されるその単位ごとをいう

機械及び装置又一定の工具などの取得価額が160万円以上又は120万円以上であるかどうかについては、通常一単位として取引されるその単位ごとに判定します（法基通７－１－11）。

なお、個々の機械及び装置の本体と同時に設置する自動調整装置又は原動機のような附属機器でその本体と一体になって使用するものがある場合には、これらの附属機器を含めたところによりその判定を行うことができます。

取得価額の範囲、リース資産の取得価額の求め方

適用対象資産である機械及び装置など取得価額には、どのような費用が含まれますか。

また、リース資産の取得価額はどのように算出しますか。

A　資産の取得価額は、購入の代価に付随費用を加えた額。リース資産の取得価額は、リース期間に支払うべきリース料の合計額に付随費用を加えた額で算出します。

1　資産の取得価額は取得の態様に応じて算出

中小企業投資促進税制の適用対象資産（機械及び装置並びに一定の工具、ソフトウエア、車両運搬具及び船舶）の取得価額は、法人税法施行令第54条《減価償却資産の取得価額》に規定する取得価額となります。したがって、取得の態様（購入した場合、自己が建設、製作又は製造した場合など）に応じて、取得価額を算出することになります。

因みに、他から機械装置等を購入した場合の取得価額は、①その機械装置の購入代価、②外部付随費用（引取運賃、荷役費、運送保険料、購入手数料、関税、その他購入のために要した費用）、③当該資産を事業の用に供するために直接要した費用の金額（即ち、内部付随費用、例えば据付費、試運転費等）の合計額になります。

また、自己が建設、製作又は製造した場合の取得価額は、①その資産の建設等のために要した原材料費、労務費及び経費の額、②その資産を事業の用に供するために直接要した費用の額の合計額となります。

2　リースにより取得した資産の取得価額は、リース料の合計額に事業の用に供するために支出する付随費用の額を加算した額となる

リースにより取得した資産の取得価額は、①原則としてそのリース期間に支払うべきリース料の合計額に、②リース資産を事業の用に供するために賃借人が支出する付随費用の額を加算した額となります。ただし、①については、リース料の合計額のうち利息相当額から成る部分の金額を合理的に区分することができる場合には、そのリース料の合計額から利息相当額を控除した金額とすることができます（法基通７－６の２－９）。また②の付随費用には、リース資産の設置等に当たり支出する据付費や運送費等の額が含まれます。

基礎工事と取得価額

Ａ社は12月決算で、製造業を営む法人です。今年の10月に特定機械装置等に該当する機械装置を導入する予定ですが、これを設置するための基礎工事（機械の購入先とは異なる者が施行）は８月中に完了しています。

中小企業投資促進税制を適用したいと考えていますが、機械の取得価額にこの基礎工事費を含めていいでしょうか。

基礎工事費を含めた、機械及び装置の取得価額に対して適用できます。

機械及び装置の設置に必要な専用の基礎工事費はその機械及び装置の取得価額に算入する

減価償却資産を購入によって取得した場合の取得価額は、その資産の購入の代価にその資産を事業の用に供するために直接要した費用の額を加算した価額（法令54①）とされ、「中小企業経営強化税制Ｑ＆Ａ集（中小企業庁）」の「取得価額の範囲には、どのような費用が含まれるのか。」の質問に対し、「対象となる減価償却資産の取得価額は、①当該固定資産の購入対価、②外部付随費用（引取運賃、荷役費、運送保険料、購入手数料、関税、その他購入のために要した費用）、③当該資産を事業の用に供するために直接要した費用の金額（即ち、内部取付費用、例えば据付費、試運転費等）のうち、減価償却資産として計上されるものの合計額になります。」と回答しています。

また、耐用年数の適用等に関する取扱通達１－４－７（プレス及びクレーンの基礎）では、「プレス及びクレーンの基礎は、原則として機械装置に含めるのであるが、～」と定めています。

さらに、中小企業経営強化税制の対象資産から除外するものとして発せられた経済産業省告示第85号「主として電気の販売を行うために取得等する設備を定める告示」（平成31年３月29日付）では、発電の用に供する設備について「その設備と併せて設置される架台、蓄電装置、制御装置その他のその発電の用に供する設備に附属する設備を含みます。以下「発電設備等」といいます。」と規定しています。

以上のことから検討すると、導入する機械及び装置の設置に必要な専用の基礎工事費はその機械及び装置の取得価額に算入するのが相当です。

したがって、その基礎工事費を含めた機械及び装置の取得価額が各適用要件を満たす場合には、Ａ社はその取得価額に対して本制度を適用することができます。

3　指定事業

Q24　関係会社の専属下請先に貸与した特定機械装置等への適用

中小企業投資促進税制では、原則として「貸付資産」は適用対象から除外されています。ただし、貸付資産であっても、専ら自社のための製品の加工等を行わせるために自己の下請業者に貸与した特定機械装置等については、自己の事業の用に供したものとして同税制を適用できるとされています。この点、下請業者が自社の関係会社であった場合も同様に取り扱われますか。

A　関係会社である下請会社に貸与した特定機械装置等であっても、専ら貸し付けた法人の下請業務に供されるものであるときは適用できます。

1　「貸付けの用に供したもの」は指定事業から除かれる

中小企業投資促進税制では特定機械装置等は指定事業の用に供さなければなりません（措法42の6①）が、その指定事業は製造業、建設業、その他一定の事業が指定されているものの、「政令で定めるもの（内航船舶貸渡業）以外の法人が貸付けの用に供したもの」はそれらの指定事業から除かれますから、一般に、法人が対象設備を貸付けの用に供した場合は本制度の適用がありません。

2　「貸付資産」であっても、適用できる場合がある

ただし、「貸付資産」であっても、本制度を適用できるケースがあります。すなわち、法人が取得等した「特定機械装置等」を自己の下

請業者に貸与した場合において、その設備等が、専らその法人のためにする国内における製品の加工等の用に供されるものであるときは、その設備等は、その法人の営む事業の用に供したものとして同税制を適用することができます（措通42の６－８）。

この点、下請が自社の関係会社（子会社、関連会社）であっても、同様に取り扱われます。なぜなら、同通達は、企業グループの中では、役割に応じて法人格を分けるといったケースがあることから、その実質に応じて判断することにしているものだからです。すなわち、法人格が別でも、実質的にはその法人の一部門と同様であるような場合、形は貸付でも、実質的には自己の事業の用に供しているとみる余地があることから適用を認めたものでありますから、下請業者が関係会社であっても同様に取り扱われることになります。

3　専属の下請業者でない場合は認められない

ただし、例えば、Ａ社が下請先のＢ社に特定機械装置等を貸与し、Ｂ社はＡ社のためにする国内における製品の加工等の用に供しているが、ただ、専属の下請業者ではないため、Ａ社から貸与を受けた設備をＡ社からの受注がない場合に他の取引先製品の加工用にも活用しているなどのケースでは、Ａ社自らが事業の用に供していると見ることはできませんから、Ａ社において本制度は適用できないと考えます。

Q25 経営統括している完全子会社へ賃貸した機械及び装置

甲社は100％子会社である乙社に機械を賃貸し、乙社はこれを製造業の用に供しています。

ところで、甲社はグループのホールディングカンパニーとして存立していて自ら製造等を行うことはなく、乙社とは経営及び製造全般の指導助言に関する経営指導等契約を締結しています。

中小企業投資促進税制は原則として特定機械装置等のうち貸付資産は対象から除かれますが、この事例のように法人格は別でも、乙社は実質的に甲社の一部門と考えられるので、乙社に賃貸している機械及び装置は甲社における製造業に供したとして本制度の対象にならないでしょうか。

A 法人格が異なる子会社の事業を親会社の事業と見ることはできないため、貸付資産に該当する設備に本制度を適用することはできません。

1　指定事業から「貸付けの用に供したもの」が除かれる

ご質問の場合、甲社が所有するその機械装置は乙社に対する貸付資産に該当します。

ところで、中小企業投資促進税制では指定事業から「政令で定めるもの以外の法人が貸付けの用に供したもの」が除かれていますから、原則として貸付けの用に供される特定機械装置等は対象になりません。ただ、貸付資産であっても、本制度を適用できるケースがあり、それは、「自己の下請業者に貸与した場合において、その特定機械装置等が専らその法人のためにする製品の加工等の用に供されるものであるときは、その特定機械装置等はその法人の営む事業の用に供したものとして取り扱う。」（措通42の６－８）とするものです。

この通達の趣旨は、中小企業者等が専属の下請業者に対してその製品の下請加工をさせるために貸与する特定機械装置等については、その実態につき、その中小企業者等が自ら事業の用に供していると見る余地があるために認めた取扱いと考えられます。

2　通達が認めるのは自らが製造業者で、下請業者に貸与した設備が専ら自らのための製品加工等の用に供される場合

甲社はホールディングカンパニーとして存立しており、製造業等を自ら営んでいませんので、機械装置を上記１に掲げる通達の「実態として、甲社が自らの製造業の用に供している」と見る余地はありません。

また、グループのホールディングカンパニーとして存立している親会社が、子会社と経営指導等契約を締結して一体運営しており、子会社は実質的に親法人の一部門であるとしても、本制度の適用に当たって法人格が異なる子会社の事業を親会社の事業と同視することはできません。

Q26 風力・太陽光発電設備の供用事業と法定耐用年数

自動車製造業を営む法人が、その製造設備の稼働用電力を賄うために工場構内に設置した風力発電設備又は太陽光発電設備（いずれも機械装置に該当）は、中小企業投資促進税制の指定事業に供したといえますか。なお、自動車製造設備に配電して生じた余剰電力については売電も考えています。

併せて、風力・太陽光発電設備の法定耐用年数もご教示ください。

設備の概要

・風力発電設備……風力で風車を回し、これを発電機に繋げることにより発電を行うシステム。

・太陽光発電システム……太陽光電池により蓄電した電力をパワーコンディショナーによって増幅して配電するシステム。

いずれも製造業の指定事業の用に供したといえるので、法定耐用年数は９年。

1　指定事業は主たる事業でなくてもよい

風力発電設備又は太陽光発電設備は、自家発電設備の一つであり、ご質問の場合は「機械及び装置」に該当しますから、本制度の他の要件が満たされていることを前提に、「指定事業」に該当するかどうかについて検討します。

本制度では製造業、建設業など一定の事業が指定されていますが、電気業、映画業以外の娯楽業、水道業、鉄道業、航空運輸業、銀行業等は対象になっていません。

なお、指定事業に該当するか否かの判断に当たっては、次のような取扱いが示されています。

○　**主たる事業でない場合の適用**

法人の営む事業が租税特別措置法第42条の６第１項に規定する事業の用に係る事業（指定事業）に該当するかどうかは、当該法人が主たる事業としてその事業を営んでいるかどうかを問わないことに留意する（措通42の６－４）。

○　**指定事業とその他の事業とに共通して使用される特定機械装置等**

指定事業とその他の事業とを営む法人が、その取得等をした特定機械装置等をそれぞれの事業に共通して使用している場合には、その全部を指定事業の用に供したものとして租税特別措置法第42条の６の規定を適用する（措通42の６－７）。

2　指定事業と共通して使用される設備は適用対象

全量売電、すなわち売電のみを目的とした太陽光発電設備などの場合には、電気業の用に供する設備になると考えられ、電気業については本制度の指定事業に含まれていませんから、指定事業の用に供することになりません。したがって、この場合には本制度は適用できません。

しかし、ご質問のように、その営む事業（自動車製造業）が指定事業（製造業）に該当し、その指定事業の一環として使用されるとともに、一部が非指定事業である電気業のために使用される場合には、対象設備はその全部を指定事業（製造業）の用に供したものとして本制度の適用対象となります。

3　2以上の用途に共通使用される償却資産の耐用年数は使用割合の多い用途で判定

法定耐用年数は次のようになります。

耐用年数通達1－1－1（2以上の用途に共用されている資産の耐用年数）では、「同一の減価償却資産について、その用途により異なる耐用年数が定められている場合において、減価償却資産が2以上の用途に共通して使用されているときは、その減価償却資産の用途については、その使用目的、使用の状況等より勘案して合理的に判定する。」ものとされていますから、電力の使用割合の多寡が判定の重要な要素となります。

すなわち、売電が主であれば、その耐用年数は、耐用年数省令別表第二「31　電気業用設備」の「その他の設備」の「主として金属製のもの」の17年を用いることになります。

一方で、製造工場への電力供給が主の場合、その製造業を営むために有する発電設備等は、発電される電気により製造される最終製品によって耐用年数が異なります（耐通1－4－2、3、5）。

したがって、ご質問のように、主として自動車の製造工場で使用する風力発電設備又は太陽光発電設備の場合には、「23　輸送用機械器具製造業用設備」に該当し、耐用年数は9年となります（国税庁　質疑応答事例「風力・太陽光発電システムの耐用年数について」）。

なお、主として店舗や事務所用の建物の照明等の電力を賄うために設置されたものである場合は、建物附属設備の「電気設備（照明設備を含む）　その他のもの」に該当し、15年となります（耐通2－2－2）。

４　特別償却

Q27　特別償却と特別償却準備金の選択適用

中小企業投資促進税制を適用して特別償却を実施しますが、その特定機械装置等の帳簿価額から減額せずに、特別償却準備金の積立て処理により実施することができますか。

他の特別償却と同様に、準備金方式によって処理できます。

１　特別償却限度額について特別償却準備金の積立て処理ができる

中小企業投資促進税制に係る特別償却の償却限度額は、特定機械装置等の基準取得価額の30％相当額です（措法42の６①）。

（算式）

当期償却限度額 ＝ 普通償却限度額 ＋ 特別償却限度額

特別償却限度額 ＝ 特定機械装置等の基準取得価額 × 30/100

本制度に係る特別償却については、その特定機械装置等の帳簿価額から控除する代わりに、特別償却準備金の積立て処理により、会計上の帳簿価額を残すことができます。

２　積み立てた特別償却準備金は翌年度から一定額の取崩しが発生する

税務では、会計との調整を図るため、取得価額から特別償却費の額を控除する処理に代えて、各特別償却対象資産別に特別償却限度額以下の金額を損金経理の方法により特別償却準備金として積み立てることができます。また、剰余金処分による特別償却準備金の積立てをする処理（特別償却対象資産別に各特別償却限度額以下の金額を、当該事業年度の決算の確定の日までに剰余金の処分により積立金として積み立てる方法）も認められ、その場合の積立額は損金の額に算入されます（措法52の３）。

なお、これらの特別償却準備金は積立事業年度の翌事業年度から７年間（特別償却対象資産の耐用年数が10年未満である場合には、５年とその耐用年数とのいずれか短い期間）で均等額を取り崩して益金の額に算入しなければなりません。

特別償却不足額の繰越し

当社（３月決算）は、特定機械装置等に該当する機械を令和３年５月に取得して直ちに事業の用に供しました。

当社は、令和４年３月期に中小企業投資促進税制の特別償却を実施しますが、決算対策上、特別償却不足額を生じさせます。

定率法を採用している当社はこの特別償却不足額について、令和５年３月期に普通償却限度額に加算することができるでしょうか。

特別償却不足額は１年間の繰越しができます。

特別償却不足額については１年間の繰越しができる

他の特別償却の場合と同様に、法人が特定機械装置等について特別償却を適用したものにつき特別償却不足額がある場合、その不足額については１年間の繰越しができます（措法52の２）。

したがって、貴社は令和４年３月期に生じた特定機械装置等に係る特別償却不足額については、令和５年３月期において普通償却限度額に加算することができます。

なお、その特別償却不足額は令和４年３月期に特別償却を実施した結果生じるわけですから、令和４年３月期の確定申告に当たっては、その確定申告書等にその償却限度額の計算に関する明細書（申告書別表16⑵）及び「中小企業者等又は中小連結法人が取得した機械等の特別償却の償却限度額の計算に関する付表（特別償却の付表⑵）添付する必要があります（措法42の６⑦）。また、適用額明細書の添付が必要です。

参考　特別償却不足額の繰越しとは

償却不足額とは、法人が損金経理した償却費の額が償却限度額に満たない場合のその満たない金額をいいます。

普通償却に係る償却不足額（普通償却に係る償却限度額－損金経理額）は、その損金経理した事業年度で損金になることはなく、翌事業年度以降に繰り越してそのまま損金に算入することもできません（ただし、償却不足額はいずれ解消されます。）。

※　普通償却に係る償却不足額がいずれ解消される理由

定率法の場合には、償却不足額があると、翌期首の帳簿価額がその分多くなり翌期以降の償却額が多くなることから、償却不足額はいずれ解消されます。

定額法の場合には、償却限度額を計算する償却期間が償却不足分長くなります。これによって耐用年数の経過後、償却不足額は解消されます。

以上のことから、税務上、普通償却に係る償却不足額の繰越しは認められていません。

しかし、特別償却不足額（特別償却に係る償却限度額－損金経理額）については１年間の繰越しが認められています。すなわち、翌事業年度１年間に限り、繰り越して翌事業年度の損金の額に算入することができます（措法52の２）。準備金方式による特別償却準備金の積立不足額についても、１年間の繰越しができます（措法52の３②）。

なお、定率法を採用している減価償却資産について、特別償却不足額がある場合の償却限度額は、その特別償却不足額については既に償却されたものとみなして計算しますので、貴社の上記質問における令和５年３月期のその特定機械装置等に係る償却限度額は、次の算式により計算します（措法52の２、措令30）。

償却限度額

＝（帳簿価額－特別償却不足額）×普通償却率＋特別償却不足額

適用対象資産が２以上ある場合の特別償却と税額控除の選択適用

適用対象となる特定機械装置等に該当する機械Ａと機械Ｂを同一事業年度内に取得し、国内にある指定事業の用に供した場合、中小企業投資促進税制の適用に当たり、機械Ａについては特別償却し、機械Ｂについては税額控除を適用することができますか。

A　同一事業年度内に２以上の特定機械装置等を取得した場合は、個々の特定機械装置等ごとに特別償却又は税額控除が選択適用できます。

特定機械装置等は、各設備ごとに選択適用できる

本制度には、同一事業年度内に特定機械装置等を２以上取得した場合に、取得した全ての特定機械装置等について特別償却又は税額控除のいずれか一方を適用すべき旨の定めはありませんから、個々の特定機械装置等ごとにいずれかを選択適用することができます。

したがって、適用対象となる特定機械装置等に該当する機械Ａと機械Ｂを同一事業年度内に取得し、国内にある指定事業の用に供した場合、機械Ａについては特別償却をし、機械Ｂについては税額控除を適用することができます。

特別償却の適用翌年度にその特定機械装置等を賃貸した場合の取扱い

当社（12月決算）は、中小企業投資促進税制の対象である機械を令和３年11月に取得し直ちに自社の指定事業の用に供しましたので、本制度の特別償却を適用して令和３年12月期の確定申告書をその申告期限内に提出しました。

この機械は大口受注を見込んでの取得でしたが、その翌年には見込んでいた大口受注の契約が取れなくなり、現状の売上げでは資金繰りが悪化することが予測されることから、令和４年10月以降はこの機械を他社に賃貸しようと考えています。

このように、いったん、指定事業の用に供して特別償却の規定の適用を受けた設備をその翌事業年度で貸付けの用に供することとなった場合、特別償却を実施した令和３年12月期の申告について修正申告が必要となりますか。

A　指定事業の用に供した日を含む事業年度後に指定事業の用に供さなくなった場合の取戻規定はないので、所得金額を是正する必要はありません。

翌期以後に発生した何らかの事情により、やむなく他に賃貸した場合であれば、適用事業年度に遡って修正する必要はない

中小企業投資促進税制は適用対象設備をその指定事業の用に供した日を含む事業年度において特別償却又は税額控除をするものでありますが、その指定事業の用に供した日を含む事業年度の翌期以後に指定事業の用に供しなくなった場合の取戻し規定等はありません。

もちろん、特別償却又は税額控除を受けた時点で、初めから、その資産を自らの指定事業の用に供するのではなく、一定の期間を経過後に貸付けることが計画されていたような場合には、そもそも本制度に係る「指定事業供用要件」に該当せず、特別償却又は税額控除の適用そのものが妥当でなかったことになります。したがって、その場合は、その後に対象資産を貸し付けるかどうかにかかわらず、そもそも修正申告の必要があると考えます。

しかし、当初はその対象資産を自らの指定事業の用に供する予定で、実際にこれを供用事業年度末までは使用継続したものの、ご質問のように、翌期以降に見込んでいた大口契約のキャンセルにより資金繰り悪化を食い止めるために賃貸に出すことにしたような、いわゆる翌期以後に発生した何らかの事情によりやむなくその資産を他に賃貸したような場合であれば、適用した特別償却又は税額控除を適用事業年度に遡って修正する必要はないと考えます。

5 特別税額控除

設備取得２税制での税額控除の優先控除順位

税額控除の控除上限額（法人税額による控除制限）では、中小企業投資促進税制、中小企業経営強化税制の２税制合計で当期の法人税額の20％が控除上限という制限が設けられています。この場合、２つの税制ではその控除に優先順位がありますか。

中小企業投資促進税制、中小企業経営強化税制の順で控除します。

控除上限額は２税制の合計で調整前法人額の20％、控除には順番あり

税額控除に当たっては、中小企業投資促進税制及び中小企業経営強化税制の２税制合計で当期の調整前法人額の20％が控除上限という制限が設けられています。これら２税制の中では控除に優先順位があり、具体的には以下のようになります。

①　中小企業投資促進税制の当期分の税額控除（措法42の６②）
②　中小企業経営強化税制の当期分の税額控除（措法42の12の４②）
③　中小企業投資促進税制の前期繰越分の控除（措法42の６③）
④　中小企業経営強化税制の前期繰越分の控除（措法42の12の４③）

したがって、中小企業投資促進税制における当期分の税額控除にあっては、上記表の①に該当しますから、当期の調整前法人額の20％相当額が控除の上限額となります。

また、中小企業投資促進税制に係る前期からの繰越税額控除限度超過額の控除にあっては、上記表の③に該当となりますから、その控除の上限額は、当期の調整前法人額の20％相当額から、上記表の①及び②の控除金額を控除した残額となります。

Q32 毎月リース料で経理処理している場合の税額控除の適用

当社はリースを受けている機械については、会計上支払の都度、リース料で経理処理を行っています。

所有権移転外ファイナンスリース取引により導入したこの機械が、中小企業投資促進税制の税額控除要件を満たしている場合、この機械について税額控除の適用を受けることは可能でしょうか。

A 所有権移転外リース取引も含め、税務上のリース取引により賃借した特定機械装置等については、賃貸借（リース料）処理した場合であっても税額控除は適用できます。

税務上のリース取引により取得した特定機械装置等については、会計上リース料処理していても税額控除ができる

会計上、リース料総額が300万円以下のリース取引など個々のリース資産に重要性が乏しいと認められる場合又は中小企業には、リース取引の賃借人の会計処理は賃貸借（費用）処理によることが認められています（リース会計適用指針34・35）。

ただ、会計上、賃貸借（費用）処理した場合であっても、税務上のリース取引はリース資産の賃貸人から賃借人への引渡しの時にそのリース資産の売買があったものとして、その賃貸人及び賃借人である法人の各事業年度の所得の金額の計算を行う（法法64の２）とともに、「賃借人がリース料として損金経理をした金額は、償却費として損金経理をした金額に含まれる。」ものとされております（法令131の２③）。

これらのことから、税務上のリース取引（所有権移転リース取引及び

所有権移転外リース取引）により賃借人が取得したものとされるリース資産（特定機械装置等）については、本制度の税額控除が適用できるところ、そのリース資産は売買により取得したものとされ、そのことは仮に、会計上支払の都度、リース料で経理処理する賃貸借（費用）処理しているため資産としての計上がない場合であっても変わるものではありません。つまり、税務上はリース資産をリース期間定額法等で減価償却していると扱われます。

したがって、貴社がその機械に係るリース取引につきそのリース料を賃貸借（費用）処理しているために会計上に資産として計上されていなくても、税額控除は可能と考えられ、その場合の税額控除限度額は、取得価額（リース料総額に、リース資産の設置等に当たり貴社が支出した付随費用の額を加算した額）に７％を乗じた金額相当額となります。

税額控除を適用した資産を返品・交換した場合の処理対応

当社は、青色申告を行う10月決算の中小企業者です。令和３年９月に製造用の機械を購入し、直ちに事業の用に供しました。ただ、使用直後から機械の調子が思わしくなく、メーカーに対してクレーム及び事情説明を行っていたところ、11月末になってメーカーから不具合を理由とした返品・交換に応ずる旨の申し入れがあり返品交換がなされました。

当社は、令和３年10月末の決算に当たり、９月に納品された機械については中小企業投資促進税制制の各要件を満たすので、税額控除を適用して確定申告書を提出しています。

今般、返品・交換がなされたことにより、前期に適用した税額控除に何らかの影響が及ぶでしょうか。また、交換によって新たに取得した機械装置に対して何らかの処理が必要ですか。

A　翌期での不具合を理由とした返品・交換は前期の税額控除に影響せず、また、返品・交換により取得した代替品は新規取得に当たりません。

1　中小企業投資促進税制は、指定事業の用に供した日を含む事業年度において特別償却又は税額控除が認められる

中小企業投資促進税制の税額控除は、特定中小企業者等が令和５年３月31日までの間に、特定機械装置等の取得等をして、これを国内にあるその特定中小企業者等の営む指定事業の用に供した場合には、その指定事業の用に供した日を含む事業年度において、その特定機械装

置等の基準取得価額の７％相当額の税額控除が認められるものです（措法42の６②）。

2　令和３年９月に取得し、直ちに事業の用に供しているので、決算期中に不具合を理由に返品交渉がされても問題ない

ご質問は、令和３年９月に所定の特定機械装置等に該当する機械及び装置を取得し、直ちに事業の用に供していますから、令和３年10月の決算期において、本制度の税額控除を適用することについては、仮にその期中に機械及び装置の不具合を理由に返品交渉がなされていたとしても、問題はないと考えます。

その後、翌期の11月になって不具合の機械及び装置を他の新品のものに交換する旨の合意が成立したとのことですが、貴社にとってみれば不具合の機械及び装置が代替品に入れ替わったに過ぎず、その経済実態は当初取得した機械及び装置を交換後も引き続き保有していたものと何ら変わらないものと認められます。したがって、このような状況の下においては、前期に行った税額控除の適用関係に何ら影響を及ぼすものではないと考えます。また、交換によって取得した代替品は、不具合の機械及び装置の取得価額を引き継ぐことになり、新規取得とは認識されないと考えます。

Q34 同一の機械について複数の税額控除適用の可否

甲社は、資本金１千万円の製造業を営む３月決算法人ですが、令和３年11月に大型の工作機械（取得価額1,000万円）を取得し、中小企業投資促進税制の指定事業の用に供し、令和４年３月期において取得価額の７％相当額の税額控除を実施します。

ただ、この機械については経営力向上設備等のうち生産性向上設備（Ａ類型）に係る仕様等証明書を日本電気工業会から取得していて、中小企業経営強化税制の適用要件を充足することから、令和４年３月期において取得価額の10％相当額の税額控除の適用が可能と思われます。

上記の各規定においては、各規定相互間で重複適用を制限する定めは見当たりませんので、令和４年３月期の申告に際して、この機械の取得価額についてこの両規定を重複して適用することとして差し支えありませんか。

同一の機械及び装置に、中小企業投資促進税制と中小企業経営強化税制を重複適用することはできません。

1　同一の設備について２つ以上の制度に係る特別償却又は税額控除を重複適用することはできない

租税特別措置法に規定された特別償却又は法人税額の特別控除の各規定においては他の特別償却又は特別控除の規定との重複適用を制限する旨の定めが置かれていませんが、重複適用の制限については、租税特別措置法第53条《特別償却等に関する複数の規定の不適用》において「二以上の規定の適用を受けることができるものである場合には、当該減価償却資産については、これらの規定のうちいずれか一の規定のみを適用する。」と規定されています。

そして、「これらの規定」には、ご質問の租税特別措置法第42条の６及び42条の12の４の規定も含まれていますから、ご質問の機械について上記の各規定を重複適用することはできません。したがって、各適用要件を満たすいずれか一の税額控除のみの適用となります（措法53①）。

２　事業の用に供する時において試験研究の用に供する固定資産又は繰延資産は、取得価額に係る特別償却又は税額控除とその償却費に係る試験研究を行った場合の法人税額の特別控除とが重複適用できる

令和３年度改正で法人の有する減価償却資産の取得価額又は繰延資産の額のうちに試験研究費の額が含まれる場合において、その試験研究費の額につき試験研究を行った場合の法人税額の特別控除制度の適用を受けたときは、その減価償却資産又は繰延資産については、租税特別措置法の規定による特別償却又は税額控除制度等は、適用しないこととされました（措法53②）。

これは、同改正で試験研究を行った場合の法人税額の特別控除制度の対象となる試験研究費の額に、試験研究のために要する費用の額で研究開発費として損金経理をした金額のうち、棚卸資産若しくは固定資産（事業の用に供する時において試験研究の用に供する固定資産を除きます。）の取得に要した金額とされるべき費用の額又は繰延資産（試験研究のために支出した費用に係る繰延資産を除きます。）となる費用の額が追加されたことによります。これに伴い、取得価額に対する二重のインセンティブとならないように、試験研究を行った場合の

法人税額の特別控除制度と特別償却又は税額控除制度等との重複適用が排除されたものです。

なお、事業の用に供する時において試験研究の用に供する固定資産は、上記の重複適用の排除の対象外であり、従前どおり、取得価額について特別償却又は税額控除制度等の適用を受けた場合であっても、減価償却費について試験研究を行った場合の法人税額の特別控除制度の適用を受けることができます。

この改正は、法人の令和３年４月１日以後に開始する事業年度分の法人税について適用されます（改正法附則43）。

税額控除の適用翌年度にその特定機械装置等を譲渡した場合の取扱い

当社（12月決算）は、特定機械装置等に該当する機械を令和３年11月に取得し直ちに自社の指定事業の用に供しましたので、中小企業投資促進税制の税額控除を適用して令和３年12月期の確定申告書をその申告期限内に提出しました。

ところがその後、当社の属する企業グループ全体の事業の見直しに伴ってこの機械は不要となったため、翌事業年度の令和４年12期に、第三者に譲渡することになりました。

このように、いったん、指定事業の用に供して税額控除の規定の適用を受けた設備をその翌事業年度で譲渡した場合、税額控除を実施した令和３年12月期の申告について修正申告が必要となりますか。

A　指定事業の用に供した日を含む事業年度後に譲渡した場合の取戻規定はないので、税額控除を是正する必要はありません。

翌期以後に発生した何らかの事情により、やむなく他に譲渡した場合であれば、適用事業年度に遡って修正する必要はない

本制度の特別償却又は税額控除を受けた対象資産を翌期以後に譲渡した場合について検討しますと、特別償却を選択した場合には、対象資産を売却しても、既に帳簿価額が減額されていますから、譲渡利益がその分多く計上されることとなり、事業年度を通算すると課税のバランスは保たれます。

これに対し、税額控除を選択した場合には、対象資産を売却しても、

帳簿価額に変更はありませんからこれが譲渡原価となり、税額控除の特例を受けていない法人が売却した場合と同じ税負担で済んでしまうことなります。

しかしながら、本制度に係る法令上、法人税の税額控除を適用した後にその資産を譲渡した場合の取戻しを定めた規定はありません。このように、特別償却又は税額控除のいずれを選択したかによって、課税関係に大きな差異が生ずるように思われますが、法令上にその手当てする規定がない以上、特段の修正は必要ないと考えます。

もちろん、税額控除を受けた時点で、初めから、その資産を自ら事業の用に供するのではなく、一定の期間を経過後に譲渡することが計画されていたような場合には、そもそも「取得した固定資産」に該当せず、税額控除の適用そのものが妥当でなかったことになります。したがって、その場合は、その後に対象資産を売却するかどうかにかかわらず、そもそも修正申告の必要があると考えられます。

しかし、当初はその対象資産を自らの指定事業の用に供する予定で、実際にこれを供用事業年度末までは使用継続したものの、ご質問のように、翌期に貴社の属する企業グループ全体の事業の見直しに伴ってその資産が不要となったような、いわゆる翌期以後に発生した何らかの事情によりやむなくその資産を他に譲渡した場合であれば、適用した税額控除を適用事業年度に遡って修正する必要はないと考えます。

Q36 前期以前に税額控除を実施した特定機械装置等について値引きがあった場合の税額控除額の調整

当社は、令和３年９月に製造用の機械を購入し、直ちに事業の用に供しましたので、令和３年９月末の決算に当たり、この機械について中小企業投資促進税制の税額控除を適用して確定申告書を提出しています。

ところが、令和４年１月になって、機械の購入先から値引きの入金がありました。令和３年９月に適用した税額控除額について減額する修正申告が必要ですか。

なお、機械の価額に関しては、前期において確定したものを購入先からの請求書に基づいて支払ったものであり、今般の値引きは先方の事情によるものとの説明を受けています。

A 値引きがあった場合は、適用年度に遡って控除税額の修正を行うものとされていますが、適用を受ける時点で価額の修正が予定されていなかったものは控除税額の修正は必要ありません。

1　特定機械装置等の対価の額について、取得後の事業年度に値引きがあったときは、既往に遡って特別控除税額の修正を行うこととされている

法人が特定機械装置等の取得等をして、これにつき、中小企業投資促進税制による法人税額の特別控除の適用を受けた場合に、その後の事業年度において、その特定機械装置等の対価の額につき値引きがあったようなときは、どのような処理を行うのかという疑義が生じま

す。

この点、法人税額の特別控除の適用に当たっては、税額控除限度額の計算の基礎となる特定機械装置等の取得価額は正当な金額で計算すべきものであることから、その特定機械装置等の対価の額につき値引きがあったようなときは、既往に遡って特別控除税額の修正を行うべきとのことが通達で示されています（措通42の６－10)。

2　ただし、法人税額の特別控除の適用を受ける時点で対価の額の修正が予定されていないものは、遡っての修正は必要ない

しかし、特定機械装置等につき、法人税額の特別控除の適用を受ける時点でその対価の額の修正があることが不明なものについてまで、事後の値引きを理由として法人が既に申告した内容を修正させることは、法令上の明文規定がない中で適当ではないとも考えられますから、取引先との通謀による価額の水増し等の不正取引によって特別控除税額を過大に計上する等、法人税額の特別控除の適用を受ける時点で対価の額の修正が予定されているものについて、本通達の取扱いを適用するのが相当と思料します。

したがって、ご質問の場合は、特定機械装置等に該当する機械の価額に関して、前期において確定し、購入先からの請求書に基づいて代価を支払い、翌期になって先方（購入先）に何らかの都合、事情があって値引きを受けるに至り、購入代価の一部が返金されたと思われ、貴社にとっては予測していなかった事態、つまり、法人税額の特別控除の適用を受ける時点で対価の額の修正が予定されていたものでありませんから、前期に申告した税額控除額について減額する修正申告は必要なく、貴社は値引額について入金時に益金計上すればよいと思います。

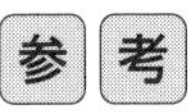

参考　固定資産について値引きがあった場合の税務処理

【Q】

前期の期首に500万円で取得し事業の用に供した機械（耐用年数10年、定率法0.200、損金経理償却費100万円）について、当期に50万円の値引きを受けました。この場合の値引き額及びその値引きに関連する税務処理はどのようになりますか。

【A】

既に事業の用に供している固定資産について、その後、値引き、割戻し又は割引（以下「値引き等」といいます。）があったことにより、一定の金額を収入した場合には、その時にその金額を益金の額に算入する処理がありますが、値引き等の額を固定資産の取得価額から減額する処理も認められます。ただし、この場合に減額することができる金額は、値引き等のあった時点で過去に実施した償却額との調整をした金額となります。

【解説】

1　固定資産について値引き等があった場合の処理

既に事業の用に供している固定資産について、その後に値引き等があったことにより、一定の金額を収入した場合には、その時にその金額を益金の額に算入する処理があります。この場合、その値引き等の額は一時の収益として課税されます。

（借方）現金500,000円　／　（貸方）前期損益修正益　500,000円

これに対し、値引き等の額を固定資産の取得価額から減額することにより、事後の償却費や譲渡原価の額を小さくすることによる課税の繰り延べを図る処理があります。税務ではこの取得価額を修正する処理も認めています（法基通７－３－17の２）。

ただし、この場合に減額することができる金額は、過去にその値引き等をする前の取得価額を基礎として償却が行われていますので、値引き等のあった時点で過去の償却額との調整が必要となります。

通達では次の算式による金額の範囲内で、確定決算によりその帳簿価額を減額することができると定めています。この算式は、過去の減価償却費のうち、その値引き等により取得価額を修正する部分に対応する金額を取り戻す趣旨です。

（算式）

$$値引き等の額 \times \frac{値引き等の直前における当該固定資産の帳簿価額}{値引き等の直前における当該固定資産の取得価額}$$

ご質問について、取得価額を修正する処理によった場合は次のようになります。

（借方）現金　500,000円　／　（貸方）機械　　　　　400,000円
　　　　　　　　　　　　　　　　　　前期損益修正益　100,000円

（注）1　貸方の機械400,000円は、上記の算式により次のように計算されます。

$$500{,}000 \times \frac{5{,}000{,}000 - 1{,}000{,}000}{5{,}000{,}000} = 400{,}000$$

2　貸方の前期損益修正益100,000は、次のように計算されます。

$$\underset{(既計上の減価償却費)}{1{,}000{,}000} \times \frac{\overset{(値引き額)}{500{,}000}}{\underset{(値引き前の取得価額)}{5{,}000{,}000}} = 100{,}000$$

3　値引き後の前期末の帳簿価額
5,000,000 － 1,000,000 － 400,000 ＝ 3,600,000
（4,500,000 － 4,500,000 × 0.200 ＝ 3,600,000）

2　取得価額を修正する処理によった場合の留意事項

⑴　固定資産について既に圧縮記帳を実施している場合

既に事業の用に供している固定資産について法人税法又は措置法の規定による圧縮記帳の適用を実施しており、その後に当該固定資産について値引き等があった場合には、上記1の算式の分母及び分子の金額はその圧縮記帳後の金額によって計算します。

【事例】

ご質問の事例にあって、例えば当該機械（取得価額500万円）について前期に圧縮記帳200万円を実施するとともに損金経理償却費60万円を計上し、当期に50万円の値引きを受けた場合

（借方）現金　500,000円　／　（貸方）機械　　　　　400,000円
　　　　　　　　　　　　　　　　　　前期損益修正益　100,000円

（注）　貸方の機械400,000円は、上記の算式により次のように計算されます。

$$500{,}000 \times \frac{3{,}000{,}000 - 600{,}000}{3{,}000{,}000} = 400{,}000$$

⑵　固定資産について既に特別償却を実施している場合

(i)　既に実施した特別償却費の損金算入額及び特別償却準備金の損金算入額については調整を要しません。

すなわち、既に事業の用に供している固定資産について特別償却を損金経理により実施していたとしても、普通償却と同じく帳簿価額が減額されていますから、値引き等があった当期において上記１の算式により帳簿価額は調整されます。したがって、損金算入した特別償却費の額については特段の調整を要しません。

また、特別償却につき特別償却準備金を設定している場合、その特別償却準備金については、その積立後は、原則として７年間又は５年間で均等に益金に算入することとされており（措法52の３⑤）、帳簿価額とは切り離されていますので、特別償却準備金の調整は発生しません。

なお、値引きの額の処理については、上記１によります。

(ii)　既往に実施した特別償却に係る特別償却不足額がある場合

固定資産についてその値引き等のあった日の属する事業年度の直前の事業年度から繰り越された特別償却不足額があるときは、当該特別償却不足額の生じた事業年度においてその値引き等があったものとした場合に計算される特別償却限度額を基礎として当該繰り越された特別償却不足額を修正します。

【事例】

ご質問の事例にあって、例えば当該機械（取得価額500万円）について前期に特別償却を適用し、特別償却限度額150万円（500万円×30％）のうち50万円を損金経理し、残り100万円を特別償却不足額として当期に繰り越しており、当期に50万円の値引きを受けた場合の特別償却不足額の調整

この場合には、値引き後の取得価額450万円（500－50）によって特別償却限度額を計算すると135万円（450×30％）となりますから、繰り越した特別償却不足額100万円は85万円（135－50）に減額修正します。

この計算は特別償却準備金の積立不足額についても同様です。

3　前期以前に特別税額控除を実施した資産について値引き（前期末で資産の最終的な価額に不確定要素があり、予想されていた値引き）があった場合の税額控除額の調整

法人が措置法に規定する一定の資産を事業の用に供した日を含む事業年度（供用年度）においてその資産に係る特別税額控除を実施し、その後の事業年度において当該資産の対価の額につき値引き（法人税額の特別控除の適用を受ける時点で対価の額の修正が予定されていたもの）があった場合には、供用年度に遡って値引きのあった一定の資産に係る税額控除限度額の修正を行うものとされています（措通42の6－10、42の12の4－10等）。

なお、値引き額の処理については、上記1によります。

【事例】

ご質問の事例にあって、例えば当該機械（取得価額500万円）について前期に特別税額控除を適用し、税額控除限度額35万円（500万円×7％）を実施し、当期に50万円の値引きを受けた場合の特別税額控除額の調整

この場合には、値引き後の取得価額450万円（500－50）によって税額控除限度額を計算すると31.5万円（450×7％）となりますから、前期について3.5万円（35万円－31.5万円）の税額の増額修正（修正申告）をすることになります。

6 その他

Q37 期限後申告と中小企業投資促進税制

当期の法人税の確定申告書は、社内の事務遅れにより期限後提出となります。ところで、当社では当期に中小企業投資促進税制に定める要件を満たした機械を購入して事業の用に供しました。

期限後申告であっても本制度を適用して特別償却ができますか。

期限後申告であっても各要件を具備している場合は、本制度を適用して特別償却ができます。

1　特別償却の適用を受ける場合には、確定申告書等に、申告書別表16⑴又は⑵、特別償却の付表⑵を添付しなければならない

中小企業投資促進税制に係る特別償却の適用を受ける場合には、確定申告書等にその償却限度額の計算に関する明細書（申告書別表16⑴又は⑵）及び「中小企業者等又は中小連結法人が取得した機械等の特別償却の償却限度額の計算に関する付表（特別償却の付表⑵）を添付する必要があります（措法42の６⑦）。また、適用額明細書の添付が必要です。

2　確定申告書等は期限後申告書を含む

ところで、上記の確定申告書等とは、仮決算をした場合の中間申告書と確定申告書（期限後申告書を含みます。）をいいます。

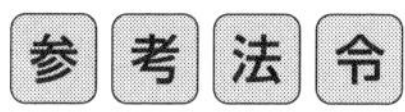

租税特別措置法第２条第27号
確定申告書等：法人税法第２条第30号に規定する中間申告書で同法第72条第１項各号に掲げる事項を記載したもの及び同法第144条の４第１項各号又は第２項各号に掲げる事項を記載したもの並びに同法第２条第31号に規定する確定申告書をいう。

法人税法第２条第31号
確定申告書：第74条第１項（確定申告）又は第144条の６第１項若しくは第２項（確定申告）の規定による申告書（当該申告書に係る期限後申告書を含む。）をいう。

したがって、何らかの事情により確定申告書の提出が期限後申告となった場合であっても、特定機械装置等に該当する機械及び装置の減価償却につき特別償却を実施し、その期限後申告書に申告書別表16⑴又は⑵）及び特別償却の付表⑵並びに適用額明細書を添付して提出した場合にはこれが認められます。

特定機械装置等を取得した場合の国庫補助金等

青色申告法人Ａ社（資本金1,000万円、決算期３月）が、令和４年２月に特定機械装置等に該当するソフトウエア（7,200千円）を取得して事業供用しましたが、３月になって県より助成金（4,800千円）の交付を受けましたので、国庫補助金等に係る圧縮記帳を行いました。

取得の際に国又は地方公共団体から補助金を受けた場合でも、中小企業投資促進税制の対象となりますか。

また、対象となる場合、そのソフトウエアに係る特別償却の対象となる取得価額は、

①　支払った金額の7,200千円

②　圧縮記帳後の金額2,400千円（7,200千円－4,800千円）

のどちらの金額になるのでしょうか。

A

取得の際に国等から補助金を受けた場合も、原則対象。

特別償却の対象となる取得価額は、国庫補助金等に係る圧縮記帳後の取得価額。

1　国又は地方公共団体から補助金を受けた場合でも対象になる

中小企業投資促進税制は設備取得の際に国又は地方公共団体から補助金を受けた場合でも、原則として本制度の対象になります。ただし、補助事業において、中小企業投資促進税制との併用を制限している場合も考えられますので、利用された補助事業の公募要領等をご確認ください。

2　法人税法上の圧縮記帳と措置法の特別償却又は税額控除は併用適用できる

取得した設備について行った国庫補助金等の圧縮記帳（法法42～44）は法人税法上の圧縮記帳ですので、措置法の措置である中小企業投資促進税制の特別償却とは併用適用ができます。

そして、本制度の特別償却は、特定機械装置等の基準取得価額の30％相当額であるところ、圧縮記帳した場合の取得価額は圧縮額を控除した後、つまり圧縮記帳後の価額が取得価額となりますので（法令54③)、その圧縮記帳後の取得価額（2,400千円（7,200千円－4,800千円））を基礎に特別償却することになります。

なお、本制度の適用に当たり、その取得価額要件（ソフトウエア70万円以上等）を判定する場合においても、その取得価額は圧縮記帳後の取得価額によって判定します（ご質問の場合は、2,400千円ですからその要件を満たします。）（措通42の６－３）。

中小企業投資促進税制の税額控除を適用して提出した確定申告後の特定機械装置等の取得価額の訂正

当社は確定申告において本制度の税額控除を適用していますが、収入が洩れていたため修正申告することになりました。そこで提出した確定申告書を見直していたところ、添付した計算明細書に記載した機械（特定機械装置等に該当）の取得価額が実際の額よりも小さく記載され、そのために控除税額が過少になっていることが判明しました。

修正申告において、機械の取得価額を訂正し、税額控除限度額を増加することができますか。

また、修正申告における本制度に係る税額控除上限額（法人税額による控除限度額）の計算は、修正申告によって増加した法人税額を基礎にするのでしょうか。

A　修正申告を機会に取得価額を増額修正することはできません。ただし、税額控除上限額は修正申告後の法人税額を基礎に計算します。

税額控除限度額は当初の確定申告書に記載した取得価額が限度。ただし、税額控除上限額は修正申告等による修正後の法人税額が基礎

修正申告書若しくは更正請求書又は更正に係る事業年度分の本制度の税額控除の申告要件は、次のようになっています（措法42の６⑧）。

⑴　確定申告書等（同項の規定により控除を受ける金額を増加させる修正申告書又は更正請求書を提出する場合には、その修正申告書又は更正請求書を含みます。）に、その控除の対象となる特定機械装

置等の取得価額、控除を受ける金額及びその金額の計算に関する明細を記載した書類がある場合に限り適用されます。

(2) この場合に控除される金額の計算の基礎となる特定機械装置等の取得価額は、確定申告書等に添付された書類に記載された特定機械装置等の取得価額が限度とされます。

この申告要件に関しては以下の点に留意が必要です。

① 本制度の適用に当たっては、確定申告書等（以下「当初申告」といいます。）で適用する必要があるとともに、税額控除限度額（特定機械装置等の基準取得価額×７％相当額等）の算定基礎となる特定機械装置等の取得価額は、その当初申告に添付した計算明細書に記載された金額に限られます。

したがって、当初申告で本制度を適用していないにもかかわらず、修正申告書や更正請求書の提出により本制度を適用することはできませんし、当初申告に添付した書類に記載した特定機械装置等の取得価額が実際の取得価額より少ないとしても、修正申告や更正の請求を機会にその記載された金額を増加訂正することはできません。

※ 上記(2)に掲げる確定申告書等は、租税特別措置法第２条第２項第27号に定義する中間申告書及び確定申告書（期限後申告書を含みます。）のみをいい、(1)の確定申告書等を引用していません。

② 当初申告に添付した計算明細書に記載された金額を増加訂正できないのは特定機械装置等の取得価額に限られますから、修正申告する場合の税額控除上限額は修正申告で増加した法人税額を基礎に計算します。

したがって、法人税額による税額控除上限額（調整前法人税額×20％相当額）規制により控除できなかった税額控除限度超過額がある場合には、その増加した税額控除上限額内での控除につき、修正申告書若しくは更正請求書又は更正で増額控除することができます。

※　上記⑴に掲げる確定申告書等は、租税特別措置法第２条第２項第27号に定義する中間申告書及び確定申告書（期限後申告書を含みます。）に加え、控除を受ける金額を増加させる修正申告書又は更正請求書が含まれます。

なお、更正の請求等が必要な場面が限定されていますから、更正の請求によらない更正により法人税額が増加して税額控除額が増加した場合には、職権で税額控除額が増額されます。

中小企業投資促進税制の税額控除と措置法の他の複数の税額控除の適用

Ａ社（資本金1,000万円）は購入した機械Ａ（300万円）については中小企業経営強化税制の税額控除を受けようと思っております。また、購入した大型貨物自動車Ｂ（400万円）については中小企業投資促進税制を、さらには所得拡大促進税制の適用も考えています。

具体的な事実関係が次のような場合、税額控除限度額の合計88万円を税額控除し、当期の法人税額を62万円とすることができますか。

事実関係

Ａ社　調整前法人税額（法人税額）　150万円

機械Ａについて中小企業経営強化税制を適用した場合の税額控除限度額　300万円 × 10％ ＝ 30万円

大型貨物自動車Ｂについて中小企業投資促進税制を適用した場合の税額控除限度額　400万円 × ７％ ＝ 28万円

所得拡大促進税制を適用した場合の税額控除限度額

給与等支給増加額　200万円 × 15％ ＝ 30万円

A　税額控除可能額の合計額は60万円となり、それは当期の調整前法人税額の90％に相当する金額を超えていないので、60万円の税額が控除できます。

1　法人税の額から控除される特別控除額の特例の概要

租税特別措置法に規定されている特別税額控除は、それぞれごとに独立した別枠として適用されます。ただし、法人が一の事業年度において、租税特別措置法における下記に掲げる特別税額控除の規定による税額控除限度額に係る税額控除又は繰越税額控除限度超過額に係る税額控除のうち、２以上の税額控除の適用を受けようとする場合に、税額控除可能額の合計額がその事業年度の調整前法人税額の90％相当額を超えるときは、その超える部分の金額は、その事業年度の調整前法人税額から控除せず、各税額控除における繰越税額控除限度超過額として、その事業年度後の各事業年度において繰越税額控除限度超過額に係る税額控除を適用することとされています。

［１号］措法42の４①

［２号］措法42の４④

［３号］措法42の４⑦

［４号］措法42の６②又は③

［５号］措法42の９①又は②

［６号］措法42の10②

［７号］措法42の11②

［８号］措法42の11の２②

［９号］措法42の11の３②

［10号］措法42の12①又は②

［11号］措法42の12の２①

［12号］措法42の12の４②又は③

［13号］措法42の12の５①

［14号］措法42の12の５②

［15号］措法42の12の６②

［16号］措法42の12の７④～⑥

［17号］政令で定める規定

2　法人税の額から控除される特別控除額の特例の詳細

上記１における税額控除可能額とは、上記１の［１号］から［17号］までの各規定の税額控除限度額及び繰越税額控除限度超過額のうち、これらの規定による控除をしても控除しきれなかった金額を控除した金額をいいます（措法42の13①）。

ご質問の場合には次のようになります（単位は省略）。

中小企業投資促進税制（措法42の６②）を適用する大型貨物自動車Ｂの場合には、その取得した大型貨物自動車Ｂの取得価額は400、その事業年度の調整前法人税額は150ですから、税額控除限度額（取得価額の７％）は28であり、法人税額基準による控除上限額（調整前法人税額の20％相当額）は30となります。したがって、税額控除限度額28が上限額30の範囲内につき税額控除可能額は28となります。

次に、中小企業経営強化税制（措法42の12の４②）を適用する機械Ａの場合には、その取得した機械Ａの取得価額は300、その事業年度の調整前法人税額が150ですから、税額控除限度額（取得価額の10％）は30であり、法人税額基準による控除上限額は、調整前法人税額の20％相当額である30から中小企業投資促進税制に係る税額控除額28を控除した残額２となります。したがって、この場合の税額控除可能額は、調整前法人税額を基準とした税額控除の適用を受けることができる金額２となります（なお、中小企業経営強化税制には繰越税額控除の規定がありますから、28は繰越税額控除限度超過額として翌期に繰り越すことができます（措法42の12の４③））。

また、所得拡大促進税制（措法42の12の５②）の適用では、その給与等支給増加額200に係る税額控除限度額（15％）は30であり、法人税額基準による控除上限額（調整前法人税額の20％相当額）は30となります。したがって、税額控除限度額30が上限額30の範囲内につき税額控除可能額は30となります。

以上から、Ａ社における当期の税額控除可能額の合計額は60（28＋２＋30）となり、その金額60は当期の調整前法人税額150の90％に相当する金額135を超えていませんから、60はその全額を調整前法人税額150から控除することができて、Ａ社の当期法人税額は90万円（150－60）となります。

3　90％を超える場合、超える金額は各税額控除における繰越税額控除限度超過額として、その事業年度後の各事業年度で税額控除

なお、この事例では発生しませんでしたが、その事業年度において適用を受けようとする特別税額控除の規定による税額控除可能額の合計額がその事業年度の調整前法人税の90％に相当する金額を超える場合があり、その場合のその超える金額は調整前法人税額超過額と呼ばれ、その事業年度の調整前法人税額から控除せず、各税額控除における繰越税額控除限度超過額として、その事業年度後の各事業年度において繰越税額控除限度超過額に係る税額控除を適用することとされています（措法42の13②③）。

※　調整前法人税額超過額は、上記１［１号］から［17号］までの規定のうち控除可能期間が最も長いものから順次成ることとされており（措法42の13①後段）、調整前法人税額超過額を構成する金額は、個々の税額控除の規定による税額控除可能額のうち、まず控除可能期間の長いものに配賦し、次に控除可能期間が同じものがあるのであれば、法人の選択により配賦することとなります。

※　控除可能期間とは、二つ以上の税額控除の規定の適用を受けた事業年度終了の日の翌日から、上記１に掲げる各号の税額控除可能額について繰越税額控除に関する規定（各号に定める金額をその各号に掲げる規定による控除をしても控除しきれなかった金額とみなした場合に適用される第42条６第３項、第42条の９第２項又は第42条の12の４第３項の規定その他これらに類する法人税の繰越税額控除に関する規定

として政令で定める規定をいう。）を適用したならば、各事業年度の所得に対する調整前法人税額から控除することができる最終の事業年度終了の日までの期間をいいます。

※　現行においては、調整前法人税額超過額を構成する金額のうち、次の税額控除制度によるものに限っては、その構成することとされた部分の金額は、次のそれぞれの税額控除制度による控除をしても控除をしきれなかった金額として、繰越税額控除に関する規定を適用する（つまり、次のそれぞれの税額控除制度の繰越税額控除限度超過額として翌朝以降に繰越控除することができる。）こととされています。

①　中小企業者等が機械等を取得した場合の税額控除制度（措法42の６）

②　沖縄の特定地域において工業用機械等を取得した場合の税額控除制度（措法42の９）

③　中小企業者等が特定経営力向上設備等を取得した場合の税額控除制度（措法42の12の４）

この繰越税額控除の適用を受けるためには調整前法人税額超過額が生じた事業年度以後の各事業年度の確定申告書に調整前法人税額超過額の明細書を添付し、また、繰越控除の適用を受ける事業年度の確定申告書等に控除の対象となる調整前法人税額超過額、控除を受ける金額を記載するとともに、その金額の計算に関する明細書を添付して申告する必要があります。

第3章

中小企業経営強化税制

解説

中小企業経営強化税制、すなわち「中小企業者等が特定経営力向上設備等を取得した場合の特別償却又は法人税額の特別控除（措法42の12の４）」制度は、中小企業者等が中小企業等経営強化法の認定を受けた経営力向上計画に基づき、一定の設備を取得や製作等した場合に、即時償却又は取得価額の10％（資本金3,000万円超１億円以下の法人は７％）の税額控除が選択適用できるものです。

本制度のポイントは以下のとおりです。

○　ポイント

１　対象法人は、中小企業者、農業協同組合等又は商店街振興組合で青色申告書を提出するもののうち、中小企業等経営強化法に規定する経営力向上計画の認定を受けた同法に規定する特定事業者等に該当するものに限られる。

２　対象資産は、特定経営力向上設備等であり、それは生産等設備を構成する機械及び装置、工具、器具及び備品、建物附属設備並びに一定のソフトウエアで、中小企業等経営強化法に規定する経営力向上設備等（認定に係る経営力向上計画に記載された中小企業等経営強化法施行規則第16条第２項の経営力向上設備等）に該当する一定の規模のものに限られる。

３　対象資産は、法人が行う生産活動、販売活動、役務提供活動その他収益を稼得するために行う活動の用に直接供される生産等設備を構成するものに限られる。

４　対象資産は、機械及び装置については一台又は一基の取得価額が160万円以上、工具、器具及び備品については一台又は一基の取得価額が30万円以上、建物附属設備については一の建物附属設備の取得価額が60万円以上、ソフトウエアについては一のソフトウエアの取得価額が70万円以上の取得価額要件がある。

5　対象資産は指定事業の用に供した場合にのみ適用できる。指定事業は中小企業投資促進税制（措法42の６）の指定事業である。

6　国内において事業の用に供されないもの、中古資産及び貸付資産は対象にならない。

7　特別償却限度額は、特定経営力向上設備等に該当するものの取得価額から普通償却限度額を控除した金額である。つまり取得価額の全額が即時償却できる。特別償却不足額については、１年間の繰越しができる。

8　税額控除限度額は、特定経営力向上設備等の取得価額の10％（中小企業者等のうち資本金の額が3,000万円超の法人は７％）相当額である。ただし、供用年度において控除できる金額は、本制度における税額控除及び中小企業投資促進税制における税額控除の合計でその事業年度の調整前法人税額の20％相当額が限度である。供用年度で控除できなかった金額は、１年間の繰越しが認められる。

9　租税特別措置法の圧縮記帳及び他の特別償却等との重複適用は認められないが、法人税法上の圧縮記帳との重複適用は認められる。

10　本制度の適用を受けるためには、確定申告書等に償却限度額の計算に関する明細書と付表及び控除の対象となる特定経営力向上設備等の取得価額、適用金額等を記載した書類並びに経営力向上計画の認定申請書の写し並びにその経営力向上計画に係る認定書の写しを添付する必要がある。また、適用額明細書も添付すること。

1 概要

本制度は、中小企業者等(注１)が、指定期間(注２)内に、特定経営力向上設備等(注３)の取得(注４)又は製作若しくは建設（以下「取得等」といいます。）をして、これを国内にあるその中小企業者等の営む指定事業(注５)の用に供した場合には、その指定事業の用に供した日を含む事業年度において、その特定経営力向上設備等の取得価額から普通償却限度額を控除した金額に相当する金額の特別償却（即時償却）又は特定経営力向上設備等の取得価額の10％（中小企業者等のうち資本金の額又は出資金の額が3,000万円超の法人は７％）相当額の税額控除ができるというものです（措法42の12の４①②）。

（注）１　中小企業者等とは、中小企業投資促進税制《中小企業者等が機械等を取得した場合の特別償却又は法人税額の特別控除：措法第42条の６第１項》に規定する中小企業者等と同じところの中小企業者、農業協同組合等又は商店街振興組合で青色申告書を提出するもののうち、中小企業等経営強化法第17条第１項の認定（以下「認定」といいます。）を受けた同法第２条第６項に規定する特定事業者等に該当するものをいいます。

２　指定期間とは、平成29年４月１日から令和５年３月31日までの期間をいいます。

３　特定経営力向上設備等とは、生産等設備を構成する機械及び装置、工具、器具及び備品、建物附属設備並びに一定のソフトウエアで、中小企業等経営強化法に規定する経営力向上設備等（経営力向上に著しく資する設備等で、認定に係る経営力向上計画に記載されたもの）に該当するもののうち一定の規模のものをいいます。

４　特別償却については、所有権移転外リース取引により取得したものを除きます（措法42の12の４⑥）。

５　指定事業とは、製造業、卸売業など、中小企業投資促進税制の指定事業をいいます（措法42の12の４①）。

[中小企業経営強化税制の創設経緯]

平成26年度税制改正により、「生産性向上設備投資促進税制」（以下「生産性税制」といいます。）が創設され、即時償却等が措置されました。その際、中小企業向けの優遇として「中小企業投資促進税制」の対象設備について、生産性税制の要件を満たす場合には、上乗せ措置として即時償却や税額控除（資本金３千万円以下：10％、資本金３千万円超１億円以下：７％）が受けられる措置が併せて創設されました。生産性税制については平成28年度末で廃止されましたが、ただ、中小企業投資促進税制の上乗せ措置については平成29年３月31日で廃止されるとともに、平成29年度税制改正において改組され、「攻めの投資」を後押しする観点から新たに「中小企業経営強化税制」が創設され、対象設備も器具備品・建物附属設備全てに拡充されることとなりました。

[適用上の事前手続]

本制度では、工業会証明書の取得（Ａ類型）や、投資計画等に関する経済産業局の確認（Ｂ類型、Ｃ類型、Ｄ類型）に加え、中小企業等経営強化法に基づく経営力向上計画の認定が必要となります。工業会証明書等のみでは適用が受けられませんから、留意が必要です。

2 適用対象法人

本制度の適用ができる法人は、中小企業者等とされており、それは、中小企業投資促進税制の適用対象法人のうち、中小企業等経営強化法第17条第１項の認定を受けた同法第２条第６項に規定する特定事業者等に該当するものをいいます（措法42の12の４①）。

⑴　中小企業投資促進税制の適用対象法人

中小企業投資促進税制の適用対象法人とは、中小企業者又は農業協同組合等若しくは商店街振興組合で、青色申告法人を提出するものをいいます。

詳細については、第２章「中小企業投資促進税制」の「②適用対象法人」の解説（14ページ）を参照してください。

⑵　中小企業等経営強化法に定める法人

中小企業等経営強化法において、同法の経営力向上計画の認定が受けられる特定事業者等は次の表のようになっています（措法42の12の４①、経営強化法２⑥）。

なお、従来対象とされていた「中小企業者等」に該当し、特定事業者等に該当しない場合（資本金10億円以下かつ従業員数2,000人を超える場合）も、令和５年３月31日までは「特定事業者等」とみなして経営力向上計画の認定対象となります（措令27の12の４①）。

○　中小企業等経営強化法の認定が受けられる特定事業者等（経営強化法２⑥）

特定事業者等の範囲

○認定を受けられる「特定事業者等」の規模（中小企業等経営強化法第２条第６項）

	・会社または個人事業主 ・医業、歯科医業を主たる事業とする法人（医療法人等） ・社会福祉法人 ・特定非営利活動法人
従業員数	2,000人以下

※　従来対象とされていた「中小企業者等」に該当し、特定事業者等には該当しない場合（資本金10億円以下かつ従業員数2,000人を超える場合）も、令和５年３月31日までは「特定事業者等」とみなして経営力向上計画の認定対象となります。

（注）　企業組合や協業組合、事業協同組合等についても経営力向上計画の認定を受けることができます（以下参照）。

「特定事業者等」に該当する法人形態等について

①　個人事業主

②　会社（会社法上の会社（有限会社を含む。）及び士業法人）

③　企業組合、協業組合、事業協同組合、事業協同小組合、協同組合連合会、水産加工業協同組合、水産加工協同組合連合会、商工組合（「工業組合」「商業組合」を含む。）、商工組合連合会（「工業組合連合会」「商業組合連合会」を含む。）、商店街振興組合、商店街振興組合連合会

④　生活衛生同業組合、生活衛生同業小組合、生活衛生同業組合連合会、酒造組合、酒造組合連合会、酒造組合中央会、酒販組合、酒販組合連合会、酒販組合中央会、内航海運組合、内航海運組合連合会、技術研究組合

⑤　一般社団法人

⑥　医業を主たる事業とする法人

⑦　歯科医業を主たる事業とする法人

⑧　社会福祉法人

⑨　特定非営利活動法人

※①、②、⑥～⑨については、常時使用する従業員数が2000人以下である必要があります。
④、⑤については、構成員の一定割合が特定事業者であることが必要です。

※①個人事業主の場合は開業届が提出されていること、法人（②～⑨）の場合は法人設立登記がされていることが必要です。

（出所：中小企業庁パンフレット「経営力向上計画策定の手引き」）

⑶　中小企業投資推進税制と中小企業等経営強化法を重ねた場合の中小企業経営強化税制の適用対象法人

本制度の適用対象法人は、租税特別措置法第42の４第８項第７号に定める中小企業者（同８号に定める適用除外事業者に該当するものを除きます。)、同９号に定める農業協同組合等又は商店街振興組合で、青色申告書を提出するものに該当することに加え、中小企業等経営強化法第２条第６項の特定事業者等にも該当して同法第17条第１項の認定を受けることが必要です。ただ、租税特別措置法の中小企業者及び商店街振興組合は基本的に経営強化法の特定事業者等にも該当しますが、租税特別措置法の農業協同組合等は経営強化法の特定事業者等に該当するものとしないものがありますからそれぞれの根拠法令の確認が必要です。

なお、法人が適用対象法人に該当する中小企業者等であるかどうか（適用除外事業者に該当するかどうかの判定を除きます。）は、特定経営力向上設備等の取得等をした日及び事業の用に供した日の現況によって判定します（措通42の12の４－１）。

○　中小企業投資促進税制（措法42の６）と中小企業経営強化税制（措法42の12の４）の適用対象法人の対照表

中小企業投資促進税制の適用対象法人		中小企業経営強化税制の適用対象法人
中小企業者等の分類	具体的な対象法人	
中小企業者（青色申告する適用除外事業者に該当しない	イ　資本金の額又は出資金の額が１億円以下の法人 ただし、次の法人を除く。 一　その発行済株式又は出資（自己の株式又は出資を除く。二におい	左の法人のうち、中小企業等経営強化法第２条第６項の特定事業者等にも該当して、同法第17条第１項の認定を受けた法人

右の法人に限る）	て同じ。）の総数又は総額の２分の１以上が同一の大規模法人に所有されている法人 二　その発行済株式又は出資の総数又は総額の３分の２以上が複数の大規模法人に所有されている法人 ロ　資本又は出資を有しない法人のうち常時使用する従業員の数が1,000人以下の法人	
農業協同組合等（青色申告する右の法人に限る）	農業協同組合、農業協同組合連合会、中小企業等協同組合、出資組合である商工組合及び商工組合連合会、内航海運組合、内航海運組合連合会、出資組合である生活衛生同業組合、漁業協同組合、漁業協同組合連合会、水産加工業協同組合、水産加工業協同組合連合会、森林組合並びに森林組合連合会	（ただし、左の農業協同組合等のうち、農業協同組合、農業協同組合連合会、漁業協同組合、漁業協同組合連合会、森林組合、森林組合連合会は特定事業者等に該当しませんから、経営力向上計画の認定を受けることができません。）
商店街振興組合（青色申告法人に限る）	商店街振興組合	

⑷　中小企業等経営強化法の認定

中小企業等経営強化法第17条第１項の認定とは、同法の特定事業者等に該当する法人が、自社の経営力を向上させるための人材育成やマネジメント、設備投資などの取組を記載した経営力向上計画を事業所管大臣に申請し、各大臣から適当である旨の認定を受けることができる制度であり、本制度を適用するためには、特定事業者等はその経営力向上計画について認定を受ける必要があります。

○　経営力向上計画の制度の概要

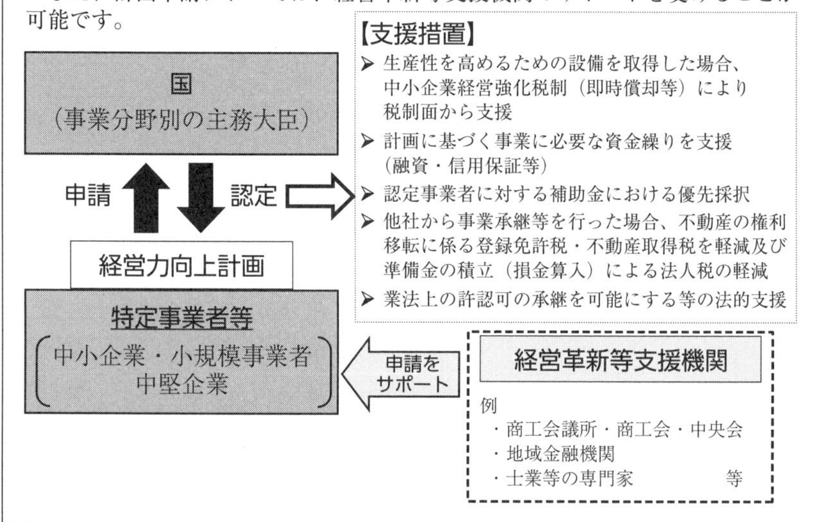

（出所：中小企業庁パンフレット「経営力向上計画策定の手引き」）

この認定を受ける手続は次のような順序で行うことになります。

(1)　工業会による証明書（A類型）や経済産業局による確認書（B～D類型）を取得する。

(2)　当該設備を利用し経営力を上げるための「経営力向上計画」を策定した上で、上記(1)のコピー（写し）を添付して各事業分野の担当省庁に申請する。

(3)　各事業分野の担当省庁から計画認定を受ける。

(4)　設備を取得する。

以上のように、経営力向上計画の認定は、原則として、対象設備の取得前に受ける必要がありますが、認定を受ける前にその設備を取得した場合であっても、その設備の取得日から60日以内に経営力向上計画について認定の申請が受理され、かつ、その設備の事業供用日を含む事業年度と同一の事業年度内にその申請に係る認定がされたときは、この制度の適用が受けられることとされています（ただし、D類型を活用する場合、事業承継等の実施後に設備を取得する必要がありますから、新規申請の場合は設備の先行取得が可能な例外措置の活用はできません。）。

○　設備の取得・事業供用と経営力向上計画の認定が同一事業年度内に行われない場合の中小企業経営強化税制の適用の可否

計画の認定後に 設備を取得・事業供用（原則）	設備の事業供用年度（計画認定の翌事業年度も含む。）で適用可
設備の取得・事業供用後に計画の認定（例外）	一切、適用不可（事業供用年度及び認定を受けた翌事業年度でも適用不可）

設備の取得時期について（中小企業経営強化税制A～D共通）

経営力向上設備等については、以下のとおり、経営力向上計画の認定後に取得することが【原則】です。原則に従うことができない場合には、設備取得日から一定期間内に経営力向上計画が受理される必要がありますので、【例外】の流れをご確認ください。

【原則】経営力向上計画の認定を受けてから設備を取得

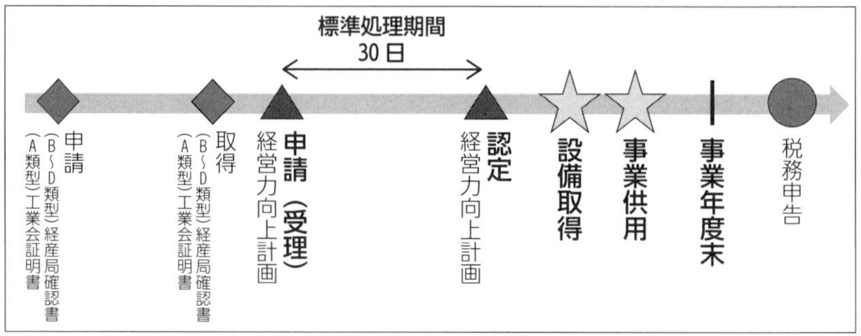

【例外】設備取得後に経営力向上計画を申請する場合

設備を取得した後に経営力向上計画を申請する場合には、設備取得日から60日以内に経営力向上計画が受理される必要があります（計画変更により設備を追加する場合も同様です）。

上記の場合において税制の適用を受けるためには、制度の適用を年度単位で見ることから、遅くとも当該設備を取得し事業の用に供した年度（各企業の事業年度）内に認定を受ける必要があります（当該事業年度を超えて認定を受けた場合、税制の適用を受けることはできませんのでご注意ください）。

なお、D類型を活用を活用する場合、事業承継等の実施後に設備を取得する必要があるため、新規申請の場合は例外措置の活用はできません。

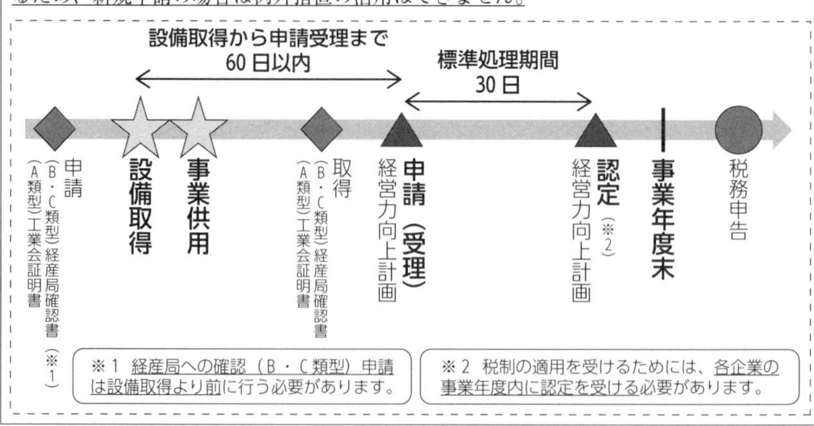

（出所：中小企業庁パンフレット「中小企業等経営強化法に基づく支援措置活用の手引き」）

経営力向上計画の申請に関する柔軟な取扱いについて

現行、経営力向上計画の申請に当たっては、事前に工業会証明書（A類型）、経産局確認書（B･C類型）を取得することが原則となっています。

新型コロナウイルス感染症の影響が長期化する等、経営力向上計画の認定を迅速化する観点から、以下の特例を講じることとなりました。

○令和３年８月２日以降の経営力向上計画の申請において、工業会証明書（A類型）、経産局確認書（B･C類型）の申請手続と同時並行で、計画認定に係る審査を行うことを可能とします。

※　工業会証明書（A類型）、経産局確認書（B･C類型）の申請は、経営力向上計画の申請より前に行う必要があります。

※　経営力向上計画の認定までの標準処理期間（30日）については、工業会証明書・経産局確認書がないため、認定業務を実施できない場合は、申請の補正を要する期間として標準処理期間に含まないこととします。

※　工業会証明書の添付がなく申請書を提出した場合で、決算期が近づいている時は、申請者ご自身で証明書の提出忘れがないか管理をお願いいたします。また、工業会証明書のみを提出する場合、事前に申請先に電話等でご連絡するよう御願いいたします。

【柔軟化１】経営力向上計画の認定を受けてから設備を取得

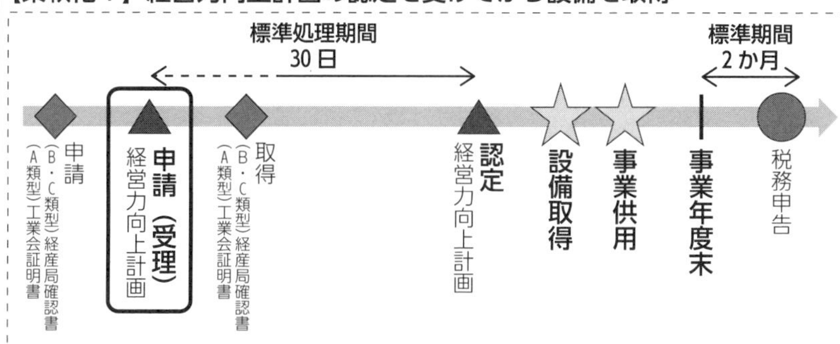

【柔軟化２】設備取得後に経営力向上計画を申請する場合

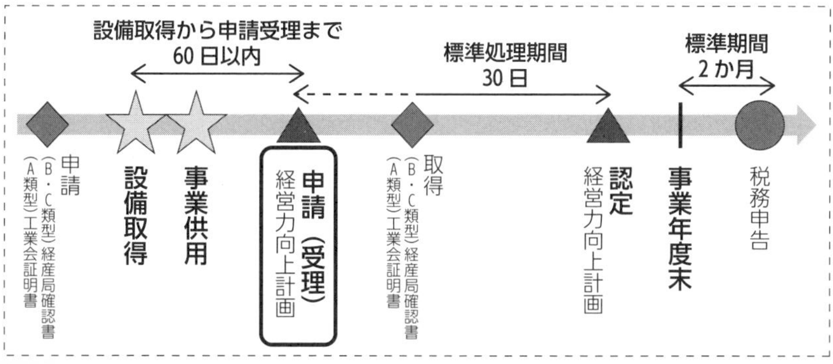

（出所：中小企業庁パンフレット「中小企業等経営強化法に基づく支援措置活用の手引き」）

アドバイス

中小企業者等の範囲を定義する「資本金の額」は法人税法で定める資本金等の額（法法2十六）ではなく、会社法その他法律に基づく法定資本として登記上表示されている資本金の額となります。

3 適用対象年度

適用対象年度は、適用対象法人が、指定期間である平成29年4月1日から令和5年3月31日までの間に、適用対象資産である特定経営力向上設備等でその製作等の後事業の用に供されたことのないものを取得等して、これを国内にあるその適用対象法人の営む製造業などの指定事業の用に供したときにおけるその指定事業の用に供した日を含む事業年度（以下「供用年度」といいます。）とされています（措法42の12の4①）。

（注）供用年度からは、解散の日（合併による解散を除く。）を含む事業年度及び清算中の各事業年度を除くこととされています。

アドバイス

- 取得とは引渡しを受けたときを指します。したがって、検収が終わっていない段階では引渡しが済んでいないことから未取得の状態といえます。
- 事業の用に供するとは、その減価償却資産のもつ属性に従って本来の目的のために使用を開始するに至ったことを指します。したがって、機械を据え付け、試運転を完了し、製品等の生産を開始したときが事業の用に供したといえます。

4 適用対象資産

適用対象資産は、特定経営力向上設備等に該当する資産です。

特定経営力向上設備等とは、次の3つの要件を満たす資産をいいます（措法42の12の4①、措令27の12の4②③、措規20の9①）。

要件1	生産等設備を構成する機械及び装置、工具、器具及び備品、建物附属設備並びに一定のソフトウエアであること
要件2	中小企業等経営強化法第17条第3項に規定する経営力向上設備等（認定に係る経営力向上計画に記載された中小企業等経営強化法施行規則第16条第2項の経営力向上設備等）に該当すること
要件3	一定の規模（最低取得価額）を満たすこと

具体的には、次のものをいいます。

要件1　生産等設備を構成する機械及び装置、工具、器具及び備品、建物附属設備並びに一定のソフトウエアであること

生産等設備を構成するとは、例えば、製造業を営む法人の工場、小売業を営む法人の店舗又は自動車整備業を営む法人の作業場のように、その法人が行う生産活動、販売活動、役務提供活動その他収益を稼得するために行う活動（以下これらを「生産等活動」といいます。）の用に直接供される減価償却資産で構成されているものをいいます。したがって、例えば、本店、寄宿舎等の建物、事務用器具備品、乗用自動車、福利厚生施設のようなものは、これに該当しません。

なお、一棟の建物が本店用と店舗用に供されている場合など、減価償却資産の一部が法人の生産等活動の用に直接供されているものについては、その全てが生産等設備となります（措通42の12の4－2）。

次に、一定のソフトウエアとは、電子計算機に対する指令であって一の結果を得ることができるように組み合わされたもの（これに関連する

システム仕様書その他の書類を含むものとし、複写して販売するための原本、開発研究用のもの、サーバー用OSのうち一定のものなどは除く。）をいいます（措令27の６①、27の12の４②、措規20の３②③）。

アドバイス

■　機械及び装置などが基礎研究や応用研究などに使用される場合には生産等活動に直接供しているとは言い難いため、その多くは対象外になると考えられます。

■　ただし、他社から対価を得て開発研究業務を行う研究受託会社が使用するその機械及び装置などは生産等設備を構成します。

参考　**働き方改革に資する減価償却資産と生産等設備**

○生産等設備を構成する働き方改革に資する減価償却資産の判定例

減価償却資産	設　置　場　所	生産等設備を構成するか否か
建物附属設備（電気設備、給排水設備、冷暖房設備、可動式間仕切り等）	生産等活動の用に直接供される工場、店舗、作業場等の中に設置される施設（食堂、休憩室、更衣室、ロッカールーム、シャワールーム、仮眠室、トイレ等）に係る左欄のもの	○
	同一敷地内であっても工場、店舗、作業場等の建物とは独立した建物（食堂棟、検診施設などの福利厚生施設等）の中に設置される左欄のもの	×

器具及び備品（テレワーク用電子計算機等）	生産等活動の用に直接供される左欄のもの（設置場所は関係ない。）	○
ソフトウエア（テレビ会議システム、勤怠管理システム等）	生産等活動の用に直接供される左欄のもの（設置場所は関係ない。）	○

（出所：国税庁質疑応答事例「中小企業者等が取得をした働き方改革に資する減価償却資産の中小企業経営強化税制（租税特別措置法第42条の12の４）の適用について」から抜粋）

要件２　**中小企業等経営強化法第17条第３項に規定する経営力向上設備等（認定に係る経営力向上計画に記載された中小企業等経営強化法施行規則第16条第２項の経営力向上設備等）に該当すること**

次に掲げる「生産性向上設備（Ａ類型）」、「収益力強化設備（Ｂ類型）」、「デジタル化設備（Ｃ類型）」及び「経営資源集約化に資する設備（Ｄ類型）」で、認定に係る経営力向上計画に記載されたものが該当します（経営強化法17③、経営強化法規16②、措規20の９①）。

（注）「デジタル化設備（Ｃ類型）は、中小企業等経営強化法施行規則の改正により追加されたもので、令和２年４月30日から施行されています（令２.４.30経済産業省令第45号、経済産業省告示第105号）。
「経営資源集約化に資する設備（Ｄ類型）」は、中小企業等経営強化法施行規則の改正により追加されたもので、令和３年８月２日から施行されています（令３.７.30経済産業省令第65号）。

(1)　生産性向上設備（Ａ類型）

一定期間内に販売されたモデルでかつ経営力向上要件（生産効率、エネルギー効率、精度等の生産性指標が旧モデル比で年平均１％以上向上しているもの）を満たす(注１)次の減価償却資産		
設備の種類	**用途又は細目**	**販売開始時期**
機械装置	次のものを除いた機械装置 ※　除かれる機械装置 ・発電用設備であって、主として電気の販売を行うために取得又は製作をするものとして経済産業大臣が定めるもの(注２)	10年以内
工具	測定工具及び検査工具（電気又は電子を利用するものを含む。）	５年以内
器具備品	次のものを除いた器具備品 ※　除かれる器具備品 ・医療保健業を行う事業者が取得又は製作をする医療機器	６年以内
建物附属設備	次のものを除いた建物附属設備 ※　除かれる建物附属設備 ・医療保健業を行う事業者が取得又は建設をする建物附属設備 ・発電用設備であって、主として電気の販売を行うために取得又は製作をするものとして経済産業大臣が定めるもの(注２)	14年以内
ソフトウエア	設備の稼働状況等に係る情報収集機能及び分析・指示機能を有するソフトウエア（経営力向上要件は不要） ただし、複写して販売するための原本、開発研究用のもの、サーバー用OSのうち一定のものなどは除く（中小企業投資促進税制と同じ。）。	５年以内

（注１）　一定期間内に販売されたモデルでかつ経営力向上要件を満たすことについて、設備のメーカーを通じて工業会等の確認を受けた場合には、工業会等から証明書の発行を受けることができます。

（注２）　主として電気の販売を行うために取得又は製作をするものとして経済産業大臣が定める設備に該当するものは、売電が見込まれる期間において、その発電した量のうち、２分の１を超える量の売電が見込まれるものをいいます。

なお、発電設備等の取得等をして税制措置を適用する場合には、経営力向上計画の認定申請時に「発電設備等の概要等に関する報告書」及びその記載内容を証する書類の添付が必要となります（平成31年３月29日付　経済産業省告示第85号）。

⑵　収益力強化設備（Ｂ類型）

投資計画上の投資利益率が年平均５％以上となることが見込まれるものであるにつき経済産業大臣の確認を受けた投資計画に記載された投資の目的を達成する(注１)ために必要不可欠な次の減価償却資産	
設備種類	用途又は細目
機械装置	次のものを除いた機械装置 ※　除かれる機械装置 ・発電用設備であって、主として電気の販売を行うために取得又は製作をするものとして経済産業大臣が定めるもの(注２)
工具	全て
器具備品	次のものを除いた器具備品 ※　除かれる器具備品 ・医療保健業を行う事業者が取得又は製作をする医療機器
建物附属設備	次のものを除いた建物附属設備 ※　除かれる建物附属設備 ・医療保健業を行う事業者が取得又は建設をする建物附属設備 ・発電用設備であって、主として電気の販売を行うために取得又は製作をするものとして経済産業大臣が定めるもの(注２)
ソフトウエア	次のものを除いたソフトウエア ※　除かれるソフトウエア ・複写して販売するための原本、開発研究用のもの、サーバー用OSのうち一定のソフトウエア（中小企業投資促進税制と同じ。）。

（注１）　投資計画について投資利益率が年平均５％以上となることにつき経済産業局による経済産業大臣の確認を受けた場合には、その確認に係る確認書が発行されることとされています。

（注２）　主として電気の販売を行うために取得又は製作をするものとして経済産業大臣が定める設備に該当するものは、売電が見込まれる期間において、その発電した量のうち、２分の１を超える量の売電が見込まれるものをいいます。
　なお、発電設備等の取得等をして税制措置を適用する場合には、経営力向上計画の認定申請時に「発電設備等の概要等に関する報告書」及びその記載内容を証する書類の添付が必要となります（平成31年３月29日付　経済産業省告示第85号）。

[投資利益率の計算]

年平均の投資利益率は、次の算式によって算定します（経営強化法規16②二）。

$$\frac{「営業利益＋減価償却費^{(※1)}」の増加額^{(※2)}}{設備投資額^{(※3)}}$$

（※）１　会計上の減価償却費

２　設備の取得等をする年度の翌年度以降３年度の平均額

３　設備の取得等をする年度におけるその取得等をする設備の取得価額の合計額

[Ｂ類型の投資計画の策定単位]

Ｂ類型の投資計画の策定単位は、収益力強化設備の導入の目的（＝事業の生産性の向上に特に資すること）に照らして、必要不可欠な設備の導入に係るものであり、その設備から投資利益率を算定する際に、追加的に生じる効果を正確に算出するために必要最小限の単位が、投資計画の策定単位です。

（例）　工場の生産ラインの改善投資→生産ライン単位（工場全体に効果が出る場合は工場単位

（出所：中小企業庁パンフレット「中小企業等経営強化法に基づく支援措置活用の手引き」）

⑶　デジタル化設備（C類型）

<table>
<tr><td colspan="2">事業プロセスの①遠隔操作、②可視化、③自動制御化のいずれかを可能にする設備として、経済産業大臣の確認を受けた投資計画に記載された投資の目的を達成する（注1）ために必要不可欠な次の減価償却資産</td></tr>
<tr><th>設備種類</th><th>用途又は細目</th></tr>
<tr><td>機械装置</td><td>次のものを除いた機械装置
※　除かれる機械装置
・発電用設備であって、主として電気の販売を行うために取得又は製作をするものとして経済産業大臣が定めるもの（注2）</td></tr>
<tr><td>工具</td><td>全て</td></tr>
<tr><td>器具備品</td><td>次のものを除いた器具備品
※　除かれる器具備品
・医療保健業を行う事業者が取得又は製作をする医療機器</td></tr>
<tr><td>建物附属設備</td><td>次のものを除いた建物附属設備
※　除かれる建物附属設備
・医療保健業を行う事業者が取得又は建設をする建物附属設備
・発電用設備であって、主として電気の販売を行うために取得又は製作をするものとして経済産業大臣が定めるもの（注2）</td></tr>
<tr><td>ソフトウエア</td><td>次のものを除いたソフトウエア
※　除かれるソフトウエア
・複写して販売するための原本、開発研究用のもの、サーバー用OSのうち一定のソフトウエア（中小企業投資促進税制に同じ）。</td></tr>
</table>

（注1）　事業プロセスの①遠隔操作、②可視化、③自動制御化のいずれかを可能にする設備であることにつき経済産業局による経済産業大臣の確認を受けた場合には、その確認に係る確認書が発行されることとされています。

（注2）　主として電気の販売を行うために取得又は製作をするものとして経済産業大臣が定める設備に該当するものは、売電が見込まれる期間において、その発電した量のうち、2分の1を超える量の売電が見込まれるものをいいます。

なお、発電設備等の取得等をして税制措置を適用する場合には、経営力向上計画の認定申請時に「発電設備等の概要等に関する報告書」及びその記載内容を証する書類の添付が必要となります（平成31年3月29日付　経済産業省告示第85号)。

[①遠隔操作、②可視化、③自動制御化について]

①遠隔操作、②可視化、③自動制御化とは次のことをいいます（経営強化法規16②三）

① 遠隔操作

ⅰ デジタル技術を用いて、遠隔操作をすること

ⅱ 以下のいずれかを目的とすること

A 事業を非対面で行うことができるようにすること

B 事業に従事する者が、通常行っている業務を、通常出勤している場所以外の場所で行うことができるようにすること

② 可視化

ⅰ データの集約・分析を、デジタル技術を用いて行うこと

ⅱ ⅰのデータが、現在行っている事業や事業プロセスに関係するものであること

ⅲ ⅰにより事業プロセスに関する最新の状況を把握し経営資源等の最適化(※)を行うことができるようにすること

③ 自動制御化

ⅰ デジタル技術を用いて、状況に応じて自動的に指令を行うことができるようにすること

ⅱ ⅰの指令が、現在行っている事業プロセスに関する経営資源等を最適化(※)するためのものであること

(※)「経営資源等の最適化」とは、「設備、技術、個人の有する知識及び技能等を含む事業活動に活用される資源等の最適な配分等」をいいます。

考

Q＆A集（C類型）

No	質問	回答
C－1	B類型とC類型は何が異なるのか。	対象となる設備の種類及び投資計画を策定して経済産業大臣（経済産業局）の確認を受ける点は同じですが、B類型は収益力の向上のための設備であることが、C類型はデジタル化を通じた非対面・非接触ビジネスの推進等のための設備であることが、それぞれ要件となっている点が異なっており、事業者の方がどちらの要件に合致するかご検討いただきお選びいただくことが可能です。
C－2	C類型における投資計画の要件は何か。	C類型における投資計画については、デジタル技術を用いた遠隔操作、可視化、自動制御化のいずれかに該当することにつき経済産業大臣（経済産業局）の確認を受けたものであることが要件となっています。この要件を満たす投資計画に記載された設備がデジタル化を通じた非対面・非接触ビジネスの推進等のための設備となります。
C－3	C類型における投資計画では、投資を予定している全ての設備がデジタル技術を活用したものである必要があるか。	投資計画の目的を達成するために必要不可欠な設備であれば、設備そのものがデジタル技術を活用したもの以外の設備も含めてC類型の対象設備となります。なお、デジタル技術を活用した設備であっても、投資計画の目的を達成するために必要不可欠な設備でなければ、C類型の対象とはなりません。

遠隔操作

No	質問	回答（案）
遠-1	遠隔操作とは何か。	遠隔操作とは、事業を非対面で行うことができるようにすること又は事業に従事する者が通常行っている業務を通常出勤している場所以外の場所で行うことができるようにすることを目的として、デジタル技術が用いられた設備等を遠隔地から操作することをいいます。具体的には、顧客と対面しない方法で行う遠隔医療相談サービスや遠隔教育、工場・店舗等で勤務している従業員が行う商品の在庫管理等のためのテレワーク等が該当します。
遠-2	事業を非対面で行うことができるようにすることについて、新たに行う事業を非対面で行うことができるようにすることも対象となるのか。	事業を非対面で行うことができるようにすることについては、デジタル化を通じた非対面・非接触ビジネスを推進する観点から、現在行われている事業だけでなく、これから新たに行われる事業を非対面で行うことができるようにすることも対象となります。
遠-3	工場、店舗等の従業員等が在宅勤務で使用するためのテレワーク設備等も対象になるのか。	その設備等が、生産等設備である工場、店舗等で行う生産等活動（生産活動、販売活動、役務提供活動その他収益を稼得するために行う活動をいいます。）のために取得されるものであり、その生産等活動の用に直接供されている場合には対象となります。詳しくは、国税庁HPの質疑応答事例（https://www.nta.go.jp/law/shitsugi/hojin/04/16.htm）をご確認ください。

可視化

No	質問	回答
可－1	可視化とは何か。	可視化とは、現に実施している事業に関するデータの集約及び分析をデジタル技術を用いて行うことにより、その事業の工程に関する最新の状況の把握及び経営資源等の最適化を行うことができるようにすることをいいます。具体的には、サプライチェーンにおけるその工程に関する情報の適時適切な把握及びその把握した情報に基づく適正な人員配置、生産量調整、温度等のプロセス管理、輸送量調整、投資判断等が広く該当します。
可－2	新たに行う事業は対象となるのか。	この要件は、現在アナログで行われている事業について、デジタル化を促進するものであるため、現在実施している事業における可視化のみが対象となります。
可－3	事業の工程に関する経営資源等の最適化とは何か。	事業の工程に関する経営資源等の最適化とは、事業の工程における設備、技術、個人の有する知識及び技能等を含む事業活動に活用される資源等の最適な配分等をいいます。
可－4	現に実施している事業に関するデータの集約及び分析並びにその事業の工程に関する最新の状況の把握及び経営資源等の最適化は、全てデジタル技術が用いられ	「現に実施している事業に関するデータの集約及び分析」については、デジタル技術が用いられた設備等によって行われることが要件となっており、その結果、「その事業の工程に関する最新の状況の把握」もデジタル技術が用いられた設備等によって行われることになりますが、「その事業の工程に関する経営資源等の最適化」については、最適化のための行動が、デジタル技術が用いられた設備等によって行われていないも

No	質問	回答
	た設備等によって行われていないと可視化に該当しないのか。	の（例えば、その把握した情報に基づく適正な人員配置等）であっても、可視化の対象となります。
可－5	例えば、工場内に防犯カメラのみを設置する場合は可視化に該当するのか。	工場内における防犯カメラのみの設置ではデータの集約（映像の録画・記録）が行われているだけであるため、可視化には該当しません。事業に関するデータの集約及び分析を行い、その事業の工程に関する最新の状況の把握及び経営資源等の最適化を行うことができるようにすることが必要となります。

自動制御化

No	質問	回答
自－1	自動制御化とは何か。	自動制御化とは、デジタル技術を用いて、現に実施している事業の工程に関する経営資源等の最適化のための指令を状況に応じて自動的に行うことができるようにすることをいいます。具体的には、デジタル技術が用いられた設備等を活用した工場の製造工程の自動制御化等が該当します。
自－2	新たに行う事業は対象となるのか。	この要件は、現在アナログで行われている事業について、デジタル化を促進するものであるため、現在実施している事業における自動制御化のみが対象となります。

（出所：中小企業庁「中小企業経営強化税制　Q＆A集」から抜粋）

⑷　経営資源集約化に資する設備（Ｄ類型）

次の要件を満たすものとして経済産業大臣の確認を受けた投資計画に記載された投資の目的を達成する(注１)ために必要不可欠な次の減価償却資産であって、その経営力向上計画に事業承継等事前調査に関する事項の記載があり、経営力向上計画に従って事業承継等を行った後に取得又は製作若しくは建設をするもの。

（要件）

計画終了年次の修正ROA（総資産収益率）又は有形固定資産回転率が以下表の率を満たすことが見込まれること

計画期間	修正ROA	有形固定資産回転率
３年	＋0.3％ポイント	＋2.0％
４年	＋0.4％ポイント	＋2.5％
５年	＋0.5％ポイント	＋3.0％

設備種類	用途又は細目
機械装置	次のものを除いた機械装置 ※　除かれる機械装置 ・発電用設備であって、主として電気の販売を行うために取得又は製作をするものとして経済産業大臣が定めるもの(注２)
工具	全て
器具備品	次のものを除いた器具備品 ※　除かれる器具備品 ・医療保健業を行う事業者が取得又は製作をする医療機器
建物附属設備	次のものを除いた建物附属設備 ※　除かれる建物附属設備 ・医療保健業を行う事業者が取得又は建設をする建物附属設備 ・発電用設備であって、主として電気の販売を行うために取得又は製作をするものとして経済産業大臣が定めるもの(注２)

ソフトウエア	次のものを除いたソフトウエア ※　除かれるソフトウエア ・複写して販売するための原本、開発研究用のもの、サーバー用OSのうち一定のソフトウエア（中小企業投資促進税制に同じ）。

（注１）　計画終了年次の修正ROA又は有形固定資産回転率が上記表の率を満たすことが見込まれるものであることにつき経済産業局による経済産業大臣の確認を受けた場合には、その確認に係る確認書が発行されることとされています。

（注２）　主として電気の販売を行うために取得又は製作をするものとして経済産業大臣が定める設備に該当するものは、売電が見込まれる期間において、その発電した量のうち、２分の１を超える量の売電が見込まれるものをいいます。

なお、発電設備等の取得等をして税制措置を適用する場合には、経営力向上計画の認定申請時に「発電設備等の概要等に関する報告書」及びその記載内容を証する書類の添付が必要となります（平成31年３月29日付　経済産業省告示第85号）。

[修正ROA又は有形固定資産回転率の計算]

目標値となる修正ROA又は有形固定資産回転率は、次の算式によって算定します。

$$\text{修正ROA（変化分）} = \frac{\text{計画終了年度における営業利益＋減価償却費}^{※1}\text{＋研究開発費}^{※1}}{\text{計画終了年度における総資産}_{※2}} - \frac{\text{基準年度}^{※3}\text{における営業利益＋減価償却費＋研究開発費}}{\text{基準年度における総資産}}$$

$$\text{有形固定資産回転率（変化率）} = \frac{\dfrac{\text{計画終了年度における売上高}}{\text{計画終了年度における有形固定資産}^{※2}} - \dfrac{\text{基準年度}^{※3}\text{における売上高}}{\text{基準年度における有形固定資産}}}{\dfrac{\text{基準年度における売上高}}{\text{基準年度における有形固定資産}}}$$

※１　会計上の減価償却費及び研究開発費
※２　帳簿価額を指す
※３　計画開始直前における事業年度の確定決算時の数値

アドバイス

■　２分の１超の売電を見込む太陽光発電設備などの発電用設備（機械装置や建物附属設備）は対象になりません。

■　医療保健業を行う事業者が取得する医療機器、建物附属設備は、Ａ類型からＤ類型までの全ての類型で適用できません。ただし、医療機器以外の器具及び備品は対象となります。

なお、調剤薬局は小売業を行う事業者であり、医療保健業を行う事業者ではありません。

■　経営力向上計画の認定基準や投資利益率が達成できなかったとしても、適用された税制措置の取戻し規定はありません。

要件３　一定の規模（最低取得価額）を満たすこと

適用対象資産ごとに次の表に掲げる取得価額の要件を満たす必要があります（措令27の12の４③）。

設備種類	最低取得価額要件（１台１基又は一の取得価額）
機械及び装置	１台又は１基の取得価額が160万円以上
工具	１台又は１基の取得価額が30万円以上
器具及び備品	１台又は１基の取得価額が30万円以上
建物附属設備	一の建物附属設備の取得価額が60万円以上
ソフトウエア	一のソフトウエアの取得価額が70万円以上

（注）対象設備の取得価額が法人税法上の圧縮記帳の適用を受けた資産である場合には、その圧縮記帳後の金額により判定を行います。また、事業の用に供した事業年度後に法人税法第42条第１項に規定する国庫補助金等の交付を受ける場合で、法人税法第42条又は第44条の規定の適用を受けることが予定されているときは、取得価額から国庫補助金等の交付予定金額を控除した金額により判定を行います（措通42の12の４－５）。

アドバイス

■　単品ごとの取得価額は、法人税法基本通達７－１－11《少額の減価償却資産又は一括償却資産の取得価額の判定》に定める単位、すなわち、通常１単位として取引されるその単位ごとに判定します。

■　設備の取得価額は法人税法施行令第54条《減価償却資産の取得価額》に規定する取得価額、すなわち、その資産の購入の代価に、外部及び内部の付随費用を加えた額です。

ちなみに、機械及び装置の設置に必要な専用の基礎工事はその機械及び装置の取得価額に算入されます。

■　共有する設備については、共有持分に基づき資産計上している資産の取得価額が対象となります。

■　プログラムの修正、改良等で既存ソフトウエアの仕様が大幅に変更され、新たなソフトウエアを製作したと同様と認められる場合（既存ソフトウエアとの同一性がなくなっている）は、新たなソフトウエアの取得として本制度の適用があります(法基通7－3－15の2(注)2)。

[中古資産は対象にならない]

本制度の対象資産は、特定経営力向上設備等に該当するもので、製作又は建設の後事業の用に供されたことのない、いわゆる新品に限られます。

アドバイス

■　ファイナンスリースのうち所有権移転外リース取引については税額控除のみ利用可能（即時償却は利用不可）となります。なお、税額控除額は毎年のリース料ではなく、リース資産額をベースに計算することとなります。また、オペレーティングリースについては本制度の対象外となります。

■　子会社、関連会社などの関係会社に貸与した特定経営力向上設備等であっても、その設備等が、専らその法人のためにする国内における製品の加工等の用に供されるものであるときは、その設備等は、その法人の営む事業の用に供したものとして本制度を適用することができます（措通42の12の4－8）。

■　設備の新規取得・製作・建設が対象であり、中古品や改良・修繕等の資本的支出は対象となりません。

5 指定事業

適用対象となる指定事業は、中小企業投資促進税制（措法42の６）の指定事業と同様であり、具体的には次の事業となります（措法42の12の４①、42の６①、措令27の６⑤、措規20の３⑤、措通42の６－５）。

製造業、建設業、農業、林業、漁業、水産養殖業、鉱業，採石業，砂利採取業、卸売業、道路貨物運送業、倉庫業、港湾運送業、ガス業、小売業、料理店業その他の飲食店業（料亭、バー、キャバレー、ナイトクラブその他これらに類する事業にあっては、生活衛生同業組合の組合員が行うものに限る。）、一般旅客自動車運送業、海洋運輸業及び沿海運輸業、内航船舶貸渡業、旅行業、こん包業、郵便業、通信業、損害保険代理業、不動産業、情報通信業、駐車場業、物品賃貸業、学術研究、専門・技術サービス業、宿泊業、洗濯・理容・美容・浴場業、その他の生活関連サービス業、映画業、教育、学習支援業、医療、福祉業、協同組合及サービス業（廃棄物処理業、自動車整備業、機械等修理業、職業紹介・労働者派遣業、その他の事業サービス業）

（注）１　指定事業に該当するかどうかは、おおむね日本標準産業分類の分類を基準として判定します（措通42の６-５）。

２　電気業、映画業以外の娯楽業、水道業、鉄道業、航空運輸業、銀行業等は対象になりません。したがって、太陽光発電設備等による売電事業は、電気業に属し製造業に該当しないので本制度の指定事業に含まれません。

３　風俗営業等の規制及び業務の適正化等に関する法律第２条第５項に規定する性風俗関連特殊営業に該当する事業についても、対象となりません。

４　その他の飲食店業のうち料亭、バー、キャバレー、ナイトクラブに類する事業には、例えば大衆酒場及びビヤホールのように一般大衆が日常利用する飲食店は含まないので、これら一般大衆が日常利用する飲食店業は、生活衛生同業組合の組合員が行うものでない場合でも指定事業となります（措通42の６－６）。

[主たる事業でない場合及び指定事業とその他の事業とに共通して使用される場合の適用]

法人の営む事業が指定事業に該当するかどうかは、法人が主たる事業としてその事業を営んでいるかどうかを問いません（措通42の12の４－６）。

また、指定事業とその他の事業とを営む法人が、その取得等をした特定経営力向上設備等をそれぞれの事業に共通して使用している場合には、その全部を指定事業の用に供したものとされます（措通42の12の４－７）。

[売電業は指定事業に入っていない]

上記に掲げる事業には、電気業、水道業、鉄道業、航空運輸業、銀行業、娯楽業（映画業を除きます。）等は入っていません。

したがって、太陽光発電設備による売電事業は電気業に属し、製造業に該当しないので、売電用のみに供した場合は対象となりません。

[国内において指定事業の用に供されないもの及び貸付資産は対象にならない]

対象資産は国内にあるその法人の指定事業の用に供することが必要であり、貸付けの用に供したものは原則として対象となりません（措法42の12の４①）。

ただし、自己の下請業者に貸与した場合において、その貸与資産が専ら国内にある下請業者の事業所で自己のためにする製品の加工等の用に供されるものであるときは、その貸与資産は自己の事業の用に供したものとして、本制度の適用が認められます（措通42の12の４－８）。

アドバイス

■　売電のためにその電力供給として設置した太陽光発電設備は電気業の用に供したことになるため指定事業に供したといえません。

ただし、例えば自動車製造業を営む法人が、その製造設備を稼働するための電力供給として設置した太陽光発電設備は、製造業の用に供したことになるため指定事業に供したといえます。また、製造用及び売電用（発電量の２分の１超の売電を見込むものを除きます。）の共用電源としての太陽光発電設備は指定事業の用に供したものとされます。

※　発電量の２分の１超の売電を見込む太陽光発電設備などの発電用設備（機械装置や建物附属設備）は、そもそも適用対象資産から除かれます。

※　指定事業には「協同組合（他に分類されないもの）」が含まれていますが、それはサービス業として分類される事業の１つです（措通42の６－５（注）２）。したがって、協同組合が全量売電を行うために太陽光発電設備を導入する場合の事業はサービス業ではなく、電気業に該当するので指定事業に供したといえません。

■　娯楽業については、映画業を除いて対象になりません。

6　特別償却限度額

特別償却限度額は、特定経営力向上設備等の取得価額から普通償却限度額を控除した金額です（措法42の12の４①）。

つまり、その取得価額の全額が償却（即時償却）できることになります。

(算式)

当期償却限度額　＝　普通償却限度額　＋　特別償却限度額

特別償却限度額　＝　特定経営力向上設備等の取得価額　－　普通償却限度額

なお、法人が供用年度で特別償却限度額まで償却費を計上しなかった場合、その償却不足額は翌事業年度に繰り越すことができます（措法52の２）。

アドバイス

所有権移転外リース取引により取得した特定経営力向上設備等について特別償却は適用できません（措法42の12の４⑥)。

7　税額控除限度額

特別償却に代えて選択適用できる税額控除限度額は、その特定経営力向上設備等の取得価額の10％相当額（中小企業者等のうち資本金の額又は出資金の額が3,000万円超の法人（農業協同組合等及び商店街振興組合を除く。）は７％相当額）とされています（措法42の12の４②、措令27の12の４④)。

(算式)

イ　適用対象法人のうち資本金の額又は出資金の額が3,000万円以下の法人、資本又は出資を有しない法人のうち常時使用する従業員の数が1,000人以下の法人、農業協同組合等及び商店街振興組合

　税額控除限度額　＝　特定経営力向上設備等の取得価額　×　10/100

ロ　イ以外の適用対象法人（資本金の額又は出資金の額が3,000万円超１億円以下の法人）

　税額控除限度額　＝　特定経営力向上設備等の取得価額　×　７/100

(注) 1　上記の算式により計算した税額控除限度額が、控除の適用を受けようとする事業年度の調整前法人税額の20％相当額（その事業年度において中小企業投資促進税制（措法42の6②）の規定による税額控除がある場合にはその金額を控除した残額）を超える場合には、その20％相当額が控除できる上限となります。

すなわち、本制度における税額控除限度額に係る税額控除及び租税特別措置法第42条の6第2項における税額控除限度額に係る税額控除の合計で当期の調整前法人税額の20％相当額が上限とされており、供用年度において、租税特別措置法第42条の6第2項における税額控除限度額に係る税額控除の適用を受ける場合には、本制度における税額控除額の上限となるその供用年度の調整前法人税額の20％相当額は、まず、その制度によりその供用年度の調整前法人税額から控除される金額に充てられ、その充てられた金額を控除した残額を上限として、本制度における税額控除限度額に係る税額控除が適用できることとされています。

なお、税額控除限度額が、その上限額規制により控除しきれない場合の控除しきれない金額については、繰越税額控除限度超過額として翌事業年度に繰り越すことができます。

2　特定経営力向上設備等について、供用年度後の事業年度において国庫補助金等を受け、圧縮記帳の損金算入の適用を予定している場合には、供用年度終了の日において見込まれる国庫補助金等の交付予定金額を控除した金額を取得価額として税額控除限度額を計算します。

なお、これによらず、国庫補助金等の交付予定金額を控除しない金額を取得価額として税額控除限度額を計算して申告をしたときは、法人税基本通達10－2－2《固定資産の取得等の後に国庫補助金等を受けた場合の圧縮記帳》の取扱いを適用することはできません（措通42の12の4－9）。

[調整前法人税額]

調整前法人税額とは租税特別措置法第42条の4第8項第2号に規定する調整前法人税額（申告書別表一「2」）をいいます。

アドバイス

■　所有権移転外リース取引により取得した特定経営力向上設備等について税額控除は適用できます。

■　特定経営力向上設備等を指定事業の用に供した供用年度後の事業年度においてその特定経営力向上設備等の対価の額につき値引きがあった場合で、税額控除を受ける時点で対価の修正が予定されていない場合については供用年度に遡って税額控除限度額の修正を行う必要はありません（措通42の12の4－10）。

8　税額控除限度超過額の繰越し

税額控除限度額がその事業年度の調整前法人税額の20％相当額を超えるために、その事業年度において税額控除限度額の全部を控除しきれなかった場合には、その控除しきれなかった金額（以下「繰越税額控除限度超過額」といいます。）については1年間の繰越しが認められます（措法42の12の4③④）。

ただし、繰越税額控除限度超過額は繰越控除する事業年度の調整前法人税額の20％相当額（その事業年度において本制度による税額控除がある場合にはその金額（措法42の12の4②）及び中小企業投資促進税制（措法42の6②③）の規定による税額控除がある場合にはこれらの金額を控除した残額）が限度となります。

すなわち、本制度における税額控除限度額に係る税額控除及び繰越税額控除限度超過額に係る税額控除並びに、中小企業投資促進税制における税額控除限度額に係る税額控除及び繰越税額控除限度超過額に係る税額控除の合計で当期の調整前法人税額の20％相当額が上限とされており、本制度における繰越税額控除限度超過額に係る税額控除の適用を受ける事業年度において、特定経営力向上設備等につき本制度における税額控除限度額に係る税額控除並びに、中小企業投資促進税制における税額控除限度額に係る税額控除及び繰越税額控除限度超過額に係る税額控除の適用を受ける場合には、本制度における繰越税額控除限度超過額の上限となるその事業年度の調整前法人税額の20％相当額は、まず、これらの制度によりその事業年度の調整前法人税額から控除される金額に充てられ、その充てられた金額を控除した残額を上限として、本制度における繰越税額控除限度超過額に係る税額控除が適用できることとされています。

なお、法人が一の事業年度において、租税特別措置法の規定による税額控除限度額に係る税額控除又は繰越税額控除限度超過額に係る税額控除のうち、２以上の税額控除の適用を受けようとする場合に、税額控除可能額の合計額がその事業年度の調整前法人税額の90％相当額を超えるときは、その超える部分の金額は、その事業年度の調整前法人税額から控除せず、各税額控除における繰越税額控除限度超過額として、その事業年度後の各事業年度において繰越税額控除限度超過額に係る税額控除を適用することとされています（措法42の13①③）。

（注）　税額控除可能額とは、各規定の税額控除限度額及び繰越税額控除限度超過額のうち、これらの規定による控除しきれなかった金額を控除した金額をいいます（措法42の13①）。

[被合併法人等が有する繰越税額控除限度超過額]

繰越税額控除限度超過額は、法人が解散した場合は打ち切りとされる（措法42の12の４③）ほか、繰越税額控除限度超過額を有している法人を被合併法人等（被合併法人、分割法人、現物出資法人又は現物分配法人をいいます。）とする合併等（合併、分割、現物出資又は現物分配をいいます。）を行った場合には、その合併等が適格合併等に該当し、その繰越税額控除限度額の基となった資産をこれにより移転したときであっても、その繰越税額控除限度超過額を合併法人等に引き継ぐことは認められません（措通42の５～48（共）－４）。

［法人税法の規定との関係（税額控除の順序）］

法人税法には、分配時調整外国税相当額の控除（法法69の２）や仮装経理に基づく過大申告の場合の更正に伴う法人税額の控除（法法70）、所得税額の控除（法法68）及び外国税額の控除（法法69）がありますが、本制度における税額控除は、これらの法人税法の規定による税額控除より先に控除をするものとされています（法法70の２、措法42の12の４⑩）。

すなわち、適用年度においては、まずこの中小企業経営強化税制による税額控除をし、次に分配時調整外国税相当額の控除をし、次いで仮装経理に基づく過大申告の場合の更正に伴う法人税額の控除をした後において所得税額控除及び外国税額控除をすることになります。

9　適用手続

⑴　特別償却の適用を受ける場合

本制度の特別償却の適用を受けるためには、確定申告書等にその償却限度額の計算に関する明細書（申告書別表16⑴又は⑵）及び中小企業者等又は中小連結法人が取得した特定経営力向上設備等の特別償却の償却限度額の計算に関する付表（特別償却の付表⑻）及び中小企業等経営強化法に規定する経営力向上計画の認定申請書の写し並びにその経営力向上計画に係る認定書の写しを添付する必要があります（措法42の12の４⑦、措令27の12の４⑤、措規20の９②）。また、適用額明細書の添付が必要です。

⑵　税額控除の適用を受ける場合

本制度の法人税額の特別控除の適用を受けるためには、確定申告書等（控除を受ける金額を増加させる修正申告書又は更正請求書を提出する場合には、その修正申告書又は更正請求書を含みます。）に控除の対象となる特定経営力向上設備等の取得価額、控除を受ける金額及びその金額の計算に関する明細を記載した書類（申告書別表6㉓）及び中小企業等経営強化法に規定する経営力向上計画の認定申請書の写し並びにその経営力向上計画に係る認定書の写しを添付する必要があります（措法42の12の4⑧、措令27の12の4⑤、措規20の9②）。また、適用額明細書の添付が必要です。

なお、この場合において、控除される金額の計算の基礎となる特定経営力向上設備等の取得価額は、確定申告書等に添付された書類に記載された特定経営力向上設備等の取得価額を限度とすることとされています（措法42の12の4⑧）。

（注）　租税特別措置法における法人税額の特別控除制度についての当初申告要件は、確定申告書等に添付される特定の事項（対象資産の取得価額）を記載する必要があることから、法人税法における当初申告要件とは異なるため、確定申告書等において制度の適用を受けていない場合には、修正申告や更正の請求によって新たに制度の適用を受けることはできません（措法42の12の4⑧）。

(3)　繰越税額控除の適用を受ける場合

繰越税額控除を受けるためには、供用年度以後の各事業年度の確定申告書に繰越税額控除限度超過額の明細書を添付し、かつ、その繰越税額控除限度超過額に係る税額控除の適用を受けようとする事業年度の確定申告書等（控除を受ける金額を増加させる修正申告書又は更正請求書を提出する場合には，その修正申告書又は更正請求書を含みます。）に控除の対象となる繰越税額控除限度超過額、控除を受ける金額及びその金額の計算に関する明細を記載した書類を添付する必要があります（措法42の12の4⑨）。また、適用額明細書の添付が必要です。

10 留意事項

(1) 特別償却等に関する複数の規定の不適用

本制度による特別償却又は税額控除の規定の適用を受けた場合は、研究開発税制[(注)]を除き、租税特別措置法上の圧縮記帳、他の制度による特別償却又は他の税額控除の規定との重複適用は認められません（措法53）。ただし、法人税法上の圧縮記帳との重複適用は認めらます。

なお、法人税法上の圧縮記帳の適用を受けた資産については、圧縮記帳後の取得価額を基にして特別償却限度額又は税額控除限度額を計算することになります（法令54③）。

（注）令和３年度改正で、法人の有する減価償却資産の取得価額又は繰延資産の額のうちに試験研究費の額が含まれる場合において、その試験研究費の額につき試験研究を行った場合の法人税額の特別控除制度の適用を受けたときは、その減価償却資産又は繰延資産については、租税特別措置法の規定による特別償却又は税額控除制度等は、適用しないこととされました（措法53②）。

これは、同改正で試験研究を行った場合の法人税額の特別控除制度の対象となる試験研究費の額に、試験研究のために要する費用の額で研究開発費として損金経理をした金額のうち、棚卸資産若しくは固定資産（事業の用に供する時において試験研究の用に供する固定資産を除きます。）の取得に要した金額とされるべき費用の額又は繰延資産（試験研究のために支出した費用に係る繰延資産を除きます。）となる費用の額が追加されたことによります。これに伴い、取得価額に対する二重のインセンティブとならないように、試験研究を行った場合の法人税額の特別控除制度と特別償却又は税額控除制度等との重複適用が排除されたものです。

なお、事業の用に供する時において試験研究の用に供する固定資産は、上記の重複適用の排除の対象外であり、従前どおり、取得価額について特別償却又は税額控除制度等の適用を受けた場合であっても、減価償却費について試験研究を行った場合の法人税額の特別控除制度の適用を受けることができます。

この改正は、法人の令和３年４月１日以後に開始する事業年度分の法人税について適用されます（改正法附則43）。

⑵　その他の留意事項

①　一の資産について本制度による特別償却と税額控除との重複適用は認められません（措法42の12の４②）。

②　対象資産が複数ある場合には、一部の対象資産については特別償却を適用し、他の対象資産については税額控除を適用することにより、制度の特典を十分に活用することができます。

③　所有権移転リース取引により取得した特定経営力向上設備等については、特別償却又は税額控除が適用できますが、所有権移転外リース取引により取得した特定経営力向上設備等については税額控除は適用できますが、特別償却は適用できません（措法42の12の４⑥）。

④　特別償却の適用を受けることに代えて、特別償却限度額以下の金額を損金経理により特別償却準備金として積み立てること又はその事業年度の決算確定日までに剰余金の処分により特別償却準備金として積み立てることにより、損金の額に算入することも認められます。

この適用を受けるには、確定申告書に特別償却準備金として積み立てた金額の損金算入に関する申告の記載をし、その積み立てた金額の計算に関する明細書を添付する必要があります（措法52の３）。

11 特別償却の計算例

特別償却限度額は、特定経営力向上設備等に該当するものの取得価額から普通償却限度額を控除した金額です。

(算式)

当期償却限度額 ＝ 普通償却限度額 ＋ 特別償却限度額

特別償却限度額 ＝ 特定経営力向上設備等の取得価額 − 普通償却限度額

次のような事例で、具体的な計算を行います。

【前提条件】

- 事業年度　令和３年４月～令和４年３月
- 課税所得額　1,000万円（下記機械の減価償却費計上前の金額）
- 機械の取得月/供用月　令和３年10月／令和３年10月
- 機械の取得価額　1,000万円
- 償却方法　定率法
- 法定耐用年数　10年（定率法償却率0.200）

○　特別償却適用比較表　（単位：万円）

項目	普通償却の場合	特別償却をした場合	効果
①　償却前課税所得	1,000	1,000	—
②　普通償却額	100	100	—
③　特別償却額	−	900	900
④　課税所得（①−②−③）	900	0	△900
⑤　法人税額（④×15%）	135	0	△135

（注）計算例は、万円未満四捨五入しています。

〈計算過程〉

②　普通償却額 ＝ 1,000万円 × 0.200 × 6／12(10月〜３月) ＝ 100万円

③　特別償却額 ＝ 1,000万円 − 100万円 ＝ 900万円

（注）　普通償却額の計算では月数按分を行いますが、特別償却額の計算では月数按分は行いません。

【効果】

初年度に法人税額135万円が軽減されます。

（注）　特別償却制度は、初年度に普通償却額とは別枠で減価償却できますので、初年度の税負担は軽減されます。しかし、その後の減価償却額は、特別償却として先取りした分だけ減少しますから、資産の全体を通算すれば特別償却しなかった場合とその償却できる合計額は同じとなります。

12 税額控除の計算例

税額控除は、法人税額から税額を控除することができる制度で、その分だけ納付する法人税額が少なくなります。

税額控除限度額は、

イ　中小企業者等のうち資本金の額又は出資金の額がが3,000万円超以外の法人

（算式）

税額控除限度額 ＝ 特定経営力向上設備等の取得価額 × 10/100

ロ　イ以外の中小企業者等

（算式）

税額控除限度額 ＝ 特定経営力向上設備等の取得価額 × ７/100

で、控除の適用を受けようとする事業年度の調整前法人税額の20％相当額（その事業年度において中小企業投資促進税制での当期控除額がある場合にはその金額を控除した残額）を超える場合には、その20％相当額が限度になります。なお、この限度額を超過した分は翌事業年度に繰り越して適用することができます。

次のような事例で、具体的な計算を行います（資本金の額を1,000万円とします。）。

【前提条件】

・事業年度　　　　令和３年４月～令和４年３月
・課税所得額　　　1,000万円（下記機械の減価償却費計上前の金額）
・機械の取得月/供用月　令和３年10月 / 令和３年10月
・機械の取得価額　1,000万円
・償却方法　　　　定率法
・法定耐用年数　　10年（定率法償却率0.200）

○　税額控除適用比較表　（単位：万円）

項目	通常の場合	税額控除をした場合	効果
①　償却前課税所得	1,000	1,000	—
②　普通償却額	100	100	—
③　課税所得（①－②）	900	900	－
④　法人税（③×15%）	135	135	－
⑤　税額控除額	—	27	27
⑥　納付法人税額（④－⑤）	135	108	△27

（注）計算例は、万円未満四捨五入しています。

(計算過程)

②　普通償却額 ＝ 1,000万円 × 0.200 × 6／12(10月～３月) ＝ 100万円

③　税額控除額

(イ)　税額控除限度額（取得価額の10%）＝ 1,000万円 × 10% ＝ 100万円

(ロ)　法人税額の上限額（調整前法人税額の20%）

＝ 135万円 × 20% ＝ 27万円

(ハ)　(イ)と(ロ)の少ないほう　27万円

【効果】

法人税額27万円が軽減されます。

控除しきれなかった73万円（100万円－27万円）は、翌事業年度に繰り越して税額控除の対象となります。

Ⅱ 申告書別表記載の手引き

1 中小企業者等又は中小連結法人が取得した特定経営力向上設備等の特別償却の付表のチェックポイント（特別償却の付表(8)）

○指定事業に該当するか
指定事業は「中小企業者等が機械等を取得した場合の特別償却又は法人税額の特別控除」制度の指定事業（措法42の６①）に該当する事業である。

○次の対象設備に該当しているか。
①機械及び装置　②工具　③器具及び備品
④建物附属設備　⑤ソフトウエア

○機械装置の取得価額は160万円以上か
○工具器具備品の取得価額は30万円以上か
○建物附属設備の取得価額は60万円以上か
○ソフトウエアの取得価額は70万円以上か
○法人税法上の圧縮記帳の適用を受けた場合には、その圧縮記帳後の金額によっているか。

○経営力向上計画について認定を受けた年月日を記載するとともに、経営力向上計画の認定申請書の写し及びその経営力向上計画に係る認定書の写しを添付しているか。

○生産性向上設備に該当することについて、工業会等が発行する証明書を受けた旨を記載するとともに、その写しを添付しているか。

○収益力強化設備、デジタル化設備又は経営資源集約化設備に該当することについて、その投資計画につき、経済産業大臣（経済産業局）の確認を受けた年月日を記載する。確認を受けた投資計画に記載されていない設備は対象資産に該当しません。
○確認書の写しを添付しているか。

○平成31年４月１日以後に受ける認定又は認定の変更のうち、同日以後に申請がされる経営力向上計画に記載された発電設備等で、その発電設備等により発電される量のうち売電される量の割合が50％を超える場合には「該当」を、50％以下の場合には「非該当」を囲む。「該当」の場合はこの制度の適用はない。

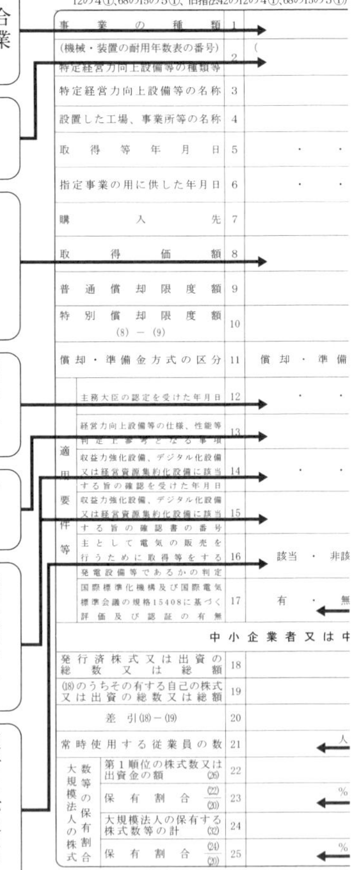

中小企業者等又は中小連結法人が取得した特定経営力向上設備等の特別償却の償却限度額の計算に関する付表（措法42の12の４①、68の15の５①、旧措法42の12の４①、68の15の５①）

事業の種類		1	
（機械・装置の耐用年数表の番号） 特定経営力向上設備等の種類等		2	（
特定経営力向上設備等の名称		3	
設置した工場、事業所等の名称		4	
取得等年月日		5	・　・
指定事業の用に供した年月日		6	・　・
購入先		7	
取得価額		8	
普通償却限度額		9	
特別償却限度額 (8) － (9)		10	
償却・準備金方式の区分		11	償却・準備
適用要件等	主務大臣の認定を受けた年月日	12	・　・
	経営力向上設備等の仕様、性能等判定上参考となる事項	13	
	収益力強化設備、デジタル化設備又は経営資源集約化設備に該当する旨の確認を受けた年月日	14	・　・
	収益力強化設備、デジタル化設備又は経営資源集約化設備に該当する旨の確認書の番号	15	
	主として電気の販売を行うために取得等をする発電設備等であるかの判定	16	該当・非該
	国際標準化機構及び国際電気標準会議の規格15408に基づく評価及び認証の有無	17	有・無
中小企業者又は中			
発行済株式又は出資の総数又は総額		18	
(18)のうちその有する自己の株式又は出資の総数又は総額		19	
差引(18)－(19)		20	
常時使用する従業員の数		21	人
大規模法人の株式数等の保有割合	第１順位の株式数又は出資金の額 (26)	22	
	保有割合 (22)/(20)	23	％
	大規模法人の保有する株式数等の計 (32)	24	
	保有割合 (24)/(20)	25	％

この付表(8)は、租税特別措置法第42条の12の4第1項の適用を受ける場合に、特定経営力向上設備等の特別償却限度額の計算に関し参考となるべき事項を記載し、該当の別表16に添付して提出する。

適用法人は、中小企業者（適用除外事業者に該当する者を除く。）、農業協同組合等又は商店街振興組合で青色申告書を提出するもののうち、中小企業等経営強化法に規定する経営力向上計画の認定を受けた同法に規定する特定事業者等に該当する法人である。適用除外事業者とは、前３事業年度の平均所得金額が15億円超の法人をいう。

なお、所有権移転外リース取引により取得した特定経営力向上設備等については適用がない。

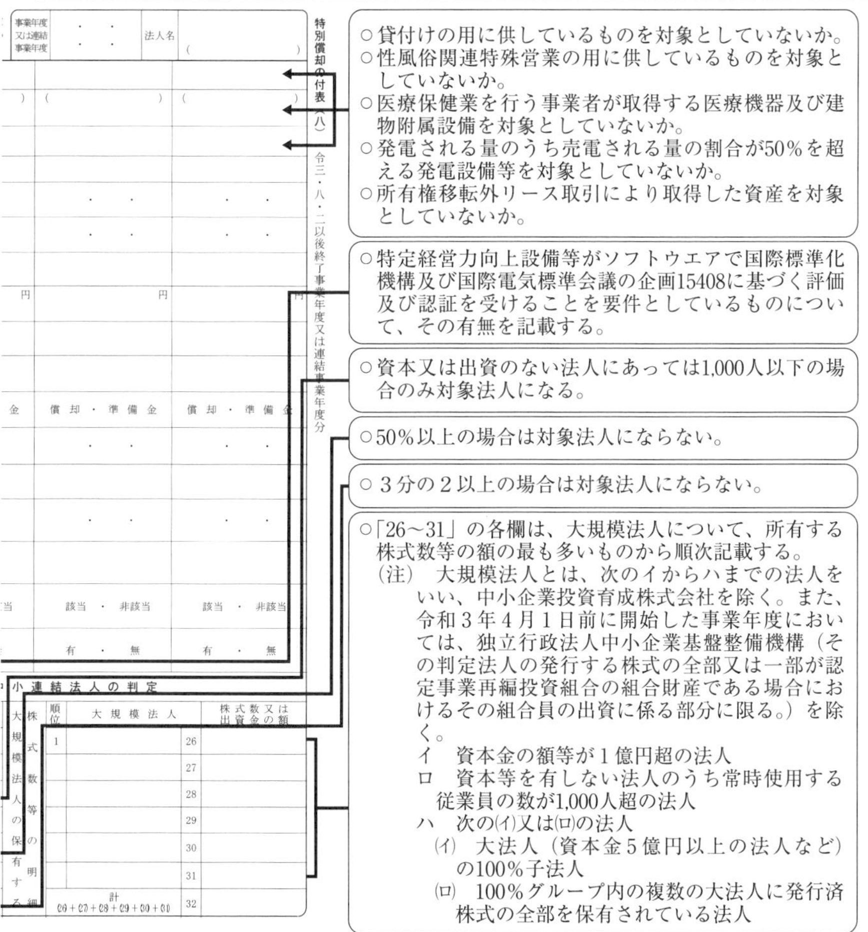

○貸付けの用に供しているものを対象としていないか。
○性風俗関連特殊営業の用に供しているものを対象としていないか。
○医療保健業を行う事業者が取得する医療機器及び建物附属設備を対象としていないか。
○発電される量のうち売電される量の割合が50％を超える発電設備等を対象としていないか。
○所有権移転外リース取引により取得した資産を対象としていないか。

○特定経営力向上設備等がソフトウエアで国際標準化機構及び国際電気標準会議の企画15408に基づく評価及び認証を受けることを要件としているものについて、その有無を記載する。

○資本又は出資のない法人にあっては1,000人以下の場合のみ対象法人になる。

○50％以上の場合は対象法人にならない。

○３分の２以上の場合は対象法人にならない。

○「26～31」の各欄は、大規模法人について、所有する株式数等の額の最も多いものから順次記載する。

（注）　大規模法人とは、次のイからハまでの法人をいい、中小企業投資育成株式会社を除く。また、令和３年４月１日前に開始した事業年度においては、独立行政法人中小企業基盤整備機構（その判定法人の発行する株式の全部又は一部が認定事業再編投資組合の組合財産である場合におけるその組合員の出資に係る部分に限る。）を除く。

イ　資本金の額等が１億円超の法人

ロ　資本等を有しない法人のうち常時使用する従業員の数が1,000人超の法人

ハ　次の(イ)又は(ロ)の法人

(イ)　大法人（資本金５億円以上の法人など）の100％子法人

(ロ)　100％グループ内の複数の大法人に発行済株式の全部を保有されている法人

 適用除外事業者の判定（国税庁HP）

適用除外事業者とは、中小企業向け租税特別措置の適用を受けようとする法人（以下「判定法人」といいます。）のその事業年度（以下「判定対象年度」といいます。）開始の日前3年以内に終了した各事業年度（以下「基準年度」といいます。）の所得金額の合計額を各基準年度の月数の合計数で除し、これに12を乗じて計算した金額（次の①～④に掲げる事由がある場合には、その計算した金額に一定の調整を加えた金額）が15億円を超える法人をいいます（措置法42の4⑧八、措置法令27の4㉒～㉖）。

したがって、次の①～④に掲げる事由に該当することがなければ、単純に、合計で36月以上となる各基準年度の所得金額の合計額をその合計月数で除し、12を乗じて計算した金額が15億円を超えるかどうかで判定することとなります。

① 判定法人が特定合併等に係る合併法人等に該当すること【3号】

（注） 特定合併等とは、合併等（合併、分割、現物出資、事業の譲受け又は特別の法律に基づく承継）のうち、判定対象年度開始の日から起算して3年前の日（以下「基準日」といいます。）から判定対象年度開始の日の前日までの間に行われた法人を設立する合併等で事業を移転するものなどをいいます（措置法令27の4㉔一）。

② 判定法人が基準日から判定対象年度開始の日の前日までのいずれかの時において連結法人に該当していたこと【4号】

③ 判定法人が基準日から判定対象年度開始の日の前日までのいずれかの時において公益法人等又は内国法人である人格のない社団等に該当していたこと【5号】

④ 判定法人が外国法人であること【6号】

適用除外事業者に該当するかどうかは、次表により判定することができます。

<table>
<tr><td colspan="6">適用除外事業者の判定表</td></tr>
<tr><td colspan="5">設立の日の翌日以後３年を経過していない場合</td><td>非該当</td></tr>
<tr><td colspan="2">調整計算の要否</td><td colspan="4">不要・要（措置法令第27条の４第22項第（　）号）</td></tr>
<tr><td colspan="2" rowspan="2">事業年度</td><td colspan="2">各基準年度の所得金額
（別表一「１」等）
（マイナスの場合は０）</td><td>(1)に対する法人税の額に係る欠損金の繰戻し還付の金額の計算の基礎となった欠損金相当額</td><td>各基準年度の月数</td></tr>
<tr><td colspan="2">1</td><td>2</td><td>3</td></tr>
<tr><td rowspan="6">基準年度</td><td>：　：</td><td colspan="2">円</td><td>円</td><td>月</td></tr>
<tr><td>：　：</td><td colspan="2"></td><td></td><td></td></tr>
<tr><td>：　：</td><td colspan="2"></td><td></td><td></td></tr>
<tr><td>：　：</td><td colspan="2"></td><td></td><td></td></tr>
<tr><td>：　：</td><td colspan="2"></td><td></td><td></td></tr>
<tr><td>：　：</td><td colspan="2"></td><td></td><td></td></tr>
<tr><td colspan="2">計</td><td colspan="2"></td><td></td><td></td></tr>
<tr><td colspan="3">基準年度の平均所得金額
(((１の計)－(２の計))／(３の計))×12</td><td>4</td><td colspan="2">円</td></tr>
<tr><td rowspan="5">調整計算が「要」である場合</td><td colspan="2">(１の計)－(２の計)
((３の計)＞36の場合には、
(((１の計)－(２の計))／(３の計))×36の金額)</td><td>5</td><td colspan="2"></td></tr>
<tr><td colspan="2">合併等調整額</td><td>6</td><td colspan="2"></td></tr>
<tr><td colspan="2">加算対象連結所得金額</td><td>7</td><td colspan="2"></td></tr>
<tr><td colspan="2">計
(5)＋(6)＋(7)</td><td>8</td><td colspan="2"></td></tr>
<tr><td colspan="2">平均所得金額
(8)／３</td><td>9</td><td colspan="2"></td></tr>
<tr><td colspan="3">適用除外事業者の判定
((4)又は(9)＞15億円は該当)</td><td>10</td><td colspan="2">該当・非該当</td></tr>
</table>

イ　設立の日の翌日以後３年を経過していない場合には、適用除外事業者に該当しません。ただし、上記①～④等の事由に該当する場合には設立の日に一定の調整をして判定を行うことになりますので御注意ください。

ロ　上記①～④の事由に該当する場合には、「調整計算の要否」の「要（措置法令第27条の４第22項第（　）号）」欄に該当する号（上記①～④の【　】の号）を記載します（複数の号に該当する場合は全て記載します。）。この場合、基準年度の平均所得金額に一定の調整を加えて計算した金額（「５」から「９」までの各欄）により適用除外事業者の判定を行うことになりますので御注意ください。

ハ「合併等調整額６」には、措置法令第27の４第23項第３号から第６号までに規定する合併等調整額を記載します。

ニ「加算対象連結所得金額７」には、措置法令第27の４第23項第４号ロに掲げる金額（「６」欄の金額の計算の基礎とされた金額を除きます。）を記載します。

2 中小企業者等が特定経営力向上設備等を取得した場合の法人税額の特別控除に関する明細書のチェックポイント（別表６㉓）

○指定事業に該当するか
　指定事業は「中小企業者等が機械等を取得した場合の特別償却又は法人税額の特別控除」制度の指定事業（措法42の６①）に該当する事業である。

○次の対象設備に該当しているか。
　①機械及び装置
　②工具
　③器具及び備品
　④建物附属設備
　⑤ソフトウエア

○平成29年４月１日から令和５年３月31日の期間内に取得等をし、指定事業の用に供しているか。

中小企業者等が特定経営力向上設備等を取得した場合の法人税額の特別控除に関する明細書

事業種目		1	
資産区分	種類	2	
	設備の種類又は区分	3	
	細目	4	
	取得年月日	5	・　・
	指定事業の用に供した年月日	6	・　・
取得価額	取得価額又は製作価額	7	
	法人税法上の圧縮記帳による積立金計上額	8	
	差引改定取得価額 (7) − (8)	9	
法人税額の特			
当期分	取得価額の合計額 ((9)の合計)	10	
	同上のうち特定中小企業者等に係る額	11	
	税額控除限度額 $((10)-(11))\times\frac{7}{100}+(11)\times\frac{10}{100}$	12	
	調整前法人税額 (別表一「2」又は別表一の三「2」若しくは「14」)	13	
	当期税額基準額 $(13)\times\frac{20}{100}$ −(別表六(十四)「14」)−(別表六(二十二)「14」)	14	
	当期税額控除可能額 ((12)と(14)のうち少ない金額)	15	
	調整前法人税額超過構成額 (別表六(六)「7の⑲」)	16	
	当期税額控除額 (15) − (16)	17	

翌期繰越税額控	
事業年度又は連結事業年度	前期繰越額又当期税額控除限度
	24
・　・	
・　・	
・　・	
計	
当期分	(12)
合計	
機械設備	

中小企業者（資本金又は出資金の額が１億円以下の法人）、農業協同組合等又は商店街振興組合で青色申告書を提出するもののうち、中小企業等経営強化法に規定する経営力向上計画の認定を受けた同法に規定する特定事業者等に該当する法人が対象となる。

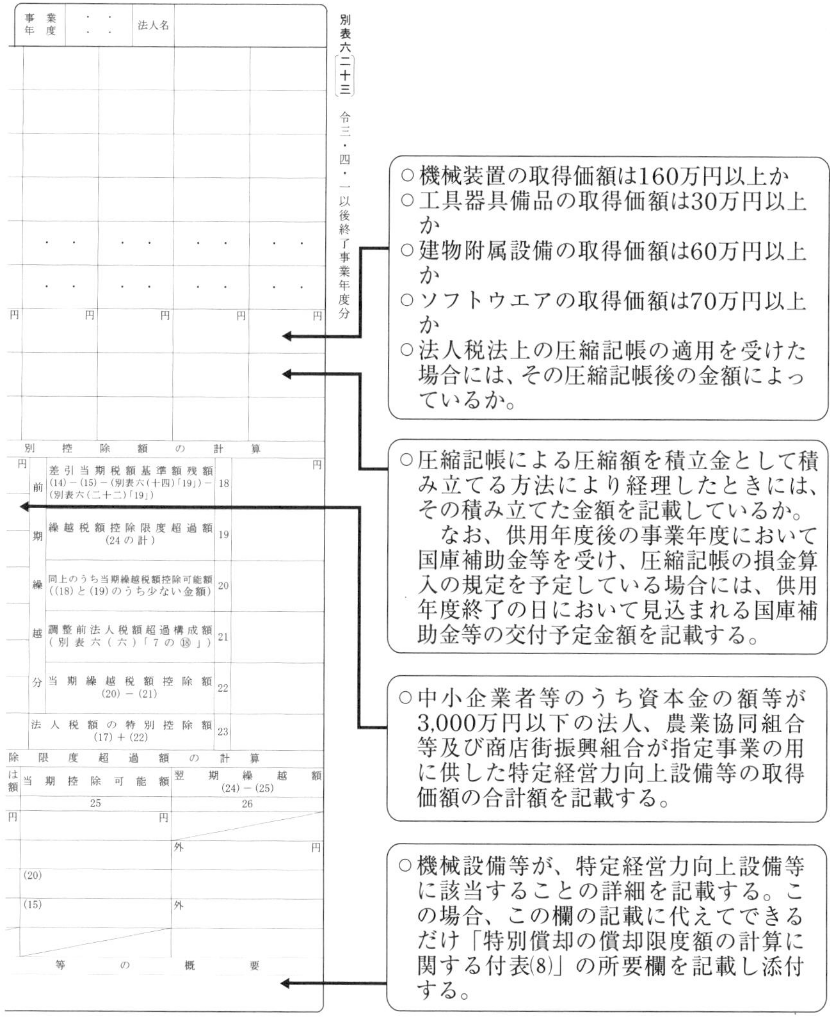

事業年度 ・・ ・・ 法人名

別表六(二十三) 令三・四・一以後終了事業年度分

円 円 円 円 円

別 控 除 額 の 計 算

円	前期繰越分	差引当期税額基準額残額 (14)－(15)－(別表六(十四)「19」)－(別表六(二十二)「19」)	18	円
		繰越税額控除限度超過額 (24の計)	19	
		同上のうち当期繰越税額控除可能額 ((18)と(19)のうち少ない金額)	20	
		調整前法人税額超過構成額 (別表六(六)「7の⑱」)	21	
		当期繰越税額控除額 (20)－(21)	22	
	法人税額の特別控除額 (17)＋(22)		23	

除 限 度 超 過 額 の 計 算

は額	当期控除可能額 25	翌期繰越額 (24)－(25) 26
円	円	
		外 円
	(20)	
	(15)	外

等 の 概 要

○機械装置の取得価額は160万円以上か
○工具器具備品の取得価額は30万円以上か
○建物附属設備の取得価額は60万円以上か
○ソフトウエアの取得価額は70万円以上か
○法人税法上の圧縮記帳の適用を受けた場合には、その圧縮記帳後の金額によっているか。

○圧縮記帳による圧縮額を積立金として積み立てる方法により経理したときには、その積み立てた金額を記載しているか。
なお、供用年度後の事業年度において国庫補助金等を受け、圧縮記帳の損金算入の規定を予定している場合には、供用年度終了の日において見込まれる国庫補助金等の交付予定金額を記載する。

○中小企業者等のうち資本金の額等が3,000万円以下の法人、農業協同組合等及び商店街振興組合が指定事業の用に供した特定経営力向上設備等の取得価額の合計額を記載する。

○機械設備等が、特定経営力向上設備等に該当することの詳細を記載する。この場合、この欄の記載に代えてできるだけ「特別償却の償却限度額の計算に関する付表⑻」の所要欄を記載し添付する。

 Q＆A

1　適用対象法人

Q1　適用対象法人である中小企業者等の範囲

当社は食料品スーパーを営む資本金１億円（社長一族が出資・従業員400人・適用除外法人に非該当）の青色申告する株式会社ですが、導入予定の機械については中小企業経営強化税制での即時償却を同業者からアドバイスされています。

ただ、本制度の適用対象法人は、租税特別措置法に定める中小企業者であることに加え、中小企業等経営強化法に定める特定事業者等にも該当する必要があるとされており、その中小企業等経営強化法における特定事業者（小売業）は常時使用する従業員の数が300人以下の会社となっています。

当社は本制度が適用できますか。

A　貴社は青色申告書を提出する資本金１億円以下の法人ですから、租税特別措置法第42条の４第８項第７号の中小企業者に当たるとともに、常時使用する従業員数が2,000人以下の会社ですから中小企業等経営強化法第２条第６項の特定事業者等にも当たりますので、同法第17条第１項に規定する経営力向上計画について認定を受けることにより本制度の適用ができる法人に該当します。

1　中小企業投資促進税制の中小企業者等に該当するとともに中小企業等経営強化法に定める特定事業者等にも該当する必要がある

中小企業経営強化税制の適用対象法人は中小企業者等とされており、それは租税特別措置法で定める中小企業者又は農業協同組合等若しくは商店街振興組合で青色申告書を提出するもののうち、中小企業等経営強化法第17条第１項の認定を受けた同法第２条第６項に規定する特定事業者等に該当するものをいうと規定しています（措法42の12の４①）。

2　租税特別措置法の中小企業投資促進税制の中小企業者等とは、中小企業者、農業協同組合等又は商店街振興組合で、青色申告書を提出するもの

中小企業投資促進税制の中小企業者等とは、中小企業者、農業協同組合等又は商店街振興組合で、青色申告書を提出するものです。その範囲は下図のとおりですが、詳細については、第２章「中小企業投資促進税制」の「②適用対象法人」の解説（14ページ）を参照してください。

○　中小企業投資促進税制に定める中小企業者等の範囲

中小企業者等の分類	具体的な対象法人
中小企業者（青色申告する適用除外法人事業者に該当しない右の法人に限る）	イ　資本金の額又は出資金の額が１億円以下の法人 ただし、次の法人を除く。 一　その発行済株式又は出資（自己の株式又は出資を除く。二において同じ。）の総数又は総額の２分の１以上が同一の大規模法人に所有されている法人 二　その発行済株式又は出資の総数又は総額の３分の２以上が複数の大規模法人に所有されている法人 ロ　資本又は出資を有しない法人のうち常時使用する従業員の数が1,000人以下の法人
農業協同組合等（青色申告する右の法人に限る）	農業協同組合、農業協同組合連合会、中小企業等協同組合、出資組合である商工組合及び商工組合連合会、内航海運組合、内航海運組合連合会、出資組合である生活衛生同業組合、漁業協同組合、漁業協同組合連合会、水産加工業協同組合、水産加工業協同組合連合会、森林組合並びに森林組合連合会
商店街振興組合（青色申告法人に限る）	商店街振興組合

３　中小企業等経営強化法は常時使用従業員300人以下の小売業を特定事業者と定めているが、常時使用従業員2,000人以下ならば特定事業者等に含まれる

中小企業等経営強化法第２条第６項は、特定事業者等について次のように規定しています。

> この法律において「特定事業者等」とは、次の各号のいずれかに該当する者をいう。

一　特定事業者 二　常時使用する従業員の数が政令で定める数以下の会社その他政令で定める法人及び個人（前号に掲げる者を除く。）

上記の規定を受けた中小企業等経営強化法施行令第５条は、中小企業等経営強化法第２条第６項第２号の政令で定める常時使用する従業員の数を2,000人と規定しています。したがって、常時使用する従業員の数が2,000人以下の会社は、業種に関係なく特定事業者等に該当することになります。

さらに、従来対象とされていた「中小企業者等」に該当し、特定事業者等には該当しない場合（資本金10億円以下かつ従業員数2,000人を超える場合）も、令和５年３月31日までは「特定事業者等」とみなして経営力向上計画の認定対象となります（措法42の12の４①、措令27の12の４①）。

したがって、特定事業者等の範囲は下図のとおりですが、その詳細については、154ページの「特定事業者等の範囲」を参照してください。

特定事業者等の範囲

○　認定を受けられる「特定事業者等」の規模（中小企業等経営強化法第２条第６項）

	・会社または個人事業主 ・医業、歯科医業を主たる事業とする法人（医療法人等） ・社会福祉法人 ・特定非営利活動法人
従業員数	2,000人以下

※　従来対象とされていた「中小企業者等」に該当し、特定事業者等には該当しない場合（資本金10億円以下かつ従業員数2,000人を超える場合）も、令和５年３月31日までは「特定事業者等」とみなして経営力向上計画の認定対象となります。
　また、企業組合や協業組合、事業協同組合等についても経営力向上計画の認定を受けることができます。

以上から、貴社は租税特別措置法第42条の４第８項第７号の中小企業者に該当し（同項８号に規定する適用除外事業者に該当しません。）、さらに中小企業等経営強化法第２条第６項の特定事業者等にも該当しますから、同法第17条第１項の認定を受けることにより、本制度の適用ができる法人に該当します。

《参考》中小企業投資促進税制（措法42の６）と中小企業経営強化税制（措法42の12の４）の適用対象法人の対照表

中小企業投資促進税制の適用対象法人		中小企業経営強化税制の適用対象法人
中小企業者等の分類	具体的な対象法人	左の法人のうち、中小企業等経営強化法第２条第６項の特定事業者等にも該当して、同法第17条第１項の認定を受けた法人
中小企業者（青色申告する適用除外事業者に該当しない右の法人に限る）	イ　資本金の額又は出資金の額が１億円以下の法人 ただし、次の法人を除く。 一　その発行済株式又は出資（自己の株式又は出資を除く。二において同じ。）の総数又は総額の２分の１以上が同一の大規模法人に所有されている法人 二　その発行済株式又は出資の総数又は総額の３分の２以上が複数の大規模法人に所有されている法人 ロ　資本又は出資を有しない法人のうち常時使用する従業員の数が1,000人以下の法人	
農業協同組合等(青色申告する右の法人に限る)	農業協同組合、農業協同組合連合会、中小企業等協同組合、出資組合である商工組合及び商工組合連合会、内航海運組合、内航海運組合連合会、出資組合である生活衛生同業組合、漁業協同組合、漁業協同組合連合会、水産加工業協同組合、水産加工業協同組合連合会、森林組合並びに森林組合連合会	(ただし、左の農業協同組合等のうち、農業協同組合、農業協同組合連合会、漁業協同組合、漁業協同組合連合会、森林組合、森林組合連合会は特定事業者等に該

商店街振興組合(青色申告法人に限る)	商店街振興組合	当しませんから、経営力向上計画の認定を受けることができません。)

資本金の額が０の場合

Ａ株式会社はこのほど、会社法の規定にのっとり減資を行って、資本金の額を０とすることを検討しております。そうした場合、中小企業経営強化税制の適用に当たっては、「資本又は出資を有しない法人」として取り扱ってよろしいでしょうか。

会社法の適用を受ける法人で資本金の額が零の場合は、資本を有しない法人に該当しません。

1　「資本又は出資を有しない法人」とは、資本制度自体が存在しない法人形態をいう

会社法では、株式会社は、その資本金の額を限度として資本金の額を減少することができるとされていますので（会社法447）、資本金の額が０となり得ることが考えられます。そうしたときにおいて、中小企業経営強化税制等の中小企業者の判定（措令27の４㉑）に当たり、「資本又は出資を有しない法人」として取り扱っていいのかどうかという疑問が考えられます。

この点については、「資本又は出資を有しない法人」というのは、資本制度自体が存在しない法人形態を指すものと解されますので、株式会社など資本制度の存在する会社で資本金の額が０のものは、「資本又は出資を有しない法人」には該当しないことに留意する必要があります（法基通１－５－８）。

したがって、株式会社が減資により資本金の額が０となった法人は、資本金額１億円以下の法人となります。

2　資本金の額とは、法人税法上の資本金等の額ではなく、登記上表示されている資本金の額をいう

なお、本制度の中小企業者である「資本金の額が１億円以下の法人～」の資本金の額とは、会社法その他の法律に基づく法定資本として登記上表示されている資本金の額をいい、法人税法にいう資本金等の額（法法２十六）ではありません。

したがって、例えば、資本金の額５億円であった法人が無償減資により１億円になった場合は、法人税法上の資本金等の額５億円に変わりはありませんが、法定資本として登記上表示される資本金の額は１億円となります。

中小企業者等の判定時期

中小企業経営強化税制の適用対象法人である中小企業者等は、資本金の額又は従業員の数といった外形的基準に基づいて行うこととされています。その判定の時期として、例えば、①期首、②特定経営力向上設備等の取得等をした時、③その設備等を事業の用に供した時あるいは④期末などが考えられますが、法人によってはこれらのうち中小企業者等に該当していた時期と該当していない時期がある場合が考えられます。中小企業者等の判定はいつの時点で行うことになりますか。

A　中小企業者等に該当するかどうか（適用除外事業者に該当する否かの判定を除く。）は、その特定経営力向上設備等の取得等をした日及び事業の用に供した日の現況により行います。

1　特定経営力向上設備等の取得等をした日及び事業の用に供した日において、中小企業者等に該当していれば適用対象法人となる

本制度は、中小企業者等の設備投資を促進するために設けられた税制上の優遇措置であるという点からも、中小企業者等であるという現況の下に特定経営力向上設備等の取得等をして事業の用に供することを予定した制度といえます。このため、仮に中小企業者等であるという現況の下に特定経営力向上設備等の取得等をして事業の用に供した法人につき、期末において中小企業者等に該当しなくなったとして本制度の適用を受けられないとした場合には、その法人に思わぬ税負担を強いることになり、ひいては設備投資計画の修正を余儀なくさせる

結果をも生じることとなり、本制度の趣旨に合致しないこととなります。

そこで、中小企業者等に該当するかどうか（適用除外事業者に該当するかどうかの判定を除きます。）は、その特定経営力向上設備等の取得等をした日及び事業の用に供した日の現況により行う旨が、租税特別措置法通達42の12の４－１（中小企業者等であるかどうかの判定）において明らかにされています。

したがって、適用法人が適用除外事業者に該当しない限り、特定経営力向上設備等の取得等をした日及び事業の用に供した日において、中小企業者等に該当していれば、期首又は期末において中小企業者等に該当していなくても本制度の適用は認められるということになりますが、一方で、その取得等をした日において中小企業者等に該当していたが事業の用に供した日においては中小企業者等に該当しなくなった場合や、その事業の用に供した日には中小企業者等に該当するものの、その取得等をした日においては中小企業者等に該当していなかった場合には、本制度の適用はないということになります。

なお、この取扱いは、本制度の税額控除において「取得価額の10%」の適用が選択できる、租税特別措置法第42条の12の４第２項に規定する「中小企業者等のうち政令で定める法人以外の法人」、すなわち、中小企業者等のうち資本金の額又は出資金の額が3,000万円以下の法人、資本を有しない法人のうち常時使用する従業員の数が1,000人以下の法人、農業協同組合等及び商店街振興組合に該当するかどうかの判定についても同様に、その特定経営力向上設備等の取得等をした日及び事業の用に供した日の現況により行います。

2　適用除外事業者であるかどうかの判定

適用対象法人が、中小企業者のうち適用除外事業者に該当する（基準年度の所得の金額の年平均額が15億円を超える法人）かどうかは、基本的には、各基準年度の確定申告書に記載された所得の金額により計算することとなります。

ただ、確定申告により一旦確定した所得の金額が修正申告や更正により変更された場合には、その変更後の所得の金額をもってその年平均額を再計算することとなるのか、当初の確定申告書に記載された所得の金額から計算した年平均額でよいのか疑問が生じます。この点、所得の金額に変更があった場合に当初の確定申告書に記載された所得の金額により計算した年平均額とする特段の規定はないことから、各基準年度の所得の金額が修正申告や更正により変更された場合には、この年平均額はその変更後の正当額により計算することとなります。このことが、租税特別措置法通達42の４(3)－１の２で明らかにされています。

その結果として、それ以前の判定で適用除外事業者に該当しなかった法人が改めて適用除外事業者に該当することとなれば、遡って該当措置の適用は受けることができないこととなります。

2 適用対象資産

Q4 冷房機器・昇降設備などが「生産等設備を構成する」要件の該当性

当社の本店建物は、本店事務を行うフロアと顧客に販売する小売店舗フロアが一体となっており、その両フロアで使用する全館空調（冷暖房用）設備と昇降機設備（いずれも建物附属設備）を新規に取得等した場合、それら設備は生産等設備を構成すると考えていいですか。

減価償却資産の一部が生産等活動の用に直接供されていれば、全てが生産等設備となります。

1　生産等設備とは生産等活動の用に直接供される減価償却資産をいう

中小企業経営強化税制の適用対象資産である特定経営力向上設備等に該当するためには、対象資産が生産等設備を構成する機械及び装置、工具、器具及び備品、建物附属設備並びに一定のソフトウエアである必要があります。

ここで、生産等設備を構成するとは、例えば、製造業を営む法人の工場、小売業を営む法人の店舗又は自動車整備業を営む法人の作業場のように、その法人が行う生産活動、販売活動、役務提供活動その他収益を稼得するために行う活動（以下これらを「生産等活動」といいます。）の用に直接供される減価償却資産で構成されているものをいいます。したがって、例えば、本店、寄宿舎等の建物、事務用器具備品、乗用自動車、福利厚生施設のようなものは、これに該当しません。

2　減価償却資産の一部が法人の生産等活動の用に直接供されているものについては、その全てが生産等設備となる

例えば、小売業を営む法人が冷房用機器（器具及び備品で他の要件は全て満たします。）を取得した場合、これを店舗で使用すれば生産等活動の用に直接供されるので本制度の適用が受けられ、本店で使用すれば生産等活動の用に直接供されないので本制度の適用が受けられないということになります。

ただ、一棟の建物が本店用と店舗用に供されている場合など、減価償却資産の一部が法人の生産等活動の用に直接供されているものについては、その全てが生産等設備となります（措通42の12の４－２）。

したがって、ご質問のように、本店と店舗が一体となった建物において、その両方で使用する全館空調（冷暖房用）設備や昇降機設備（いずれも建物附属設備で他の要件は全て満たします。）を取得等した場合には、全体を生産等設備として、取得価額の按分等をすることなく本制度が適用できます。

研究開発棟に設置したエレベーター

新設した３階建ての研究開発棟（Ｂ棟）にはエレベーターが設置されています。Ｂ棟はそのほとんどが自社の研究開発に使用されますが、ただ１階のクリーンルーム内に素子の生産ラインが設けられています。Ｂ棟は製造部門が入っている８階建て建物（Ａ棟）と３階部分の連絡通路でつながっており、Ｂ棟のクリーンルームでの素子の生産に際しては、前工程を経た部品がＡ棟の３階から連絡通路でＢ棟の３階に運ばれ、エレベーターで１階に降ろされます。そして、クリーンルーム内で製造された素子は、エレベーターで３階に運ばれ、連絡通路を通ってＡ棟に運ばれ、Ａ棟で後工程の製造、検査及び出荷が行われます。

Ｂ棟に設置したエレベーターは、生産等設備を構成するといえますか。

一部が生産等活動の用に直接供されているので、Ｂ棟に設置したエレベーターは生産等設備を構成するといえます。

減価償却資産の一部が法人の生産等活動の用に直接供されているものについては、その全てが生産等設備となる

一棟の建物が本店用と店舗用に供されている場合など、減価償却資産の一部が法人の生産等活動の用に直接供されているものについては、その全てが生産等設備となります（措通42の12の４－２）。

ご質問の場合、研究開発棟であるＢ棟１階のクリーンルーム内での素子の製造に当たっては、前工程を経た部品がＡ棟から搬入されてそのク

リーンルームで素子が製造され、製造後はその後工程を経るためにA棟に搬出されます。この搬入と搬出に際しては必ずB棟に設置したエレベーターが使用されます。

そうしますと、製造ラインの一部を構成している部署との運搬に使用されるそのエレベーターは生産等活動の用に直接供されていると考えられますから、その全部（エレベーターの取得価額を按分することなく）が生産等設備を構成すると認められます。

なお、上記通達の「～、減価償却資産の一部が法人の生産等活動の用に直接供されているもの～」の「一部」についてはその大きさを問いません。

研究受託会社が導入した機械の即時償却

当社は開発研究の受託会社として他社から対価を得てエンジンの開発研究をしています。この度、その受託研究に使用する機械（１千万円）を取得しました。この機械は生産等設備を構成すると考えていいですか。

A 受託会社として、他社から対価を得て開発研究業務を行うために使用する機械及び装置は、生産等設備を構成すると考えられます。

1　生産等設備を構成するか否かの判定は、実務上、適用対象法人の事業の実態に即して行う

「生産等設備を構成する」ことについて租税特別措置法通達42の12の４－２は、「例えば、製造業を営む法人の工場、小売業を営む法人の店舗又は自動車整備業を営む法人の作業場のように、その法人が行う生産活動、販売活動、役務提供活動その他収益を稼得するために行う活動（以下これらを「生産等活動」といいます。）の用に直接供される減価償却資産で構成されているものをいう。したがって、例えば、本店、寄宿舎等の建物、事務用器具備品、乗用自動車、福利厚生施設のようなものは、これに該当しない。」と定めていることから、生産等設備を構成するか否かの判定は、実務上、適用対象法人の事業の実態に即して行うことになると考えられます。

2　自社の開発研究用設備の多くは生産等設備に該当しない

開発研究用設備の場合、それが生産等設備を構成するといえるかどうかが問題となりますが、その開発研究が自社の基礎研究や応用研究に該当する場合には生産等活動に直接供しているとは言い難いため、その多くは対象外になると考えられます。また、工業化研究に該当する場合には、生産等活動用に直接供しているものもありますが、間接的な貢献しかしていないものもありますので、該当するかどうかは個別にみていくことになると考えられます。

これに対し、開発研究を事業として受託している法人の場合には、他社から委託を受けて開発研究を行い、その対価を得て収益を計上しますから、（その研究の対象が委託者にとって基礎研究や応用研究に該当するとしても、）その開発研究用設備は生産等設備に該当すると考えられます。

ご質問の場合、貴社は開発研究の受託会社として、他社から対価を得て開発研究業務を行っており、その業務に使用する機械及び装置を新規購入しましたから、その機械及び装置は本制度で規定する「生産等設備を構成する」資産に該当します。

働き方改革に資する減価償却資産と生産等設備の関係

中小企業者等に該当する甲社は、中小企業等経営強化法上の認定を受けた経営力向上計画に基づいて働き方改革の推進に資する次のような減価償却資産（※）を取得し、自社が営む指定事業の用に供しようと考えています。

ところで、これらの減価償却資産は、租税特別措置法第42条の12の4（中小企業者等が特定経営力向上設備等を取得した場合の特別償却又は法人税額の特別控除《中小企業経営強化税制》）に規定する生産等設備を構成する減価償却資産に該当しますか。

なお、これらの減価償却資産は、中小企業経営強化税制の適用要件である一定の金額要件及び販売時期要件を満たしていることを前提とします。

※　働き方改革の推進に資する減価償却資産として、例えば、次のようなものが挙げられます。

1　建物附属設備の例

生産等活動の用に直接供される工場、店舗、作業場等の中に設置される施設（食堂、休憩室、更衣室、ロッカールーム、シャワールーム、仮眠室、トイレ等）に係る建物附属設備（電気設備、給排水設備、冷暖房設備、可動式間仕切り等）

2　器具及び備品の例

工場、店舗、作業場等で行う生産等活動のために取得されるもので、その生産等活動の用に直接供される器具備品（テレワーク用電子計算機等）、ソフトウエア（テレビ会議システム、勤怠管理システム等）

お尋ねの減価償却資産は、生産等設備を構成する減価償却資産に該当します。

1　中小企業経営強化税制の対象資産は次のとおりとされています。

①　認定を受けた経営力向上計画に記載された機械及び装置、工具、器具及び備品、建物附属設備並びに政令で定めるソフトウエアであること

②　一定の金額要件及び販売時期要件を満たしていること

③　生産等設備を構成する減価償却資産であること

2　生産等設備とは、その法人が行う生産活動、販売活動、役務提供活動その他収益を稼得するために行う活動（以下「生産等活動」といいます。）の用に直接供される減価償却資産で構成されているものをいいます（措通42の12の４－２）。

本制度の対象となる生産等設備を構成する減価償却資産の種類は、機械及び装置、工具、器具及び備品、建物附属設備並びにソフトウエアとされています（措法42の12の４①）。

3　照会要旨の例にある建物附属設備については、生産等活動の用に直接供される建物内に設置される施設に係るものとのことですので、建物と一体のものとして機能していると考えられます。したがって、当該建物附属設備は、生産等設備を構成する減価償却資産に該当するものと考えられます。

4　また、照会要旨の例にある器具及び備品やソフトウエアについては、

生産等設備である建物で行う生産等活動のために取得されるものであり、その生産等活動の用に直接供するとのことですので、それぞれが生産等設備を構成する減価償却資産に該当すると考えられます。

5　なお、例えば、同一敷地内にある食堂棟、検診施設など工場、店舗、作業場等の建物とは独立した福利厚生施設（建物）の中に設置される建物附属設備や器具及び備品等については、その福利厚生施設（建物）は一般に生産等設備には該当しませんので、その中に設置される器具及び備品等自体が生産等設備に該当する場合を除き、生産等設備を構成する減価償却資産には該当しないと考えられます。

（出所：国税庁　質疑応答事例「中小企業者等が取得をした働き方改革に資する減価償却資産の中小企業経営強化税制（租税特別措置法第42条の12の４）の適用について」）

テレワーク導入とデジタル化設備（C類型）

VPN方式でのテレワークの導入に当たり、本制度のデジタル化設備（C類型）の適用を検討しています。適用上の留意点や参考になる情報をご教示ください。

A　テレワークを導入するため社内システムを社外でも利用できるようにするなどのために取得する機器には、デジタル化設備（C類型）の「遠隔操作」要件を満たすことにより、適用可能な場合が多いと思われます。

1　適用対象となるデジタル化設備（C類型）の内容

本制度の適用を受けることができる「特定経営力向上設備等―デジタル化設備（C類型）」とは、生産等設備を構成する一定の規模（最低取得価額）を有する資産で、下記の要件を満たすことにつき経済産業大臣の確認を受け、その法人の主務大臣による認定を受けた経営力向上計画に記載された投資の目的を達成するために必要不可欠な次の減価償却資産をいいます（措法42の12の４①、措令27の12の４②③、措規20の９①）。

【要件】

事業プロセスの①遠隔操作、②可視化、③自動制御化のいずれかを可能にする設備であること

なお、この設備に該当することにつき経済産業局による経済産業大臣の確認を受けた場合には、その確認に係る確認書が発行されることとされています。

○　デジタル化設備（C類型）の適用対象資産

設備種類	用途又は細目	最低取得価額
機械装置	次のものを除いた機械装置 ※　除かれる機械装置 ・発電用設備であって、主として電気の販売を行うために取得又は製作をするものとして経済産業大臣が定めるもの	一台または一基当たり取得価額160万円以上
工具	全て	一台または一基当たり取得価額30万円以上
器具備品	次のものを除いた器具備品 ※　除かれる器具備品 ・医療保健業を行う事業者が取得又は製作をする医療機器	一台または一基当たり取得価額30万円以上
建物附属設備	次のものを除いた建物附属設備 ※　除かれる建物附属設備 ・医療保健業を行う事業者が取得又は建設をする建物附属設備 ・発電用設備であって、主として電気の販売を行うために取得又は製作をするものとして経済産業大臣が定めるもの	一の取得価額60万円以上
ソフトウエア	次のものを除いたソフトウエア ※　除かれるソフトウエア ・複写して販売するための原本、開発研究用のもの、サーバー用OSのうち一定のソフトウエア（中小企業投資促進税制に同じ）。	一の取得価額70万円以上

［①遠隔操作、②可視化、③自動制御化について］

①遠隔操作、②可視化、③自動制御化とは次のことをいいます（経営強化法規16②三）

①　遠隔操作

ⅰ　デジタル技術を用いて、遠隔操作をすること

ⅱ　以下のいずれかを目的とすること

A　事業を非対面で行うことができるようにすること

B　事業に従事する者が、通常行っている業務を、通常出勤している場所以外の場所で行うことができるようにすること

②　可視化

ⅰ　データの集約・分析を、デジタル技術を用いて行うこと

ⅱ　ⅰのデータが、現在行っている事業や事業プロセスに関係するものであること

ⅲ　ⅰにより事業プロセスに関する最新の状況を把握し経営資源等の最適化（※）を行うことができるようにすること

③　自動制御化

ⅰ　デジタル技術を用いて、状況に応じて自動的に指令を行うことができるようにすること

ⅱ　ⅰの指令が、現在行っている事業プロセスに関する経営資源等を最適化（※）するためのものであること

（※）「経営資源等の最適化」とは、「設備、技術、個人の有する知識及び技能等を含む事業活動に活用される資源等の最適な配分等」をいいます。

2　テレワークの導入に当たって取得する機器への適用

テレワークの導入に当たり、社内システムを社外でも利用できるよ

うにするためには様々な方式（VPN方式、リモートデスクトップ方式　他）があるようですが、それらの導入のために取得する機器には、パソコンをはじめ、パソコン周辺機器、通信機器、タブレットパソコン、スマートフォンなど種々のものが必要になってくると思います。

そして、それらの機器には、その導入目的からして上記１「① 遠隔操作」機能、すなわち、

ⅰ　デジタル技術を用いて、遠隔操作をすること

ⅱ　以下のいずれかを目的とすること

Ａ　事業を非対面で行うことができるようにすること

Ｂ　事業に従事する者が、通常行っている業務を、通常出勤している場所以外の場所で行うことができるようにすること

の要件を満たすものが多いと思われますから、上記１に記載した各要件を満たすことにより、本制度の適用が想定されます。

なお、本制度の適用に当たっては、「経済産業大臣の確認」及び「その法人の主務大臣による経営力向上計画の認定」という事前手続がありますから、申告期に遅れないようご留意ください（設備の取得と経営力向上計画の認定の関係については、158～161ページを参考にしてください。）。

３　少額な減価償却資産は一時の損金処理が可能

本制度（中小企業経営強化税制）の適用対象資産には最低取得価額要件があり、例えば、器具備品及び工具では、「一台または一基当たり取得価額30万円以上」とされています。

その点、テレワーク導入に当たって取得する機器については、一台または一基当たり取得価額30万円未満のものがありますが、これらについては、一時に損金処理ができる下記の諸特例がありますから、ご

検討ください。

⑴　中小企業者等の少額減価償却資産の取得価額の損金算入の特例（措法67の５）

中小企業者等は、取得価額が30万円未満の減価償却資産（少額減価償却資産）であれば、即時にその全額を損金経理することができます（この制度の対象は単に減価償却資産とされていますから、機械でもパソコンでもソフトウエアでもよく、さらに、中古品も対象となります。）。

なお、ここにいう中小企業者等は、中小企業投資促進税制の適用対象法人である青色申告書を提出する中小企業者等のうち、商店街振興組合及び常時使用する従業員が500人を超える法人は除かれること、並びにその事業年度の取得価額の合計額が300万円までが損金経理の限度とされていることに留意が必要です。

⑵　一括償却資産の３年償却（法令133の２）

取得価額が20万円未満の減価償却資産については、その資産の全部または特定の一部を一括して、その取得価額の合計額を３年間で損金経理することができます。

⑶　少額な減価償却資産の取得価額の損金算入（法令133）

取得価額が10万円未満の減価償却資産については、事業の用に供したときに損金経理できます。

○　少額減価償却資産と一括償却資産との関係

区分／要件	(1)中小企業者等の少額減価償却資産	(2)一括償却資産	(3)少額減価償却資産
対象資産	取得価額30万円未満（ただし、(2)及び(3)の適用を受けた資産を除く）	取得価額20万円未満（ただし、(3)の適用を受けた資産を除く）	取得価額10万円未満
対象法人	青色申告法人、かつ、中小企業者等該当法人	全法人	全法人
当期損金算入額	取得価額相当額	取得価額×$\frac{1}{3}$	取得価額相当額
損金経理	要	要	要
明細書の添付	要	要	不要
償却資産税の課税関係	要申告	申告不要	申告不要

医療法人が取得する医療機器への適用

中小企業経営強化税制も中小企業投資促進税制と同様に、医療機器は適用対象になりませんか。

医療法人が取得する医療機器は、本制度のA類型、B類型、C類型及びD類型とも対象になりません。

医療保健業を行う事業者が取得又は製作をする医療機器、建物附属設備は経営力向上設備等から除外されている

中小企業経営強化税制の適用対象資産は、中小企業等経営強化法施行規則第16条第2項の経営力向上設備等に該当することが必要ですが（措規20の9①）、その経営力向上設備等の「器具及び備品」と「建物附属設備」では生産性向上設備（A類型）、収益力強化設備（B類型）、デジタル化設備（C類型）及び経営資源集約化に資する設備（D類型）ともに、「医療保健業を行う事業者が取得又は製作をする器具及び備品中の医療機器と建物附属設備」は除かれています（経営強化法17③、経営強化法規16②）。

したがって、医療法人が取得する医療機器（器具備品に該当）及び建物附属設備は、本制度の適用対象となりません。

ここで、「医療保健業を行う事業者」とは、医療業及び保健衛生業を行う事業者、すなわち、医療業（日本標準産業分類の「大分類P－医療、福祉」・「中分類83－医療業」医師又は歯科医師等が患者に対して医業又は医業類似行為を行う事業所及びこれに直接関連するサービスを提供する事業所）及び保健衛生業（日本標準産業分類の「大分類P－医療、福

祉」・「中分類84－保健衛生」保健所、健康相談施設、検疫所（動物検疫所，植物防疫所を除く）など保健衛生に関するサービスを提供する事業所）を行う事業者と考えられます。

また、医療機器とは、耐用年数省令別表第一の「器具及び備品」「8　医療機器」に掲げられる消毒殺菌用機器、手術機器、血液透析又は血しょう交換用機器、ハバードタンクその他の作動部分を有する機能回復訓練機器、調剤機器、歯科診療用ユニット、光学検査機器及びレントゲンその他の電子装置を使用する機器等が該当し、病院、診療所等における診療用又は治療用の器具及び備品をいうと考えられます（耐通2－7－13）。

さらに、建物附属設備は、耐用年数省令別表第一の「建物附属設備」に掲げられているものが該当します。

なお、医療保健業を営む者が取得する医療用の機械及び装置並びに器具及び備品については、別途、医療用機器の特別償却（措法45の2）がありますから、その検討をお勧めします。

※　ご質問にある「中小企業投資促進税制」では、器具及び備品は適用対象資産（特定機械装置等）に掲げられていません。したがって、器具及び備品に該当する医療機器は同税制の適用はありません。

Q10 リース資産に対する適用

資本金1,000万円の青色申告する当社がリース取引により導入した機械（特定経営力向上設備等に該当）を国内にある指定事業の用に供した場合、即時償却又は税額控除の選択適用ができますか（本制度の認定手続は了しているものとします。）。

A 所有権移転リース取引の場合は、特別償却又は税額控除が選択適用できますが、所有権移転外リース取引の場合は、税額控除のみが適用できます。

1　税務上のリース取引はリース資産の引渡しの時に売買があったものとされる

法人が税務上のリース取引（①中途解約の禁止と②フルペイアウトの要件を満たすリース取引）を行った場合には、リース資産の賃貸人から賃借人への引渡しの時にそのリース資産の売買があったものとして、その賃貸人及び賃借人である法人の各事業年度の所得の金額の計算を行うこととされています（法法64の２）。したがって、税務上のリース取引を行った場合には、そのリース資産は売買により賃借人において取得したものと取り扱われます。

ところで、本制度における「取得等」は「取得（その製作又は建設の後事業の用に供されたことのないものの取得に限ります。）又は製作若しくは建設をいい（措法42の12の４①）、リース取引による取得を除いていません（ただし、所有権移転外リース取引による取得については特別償却の適用において除外：措法42の12の４⑥）から、リース取引により取得した特定経営力向上設備等についても、所定の要件を満たす限り本制度の適用対象資産となります。

2　所有権移転外リース取引は、通常の資産の売買と同様の取引とは認められない

リース取引には、所有権移転リース取引と所有権移転外リース取引（法令48の２の５⑤に規定するリース取引）がありますが、所有権移転リース取引（①所有権移転条項付リース取引、②割安購入選択権付リース取引、③特別仕様資産対象リース取引、④リース期間短縮リース取引及び⑤これらに準ずるリース取引）は、実質的に通常の資産の売買と同様の取引と認められ、資産の所有権も賃借人に移っていると見ることができます。

これに対し、所有権移転外リース取引（所有権移転リース取引以外のリース取引）は、通常の資産の売買と同様の取引とは認められないと考えられます。

3　所有権移転外リース取引は、税額控除のみが適用できる

そこで、税務上のリース取引に該当するリース取引で特定経営力向上設備等を賃借した法人は、そのリース取引が所有権移転リース取引に該当する場合にはリース資産に対する特別償却（即時償却）又は税額控除の選択適用ができますが、所有権移転外リース取引に該当する場合には税額控除のみが適用でき、特別償却（即時償却）は適用できない取扱いとなっています（措法42の12の４⑥）。

この取扱いは、本制度のほか、例えば中小企業投資促進税制など租税特別措置法の他の規定による特別償却や圧縮記帳においても同様となっています。

断熱窓の設置（建物の資本的支出）と即時償却

当社は、工場建物の窓を断熱窓に替えることにしました。実際には、既存の窓の内側にその断熱窓を取り付けるものですが、それによって結露防止や断熱、防音の効果が増すとされています。

断熱窓の設置は建物の資本的支出になると考えられますが、中小企業経営強化税制で、特別償却としての即時償却ができますか。

中小企業経営強化税制では建物は適用対象でなく、建物に対する資本的支出も対象になりません。

1　中小企業経営強化税制では建物及び建物に対する資本的支出は適用対象外

中小企業経営強化税制は、中小企業者等が、平成29年４月１日から令和５年３月31日までの間に、特定経営力向上設備等の取得等をして、これを国内にあるその中小企業者等の営む指定事業の用に供した場合には、その指定事業の用に供した日を含む事業年度において、特別償却と税額控除の選択適用を認めるものです（措法42の12の４）。

本制度の適用対象資産は「機械及び装置」及び「工具」「器具及び備品」「建物附属設備」「一定のソフトウエア」であり、「建物」は対象となっていません。

したがって、ご質問にある断熱窓の設置は、工場建物に対する資本的支出に該当するところの建物に含まれる設備ですから、本制度の特別償却（即時償却）はできません。

2　一般に、資本的支出となる改良費は特別償却または税額控除の対象にならない

ところで、一般に、租税特別措置法に規定する特別償却または税額控除は、一定の要件を満たす資産を新たに取得等した場合に適用となり、資本的支出となる改良費については適用となりません。

法人が行った資本的支出については、取得価額を区分する特例である法人税法施行令第55条１項の規定により、減価償却の計算に当たっては、原則、その資本的支出の金額を取得価額とし、その有する減価償却資産と種類及び耐用年数を同じくする減価償却資産を新たに取得したものとして計算します。

しかし、法人の既に有する減価償却資産につき改良、改造等のために行った支出である資本的支出は、特別償却等を規定する取得等には原則として当たらないと解されています（措通67の５－３、国税庁質疑応答「所有する機械装置に資本的支出を行った場合の当該資本的支出に係る中小企業投資促進税制（措法42の６）の適用について」）。ただし、その資本的支出の内容が、例えば、単独資産としての機能の付加である場合など、実質的に新たな資産を取得したと認められる場合には、その資産について新たに取得したものとして適用することができます。

参考　建物、建物附属設備、構築物の違い

●建物

建物とは相当な期間存在することを前提に土地の上に建てられた工作物で、屋根・壁・柱から構成される工作物です。

それぞれの耐用年数については、耐用年数省令別表第一の「建物」をご覧ください。

（具体例）

1.　アパートやマンション　　2.　事務所
3.　店舗　　4.　工場
5.　倉庫　など

●建物附属設備

建物附属設備とは建物に付属して機能する工作物をいいます。

耐用年数については、耐用年数省令別表第一の「建物附属設備」をご覧ください。

（具体例）

1.　照明等に係る電気設備　　2.　給排水設備
3.　ガス設備　　4.　冷暖房などの空調設備
5.　エレベーターなどの昇降機設備
6.　消火・排煙設備、火災報知器、格納式避難設備
7.　内装工事費用（居住用⇒事務所用に改装など）　など

●構築物

構築物とは土地の上に建てられた建物以外の工作物や建物に付属しないで機能する設備のことです。

耐用年数については、耐用年数省令別表第一の「構築物」をご覧ください。

（具体例）

1.　塀　　2.　防壁
3.　貯水用タンク　　4.　アンテナ
5.　青空駐車場の舗装路面
6.　アスファルト敷の舗装道路　など

Q12 発電設備の取扱い

令和元年度改正によって太陽光発電設備などの発電設備については制限が設けられたと聞いています。

改正の内容についてご説明ください。

A 機械装置と建物附属設備のうち、発電用設備であって、売電が見込まれる期間における総発電量に占める販売見込用の割合が50％超の場合の設備（平成31年４月１日以後に申請（変更の申請を含みます。）する経営力向上計画に記載する設備）は対象資産から除かれます。

1　指定事業（製造業や小売業など）と非指定事業（電気業）との併用事業における問題

令和元年度改正前における太陽光発電設備については、全量売電を目的とした設備は対象になりません（電気業）でしたが、発電した電気を「指定事業」に使用（例えば製造業の工場で使用）し、余った電気を売電する場合などについては同税制の適用が容認されていました。それは、「指定事業」とその他の事業とを営む法人が、その取得等をした特定経営力向上設備等をそれぞれの事業に共通して使用している場合には、その全部を指定事業の用に供したものとして取り扱われるためです（措通42の12の４－７）。

ただ、制度趣旨に反するようなケースが見られたといわれています。

例えば、太陽光発電設備の敷地に自動販売機を設置し、そこに僅かな電気を使うことで形式的に「指定事業」に係る要件（小売業）を満たし、全量売電（電気業：非指定事業）に近い形で同税制の適用を受けるような事例もあったということです。

2　一定期間内の総発電量に占める販売見込用の割合が50％超の場合の設備は適用対象から除外

令和元年度税制改正大綱では、本制度の対象資産である特定経営力向上設備等について範囲の明確化と適正化を行うこととされておりましたが、平成31年３月29日に公布された省令及び告示によって次のように改正されました。

⑴　中小企業等経営強化法施行規則第８条（現行第16条）第２項に規定する経営力向上に著しく資する経営力向上設備等から「発電の用に供する設備のうち主として電気の販売を行うために取得等をするものとして経済産業大臣が定めるもの」を除くと規定。

⑵　経済産業省告示第85号で、除外される設備の詳細を示すとともに、売電を予定している場合には計画の認定申請時に一定の書類添付を義務付けることを明示。

除外される設備（主として電気の販売を行うために取得等をするものとして経済産業大臣が定めるもの）	発電の用に供する設備（これに附属する設備を含みます。）であって、認定を受けようとする経営力向上計画の実施時期のうち当該設備により販売の用に供する電気を発電することが見込まれる期間において、当該設備により発電されることが見込まれる電気の量のうちに当該設備により発電される電気の量で販売の用に供することが見込まれるものの占める割合が２分の１を超えるもの

売電を予定している場合の計画認定申請書等への添付書類	発電の用に供する設備の概要や当該設備による発電量等の見込みを記載する様式を定めるとともに、認定を受けようとする経営力向上計画において、発電の用に供する設備の取得等をして電気の販売を行おうとするものは、当該様式を主務大臣に提出する経営力向上計画の認定に係る申請書等に添付しなければならない。
施行期日と経過措置	上記の省令は、平成31年４月１日から施行されます。 なお、改正された省令は平成31年４月１日以後に申請（変更の申請を含みます。）される経営力向上計画に係る認定申請書に記載された設備について適用し、平成31年４月１日前に受けた認定及び同日以後に受ける認定のうち同日前に申請がされたものに係る経営力向上計画に記載された設備については、なお従前の例によります。

3　適用制限がかかるのは平成31年４月１日以後に申請される計画に記載された設備から

発電設備等の記載がある経営力向上計画については、平成31年４月１日以後の認定（変更の認定を含みます。）申請から「発電設備等の概要等に関する報告書」の添付が必要となります。

同報告書には、①発電設備等の概要、②当該経営力向上計画に記載された実施時期のうち当該発電設備等により発電される電気の販売を行うことが見込まれる期間、③当該発電設備等により発電されることが見込まれる電気の量等の見込みを記載しますが（下記参照）、②③については、その記載内容が確認できる書類の添付も求めています。

③　当該発電設備等により発電されることが見込まれる電気の量等の見込み			
当該発電設備等により発電されることが見込まれる電気の量(A)	当該発電設備により発電されることが見込まれる電気の量のうち販売以外の用に供することが見込まれる電気の量（B)	当該発電設備等により発電されることが見込まれる電気の量のうち販売を行うことが見込まれる電気の量（C）＝（A－B）	当該発電設備等により発電されることが見込まれる電気の量のうちに販売を行うことが見込まれるものの占める割合（C／A）
kWh	kWh	kWh	%

(注)　上記の報告書及び確認書類の添付をもって本制度の適用を受けられることが保証されるものではないことに留意してください。また、その報告書及び確認書類で報告した内容と認定を受けた経営力向上に基づき行われる事業の状況に大きなかい離が生じた場合、中小企業等経営強化法第18条第2項の規定に基づき当該認定経営力向上計画に係る認定が取り消される場合があります。

Q13 特定経営力向上設備等に該当するソフトウエアの範囲

ソフトウエアであれば、特段の制限なくすべてのソフトウエアが特定経営力向上設備等に該当しますか。

３つの要件を満たすソフトウエアのみが対象となります。

ソフトウエアについては、次の３つの要件を満たすものが特定経営力向上設備等に該当します。

要件１　生産等設備を構成する一定のソフトウエアであること

生産等設備を構成する一定のソフトウエアであるとは、生産等設備を構成するところの電子計算機に対する指令であって一の結果を得ることができるように組み合わされたものとされており、これに関連するシステム仕様書その他の書類を含みますが、複写して販売するための原本、開発研究の用に供されるもの及び次のソフトウエアは除かれます（措法42の12の４①、措令27の６①、27の12の４②、措規20の３②③）。

（注）開発研究とは、新たな製品の製造若しくは新たな技術の発明又は現に企業化されている技術の著しい改善を目的として特別に行われる試験研究をいいます（措令27の６①）。

イ　サーバー用オペレーティングシステムのうち、認証サーバー用オペレーティングシステム以外のもの

ロ　サーバー用仮想化ソフトウエアのうち、認証サーバー用仮想化ソ

フトウエア以外のもの

ハ　データベース管理ソフトウエアのうち、非認証データベース管理ソフトウエア又はその非認証データベース管理ソフトウエアに係るデータベースを構成する情報を加工する機能を有するソフトウエア

ニ　連携ソフトウエアのうち、日本産業規格X0027に定めるメッセージの形式に基づき日本産業規格X4159に適合する言語を使用して記述された指令を日本産業規格X5731-8に基づき認証をする機能及びその指令を受けた旨を記録する機能を有し、かつ、国際標準化機構及び国際電気標準会議の規格15408に基づき評価及び認証をされたもの以外のもの

ホ　不正アクセス防御ソフトウエアのうち、国際標準化機構及び国際電気標準会議の規格15408に基づき評価及び認証をされたもの以外のもの

要件２　**認定に係る経営力向上計画に記載された中小企業等経営強化法施行規則16条第２項に該当するソフトウエアであること**

中小企業等経営強化法施行規則第16条第２項に該当するソフトウエアとは

⑴　生産性向上設備（Ａ類型）としては、設備の稼働状況等に係る情報収集機能及び分析・指示機能を有するソフトウエアで、５年以内に販売開始されたもの

⑵　収益力強化設備（Ｂ類型）としては、制限なく全てのソフトウエアが対象であるが、投資計画上の投資利益率が年平均５％以上となることにつき経済産業大臣の確認を受けた投資計画に記載された投資の目的を達成するために必要不可欠なものに該当することです。

⑶　デジタル化設備（Ｃ類型）としては、制限なくすべてのソフトウ

エアが対象ですが、事業プロセスの①遠隔操作、②可視化、③自動制御化のいずれかを可能にすることにつき、経済産業大臣の確認を受けた投資計画に記載された投資の目的を達成するために必要不可欠なものに該当することです。

(4) 経営資源集約化に資する設備（D類型）としては、制限なくすべてのソフトウエアが対象ですが、計画終了年次に修正ROA又は有形固定資産回転率が所定の率を満たすことが見込まれるもので、経営力向上計画に事業承継等事前調査に関する事項の記載があり、経営力向上計画に従って事業承継等を行った後に取得等をするものとして、経済産業大臣の確認を受けた投資計画に記載された投資の目的を達成するために必要不可欠なものに該当することです。

要件３　一定の規模（最低取得価額）を満たすこと

一定の規模（最低取得価額）とは、「一のソフトウエアの取得価額が70万円以上のものであること」です。

上記の各要件をまとめると、特定経営力向上設備等に該当するソフトウエアは次のようになります。

① 生産性向上設備（A類型）に該当するソフトウエア

用途又は細目	最低取得価額	販売開始時期
生産等設備を構成し、設備の稼働状況等に係る情報収集機能及び分析・指示機能を有するソフトウエア。 ただし、複写して販売するための原本、開発研究用のもの、サーバー用OSのうち一定のものなどは除く。 ※　認定に係る経営力向上計画に記載されていること	一のソフトウエアの取得価額が70万円以上	5年以内
設備の稼働状況等に係る情報収集機能及び分析・指示機能を有するか並びに販売開始時期については、設備のメーカーを通じて工業会等から証明書の発行を受けることができます。		

② 収益力強化設備（B類型）に該当するソフトウエア

用途又は細目	最低取得価額
生産等設備を構成する全てのソフトウエア ただし、複写して販売するための原本、開発研究用のもの、サーバー用OSのうち一定のものなどは除く。 ※　認定に係る経営力向上計画に記載されていること	一のソフトウエアの取得価額が70万円以上
上記のソフトウエアのうち、年平均の投資利益率が5％以上となることが見込まれることにつき、経済産業大臣（経済産業局）の確認を受けた投資計画に記載された投資の目的を達成するために必要不可欠なもの。 （投資利益率の算式は169ページを参照してください。）	

③　デジタル化設備（C類型）に該当するソフトウエア

用途又は細目	最低取得価額
生産等設備を構成する全てのソフトウエア。 ただし、複写して販売するための原本、開発研究用のもの、サーバー用OSのうち一定のものなどは除く。 ※　認定に係る経営力向上計画に記載されていること。	一のソフトウエアの取得価額が70万円以上
上記のソフトウエアのうち、事業プロセスの①遠隔操作、②可視化、③自動制御化のいずれかを可能にすることにつき、経済産業大臣（経済産業局）の確認を受けた投資計画に記載された投資の目的を達成するために必要不可欠なもの。	

④　経営資源集約化に資する設備（D類型）に該当するソフトウエア

用途又は細目	最低取得価額
生産等設備を構成する全てのソフトウエア。 ただし、複写して販売するための原本、開発研究用のもの、サーバー用OSのうち一定のものなどは除く。 ※　認定に係る経営力向上計画に記載されていること。	一のソフトウエアの取得価額が70万円以上
上記のソフトウエアのうち、計画終了年次の修正ROA又は有形固定資産回転率が下記表の率を満たすことが見込まれるもので、経営力向上計画に事業承継等事前調査に関する事項の記載があり、経営力向上計画に従って事業承継等を行った後に取得等をするものとして、経済産業大臣（経済産業局）の確認を受けた投資計画に記載された投資の目的を達成するために必要不可欠なもの。	

計画期間	修正ROA	有形固定資産回転率
3年	＋0.3％ポイント	＋2.0％
4年	＋0.4％ポイント	＋2.5％
5年	＋0.5％ポイント	＋3.0％

（修正ROA又は有形固定資産回転率の算式は、177～178ページを参照してください。）

Q14 医療法人が取得するレセコンシステムとその専用コンピュータ

中小企業経営強化税制（Ａ類型又はＢ類型）では、医療法人が取得するレセコン及びその専用コンピュータは適用対象になりますか。取得価額要件は満たすものとします。

A レセコンシステムや電子カルテシステムは、適用対象資産に該当する可能性があります。また、その専用コンピュータは適用対象資産となります。

1　適用対象資産としてのソフトウエア

レセコンとはレセプトコンピュータ、つまりレセプト（診療報酬明細書）を作成するコンピュータの専用ソフトウエアをいいます。

そこで、「ソフトウエア」（ソフトとしてのレセコンシステムや電子カルテシステムなど）について本制度の対象資産になる可能性及び指定事業について検討すると次の表のようになります。

○　中小企業経営強化税制（A又はB類型）における対象資産該当可能性及び指定事業該否

「ソフトウエア」（ソフトとしてのレセコンシステムや電子カルテシステム）	
対象資産であるか	A類型（生産性向上設備）は対象の可能性あり（設備の稼働状況等に係る情報収集機能及び分析・指示機能を有するもので、かつ５年以内販売開始のものであること、このことにつき工業会証明書が得られた、取得価額70万円以上のもの）
	B類型（収益力強化設備）は対象の可能性あり（投資利益率５％以上が見込まれることにつき経済産業局の確認が得られた、取得価額70万円以上のもの）
指定事業に該当するか	該当（医療業）

2　設備の稼働状況等に係る情報収集機能及び分析・指示機能を有するか、投資計画上の投資収益率が年平均５％以上となるかが問題

上記の表から、「ソフトとしてのレセコンシステムや電子カルテシステム」をA類型（生産性向上設備）として捉える場合には、「①一定期間内に販売されたモデルであること、②設備の稼働状況等に係る情報収集機能及び分析・指示機能を有すること」について工業会の証明書を得る必要があります。ただ、「②設備の稼働状況等に係る情報収集機能及び分析・指示機能を有すること」については、医療関係のソフトウエアも対象であるものの、例えば医療における診療報酬の計算のように、法令等により定められた項目の金額を算出し、文書として出力する機能しかないものはこれに該当しないと思われ（電子カルテシステムも同様）、情報収集機能及び分析・指示機能の有無が分岐点と考えられます。

次に「ソフトとしての電子カルテシステムやレセコンシステム」を

Ｂ類型（収益力強化設備）として捉える場合には、投資計画上の投資収益率が年平均５％以上となることにつき経済産業大臣の確認を受ける必要があります。

3　システムと同時に取得するコンピュータへの適用

なお、医療法人が保有するレセコンシステムや電子カルテシステムは、基本的に医療行為自体に用いる用具等ではなく、医療の記録管理のためのツールと考えられますから、それらを作動させるコンピュータは医療機器に該当しません（それらは、「器具・備品」、「２事務機器及び通信機器」、「電子計算機」、「パーソナルコンピュータ」に該当）。したがって、これらシステムと同時に取得するコンピュータについて検討すれば、一台又は一基の取得価額が30万円以上のもの（器具及び備品）であることなど、本制度に係る各要件を満たすことにより、本制度の適用対象にすることができます。

Q15 ソフトウエアの改良費用

ソフトウエアについては機能を付加するバージョンアップにより、新規にその機能を持つ新たなソフトウエアを購入したと同様と認められるものがあります。このような場合でもバージョンアップは従前のソフトウエアに対する資本的支出に該当するとして、本制度の適用はできませんか。

A　プログラムの修正、改良等で既存ソフトウエアの仕様を大幅に変更して、新たなソフトウエアを製作したと認められる場合（既存ソフトウエアとの同一性はなくなっている）は、新たなソフトウエアの取得として本制度の適用があります。

1　プログラムの修正、改良等の内容からみて、既存ソフトウエアの仕様を大幅に変更した、新たなソフトウエアを製作したと認められるか

本制度は、その製作の後事業の用に供されたことのない、いわゆる新品の特定経営力向上設備等を取得等して指定事業の用に供することが要件となっています。

その点、ソフトウエアについては既存のプログラムに改良等を加えるバージョンアップという手段により同種の上位製品に切り換えることが多いところ、このように行われるバージョンアップの中には、例えば、セキュリティパッチを適用するものなどのように既存の機能を強化・拡充する程度のバージョンアップもあれば、既存の機能の強化・拡充にとどまらず、それ自体機能的独立性が高い新機能を既存のものに追加するなどして、実質的に既存ソフトウエアの仕様を大幅に

変更した、新たなソフトウエアを製作したと同視し得るバージョンアップもあります。

ところで、法人が、その有するソフトウエアにつきプログラムの修正等を行った場合において、その修正等が、新たな機能の追加、機能の向上等に該当するときはその修正等に要した費用は資本的支出に該当することとされています（法基通７－８－６の２）から、このようなソフトウエアのバージョンアップ費用については、そのバージョンアップ等により実質的に新製品を取得したことと同様の状況にあるときであっても、法人税法上、資本的支出に該当するものであることから、新たなソフトウエアの取得等には該当せず、本制度の適用対象にはならないのではないかとの疑義が生じます。

しかしながら、ソフトウエアについては、新規製品に切り換えるのに既存の製品のバージョンアップという手段をとることが一般的であるという状況を踏まえると、新たな機能の追加、機能の拡充・置換等を行い、その結果、既存ソフトウエアの仕様を大幅に変更した、新たなソフトウエアの製作など実質的に新たなソフトウエアを取得したと同様の状況にあると認められる場合には、その修正等に要した費用は、新たなソフトウエアの取得等として取り扱うのが相当であると考えられます。

したがって、貴社の今般のソフトウエアのバージョンアップが、そのプログラムの修正、改良等の内容からみて、既存ソフトウエアの仕様を大幅に変更した、新たなソフトウエアを製作したと同様と認められる場合（既存ソフトウエアとの同一性はなくなっている）には、新規に取得したソフトウエアに該当すると思います。

2　令和３年度通達改正で取得価額と資本的支出を明確化

令和３年度の通達改正で、次のように既存ソフトウエアに対するバージョンアップ等による仕様の変化に対する取扱いが整理されました。

すなわち、法人税基本通達７－３－15の２《自己の製作に係るソフトウエアの取得価額等》の（注）２において、「既存ソフトウエア等の仕様を大幅に変更して、新たなソフトウエアを製作するための費用の額は、当該新たなソフトウエアの取得価額になる」旨が明らかにされました。

また、ソフトウエアの資本的支出に関しては、既存ソフトウエア等の仕様を大幅に変更しても、既存ソフトウエア等としての同一性は保たれ、新たなソフトウエアを製作するとまではいえない場合には、固定資産の取得としてではなく、資本的支出として取り扱ったほうが適切であると考えられため、法人税基本通達７－８－６の２《ソフトウエアに係る資本的支出と修繕費》の（注）１において、「既存ソフトウエア等の仕様を大幅に変更するための費用のうち、法人税基本通達７－３－15の２（注）２により固定資産の取得価額になったもの以外のものは、資本的支出に該当する」ことを明らかにしています。

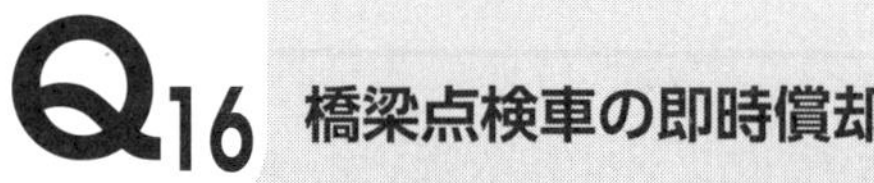

Q16 橋梁点検車の即時償却

Ａ社は、建設業を営む３月決算の青色申告している中小企業者です。Ａ社は、令和４年３月までに橋梁点検車を新品１台３千万円で購入し、事業の用に供する予定です。

工業会から「生産性向上設備（Ａ類型)」の要件を満たす証明書が受けられると見込まれるので、所定の手続を行った場合、中小企業経営強化税制で即時償却できるでしょうか。

なお、この橋梁点検車は、車両の車台に特殊な構造物を乗せ、この構造物を現場でアーム状に伸ばすことにより作業員がその構造物を伝わって橋梁下部に達し、橋梁等の点検作業を行うことができる構造となっています。

特殊自動車ではなく機械及び装置に該当するので、適用対象になります。

1　「車両及び運搬具」は適用対象資産に該当しない

本制度の適用対象資産は特定経営力向上設備等であり、それは生産等設備を構成する機械及び装置、工具、器具及び備品、建物附属設備及び一定のソフトウエアであり、「車両及び運搬具」が含まれていませんから、ご質問の橋梁点検車が「車両及び運搬具」に該当する場合には、本制度は適用できないことになります。

2　トラッククレーンやコンクリートポンプ車等は機械及び装置に該当

ところで、「車両及び運搬具」と「機械及び装置」の区分はどのように考えるのでしょうか。

「車両及び運搬具」の「特殊自動車」には、「別表第二に掲げる減価償却資産に含まれるブルドーザー、パワーショベルその他の自走式作業用機械並びにトラクター及び農林業用運搬機具を含まない。」とした上で、消防車、救急車、レントゲン車、散水車、放送宣伝車、移動無線車及びチップ製造車、モータースイーパー及び除雪車、タンク車、じんかい車、し尿車、寝台車、霊きゅう車、トラックミキサー、レッカーその他特殊車体を架装したものが掲げられています。

また、「特殊自動車」に該当しない建設車両等として、トラッククレーン、ブルドーザー、ショベルローダー、ロードローラー、コンクリートポンプ車等がありますが、これらのように人又は物の運搬を目的とせず、作業場において作業することを目的とするものは、「特殊自動車」に該当せず、機械及び装置に該当する旨の考え方が示されています（耐通２－５－５）。

3　人又は物の運搬を目的とせず作業場において作業することを目的とするものは機械及び装置に該当

そこで、橋梁点検車が「車両及び運搬具」又は「機械及び装置」のいずれに該当するかが問題となりますが、ご質問の橋梁点検車は、車両の車台に特殊な構造物を乗せ、この構造物を現場でアーム状に伸ばすことにより作業員がその構造物を伝わって橋梁下部に達し、橋梁等の点検作業が容易にできるものです。つまり、本来、現場では足場の設置や撤去に膨大な時間と労力を要するところ、これらの作業が省略できるという画期的な機能を有しているようです。

そうすると、この橋梁点検車は、トラッククレーン、ブルドーザー等のように、まさに「人又は物の運搬を目的とせず作業場において作業することを目的とするもの」と認められますから、耐用年数適用に関する取扱通達２－５－５の趣旨に沿って「特殊自動車」には該当せず、「機械及び装置」に該当して、Ａ社の橋梁点検車は本制度の対象資産と考えられます。

参考　フォークリフト（荷役作業用）への適用は不可

税務上の区分：耐用年数別表第一「車両及び運搬具」の「前掲のもの以外のもの」「フォークリフト」「４年」
（物を搭載して移送する運搬用の機器として「車両及び運搬具」に区分）

税務上、フォークリフトの取得は「車両及び運搬具」を取得したものと認められることから、仮に、工業会から「機械及び装置」として生産性向上要件証明書が発行されていたとしても、中小企業経営強化税制の適用はできません。

賃借している工場に設置した自動火災報知設備

当社は建物を賃借して製造工場に使用しています。今般、当社は賃貸人の許可を得て、当社の負担でこの工場に自動火災報知設備を新規に設置しました。中小企業経営強化税制上、この自動火災報知設備はその適用対象資産（A類型又はB類型）に該当しますか。

建物附属設備の新規取得となり、適用対象資産に該当します。

1　適用対象資産としての建物附属設備の要件

建物附属設備に関しては次のものが対象となります。ただし、国内において指定事業の用に供されないもの、中古資産及び貸付資産は対象になりません。

①　生産性向上設備（A類型）に該当する建物附属設備

用途又は細目	最低取得価額	販売開始時期
生産等設備を構成する建物附属設備（医療保健業を行う事業者が取得又は建設をするもの及び発電用設備であって発電量の2分の1超の売電を見込まれるものを除く。） ※　認定に係る経営力向上計画に記載されていること	一の建物附属設備の取得価額が60万円以上	14年以内
経営力向上要件（生産効率、エネルギー効率、精度等の生産性指標が旧モデル比で年平均1％以上向上しているもの）を満たすこと		

②　収益力強化設備（Ｂ類型）に該当する建物附属設備

用途又は細目	最低取得価額
生産等設備を構成する建物附属設備（医療保健業を行う事業者が取得又は建設をするもの及び発電用設備であって発電量の２分の１超の売電を見込まれるものを除く。） ※　認定に係る経営力向上計画に記載されていること	一の建物附属設備の取得価額が60万円以上
投資計画上の投資利益率が年平均５％以上となることにつき経済産業大臣の確認を受けた投資計画に記載された建物附属設備であること	

２　賃借している建物に自費で設置した自動火災報知設備は建物附属設備の取得となる

中小企業経営強化税制は、原則として適用対象資産を新規に取得した場合に適用あり、資本的支出については対象になりません。したがって、賃借した工場用建物に設置した自動火災報知設備が、建物附属設備の新規取得となるか建物に対する資本的支出に当たるかが問題となります。

ところで、「減価償却資産の耐用年数等に関する省令　別表一」では、建物と建物附属設備は違う区分の資産とされるとともに、自動火災報知設備は建物附属設備として耐用年数８年（災害報知設備に該当）とされています。

また、貴社が賃借している建物にいままで自動火災報知設備はなく、今般貴社の必要性から自費でその設備を新規に設置したものですから、その自動火災報知設備は貴社にとって建物附属設備の新規取得となります。

以上から、その自動火災報知設備が他の要件をも満たす場合には、貴社の適用対象資産になります。

Q18 医療法人が診療所に設置したエアコン

医療法人甲は診療所に設置していた旧エアコンを除去し、新しいエアコンに入れ替えます。新しいエアコン（器具備品）は室外機90万円、室内機60万円、その他工事費50万円で合計200万円であり、工業会から生産性向上設備を満たす証明書の発行が見込まれます。

中小企業経営強化税制の適用に関しては、医療法人が取得する器具及び備品に関して規制があると伺っています。甲医療法人は導入したエアコンについて本制度が適用できますか。

医療機器以外の器具及び備品は対象となるので、エアコンには適用できます。

1　適用対象資産としての器具及び備品

本制度（A類型）では器具及び備品に関して次のものが対象となります。ただし、国内において指定事業の用に供されないもの、中古資産及び貸付資産は対象になりません。

○　生産性向上設備（A類型）に該当する器具及び備品

用途又は細目	最低取得価額	販売開始時期
生産等設備を構成する器具及び備品のうち、次のものを除いたもの ・　医療保健業を行う事業者が取得又は製作をする医療機器 ※　認定に係る経営力向上計画に記載されていること	１台又は１基の取得価額が30万円以上	６年以内
経営力向上要件（生産効率、エネルギー効率、精度等の生産性指標が旧モデル比で年平均１％以上向上しているもの）を満たすこと		

2　医療法人にあっては医療機器のみが除外される

上記表のとおり、対象資産である器具及び備品にあっては、医療法人が取得する医療機器は除かれますが、医療法人が取得する医療機器以外の器具及び備品は対象となります。

ところで、器具及び備品としての医療機器は、「減価償却資産の耐用年数等に関する省令　別表第一　器具及び備品　８医療機器」に「消毒殺菌用機器、手術機器、血液透析又は血しょう交換用機器、ハバードタンクその他の作動部分を有する機能回復訓練機器、調剤機器、歯科診療用ユニット、光学検査機器及びレントゲンその他の電子装置を使用する機器等～」が掲げられており、それは病院、診療所等における診療用又は治療用の器具及び備品をいいます（耐通２－７－13）ので、「医薬品、医療機器等の品質、有効性及び安全性の確保等に関する法律」第２条第４項に定める「疾病の診断、治療、予防に使用されること」又は「身体の構造、機能に影響を及ぼすこと」のどちらかの目的に該当する機器と考えられます。

その点ご質問のエアコンは、「上記省令別表第一　器具及び備品１家具、電気機器、ガス機器及び家庭用品（他の項に掲げるものを除きます。）」に該当し、医療機器に該当しませんから、医療法人甲が本制度に定める経営力向上計画の認定を受けることなどの各適用要件を満たす場合には、そのエアコンについて特別償却又は税額控除の選択適用ができます。

単品の単位の判定

適用対象資産である機械及び装置、器具及び備品などの単品ごとの取得価額は、具体的にはどの単位ごとに判定するのですか。

単品ごとの取得価額は、通常１単位として取引されるその単位ごとに判定します。

単品とは、通常１単位として取引されるその単位ごとをいう

機械及び装置又は器具及び備品などの一台又は一基の取得価額が160万円以上又は30万円以上であるかどうかについては、通常一単位として取引されるその単位ごとに判定します（法基通７－１－11）。

なお、個々の機械及び装置の本体と同時に設置する自動調整装置又は原動機のような附属機器でその本体と一体になって使用するものがある場合には、これらの附属機器を含めたところによりその判定を行うことができます（措通42の12の４－４）。

Q20 取得価額の範囲、リース資産の取得価額の求め方

適用対象資産である機械及び装置など取得価額には、どのような費用が含まれますか。

また、リース資産の取得価額はどのように算出しますか。

A 資産の取得価額は、購入の代価に付随費用を加えた額。

リース資産の取得価額は、リース期間に支払うべきリース料の合計額に付随費用を加えた額。

1　資産の取得価額は取得の態様に応じて算出

中小企業経営強化税制の適用対象資産（機械及び装置、工具、器具及び備品、建物附属設備並びに一定のソフトウエア）の取得価額は、法人税法施行令第54条《減価償却資産の取得価額》に規定する取得価額となります。したがって、取得の態様（購入した場合、自己が建設、製作又は製造した場合など）に応じて、取得価額を算出することになります。

ちなみに、他から機械装置等を購入した場合の取得価額は、①その機械装置の購入代価、②外部付随費用（引取運賃、荷役費、運送保険料、購入手数料、関税、その他購入のために要した費用）、③当該資産を事業の用に供するために直接要した費用の金額（即ち、内部付随費用、例えば据付費、試運転費等）の合計額になります。

また、自己が建設、製作又は製造した場合の取得価額は、①その資産の建設等のために要した原材料費、労務費及び経費の額、②その資産を事業の用に供するために直接要した費用の額の合計額となります。

2　リースにより取得した資産の取得価額は、リース料の合計額に事業の用に供するために支出する付随費用の額を加算した額となる

リース取引により取得したリース資産の取得価額は、①原則としてそのリース期間に支払うべきリース料の合計額に、②そのリース資産を事業の用に供するために賃借人が支出する付随費用の額を加算した額となります。ただし、①については、リース料の合計額のうち利息相当額から成る部分の金額を合理的に区分することができる場合には、そのリース料の合計額から利息相当額を控除した金額とすることができます（法基通７－６の２－９）。また、②の付随費用には、リース資産の設置等に当たり支出する据付費や運送費等の額が含まれます。

基礎工事と取得価額

A社は12月決算で、製造業を営む法人です。今年の10月に経営力向上設備等の生産性向上設備（A類型）に該当する機械装置を導入する予定ですが、これを設置するための基礎工事（機械の購入先とは異なる者が施行）は8月中に完了しています。

中小企業経営強化税制により即時償却をしたいと考えていますが、機械の取得価額にこの基礎工事費を含めていいものでしょうか。

基礎工事費を含めた機械及び装置の取得価額に対して適用できます。

機械及び装置の設置に必要な専用の基礎工事費の額はその機械及び装置の取得価額に算入する

減価償却資産を購入によって取得した場合の取得価額は、その資産の購入の代価にその資産を事業の用に供するために直接要した費用の額を加算した価額（法令54①）とされ、「中小企業経営強化税制Q＆A集（中小企業庁）」の「取得価額の範囲には、どのような費用が含まれるのか。」の質問に対し、「対象となる減価償却資産の取得価額は、①当該固定資産の購入対価、②外部付随費用（引取運賃、荷役費、運送保険料、購入手数料、関税、その他購入のために要した費用）、③当該資産を事業の用に供するために直接要した費用の金額（即ち、内部取付費用、例えば据付費、試運転費等）のうち、減価償却資産として計上されるものの合計額になります。」と回答しています。

また、耐用年数の適用等に関する取扱通達1－4－7（プレス及びクレーンの基礎）では、「プレス及びクレーンの基礎は、原則として機械装置に含めるのであるが、～」と定めています。

さらに、主として電気の販売を行うために取得等する設備として発した経済産業省告示第85号（平成31年３月29日）では、発電の用に供する設備について「その設備と併せて設置される架台、蓄電装置、制御装置その他のその発電の用に供する設備に附属する設備を含みます。以下「発電設備等」といいます。」と規定しています。

以上のことから検討すると、導入する機械及び装置の設置に必要な専用の基礎工事費はその機械及び装置の取得価額に算入するのが相当です。

したがって、Ａ社が中小企業経営強化税制の適用に係る所定の手続をし、その基礎工事費を含めた機械及び装置の取得価額が各適用要件を満たす場合には、その取得価額に対して本制度を適用することができます。

経営力向上計画に記載した金額と異なる取得価額に対する適用

製造業を営む甲社は、第１工場に加えて第２工場を新設することになり、経済産業局から収益力強化設備（Ｂ類型）の確認を受けて、経営力向上計画の認定を受けました。

Ｂ類型認定の対象設備は、第２工場新設にかかる「工場用建物」「機械装置」「工具器具備品」等であり、総額約１億円です。

ところで、経営力向上計画に記載した対象設備の取得金額は見積金額であるため、機械装置については申請金額1,000万円に対して950万円になる等、実際の取得金額が申請金額を若干下回っています（ただし、投資利益率は若干上昇する程度です。）。

中小企業経営強化税制の適用に当たり、対象設備の取得金額は向上計画に記載された金額とするのか、実際の取得金額とするのか、どちらにすればよいかご教示ください。

特別償却等を実施する資産の取得価額は、実際の取得金額、すなわち税務上の取得価額となります。

特別償却等を実施する資産の取得価額は税務上の取得価額である

中小企業経営強化税制の適用対象資産は特定経営力向上設備等であり、それは、①生産等設備を構成する一定の資産で、②中小企業等経営強化法に規定する経営力向上設備等（経営力向上に著しく資する設備等で、認定に係る経営力向上計画に記載されたもの）に該当するもののうち、③一定の取得価額要件を満たすものです。また、適用する中小企業者等は、経営力向上計画の認定を受けるなどの事前手続が必要です。

　ところで、本制度適用の前提となる投資計画の確認の段階においては、通常、対象設備の発注や契約書の締結といった段階までは至っておらず、投資計画策定に用いる投資見込金額算定のための見積書等を入手しているにすぎないことを想定しています。したがって、ここで必要となる取得価額は、金額が確定しているものに限定されるものではありませんので、ROIの分母金額の算定根拠となった見積書等を根拠資料とすることで足りるものとしています。（中小企業庁「中小企業経営強化税制Q＆A集（B類型）」B－10）。

　ただし、実際に特別償却等を実施する資産の取得価額は、申請した経営力向上計画に基づいて取得する設備のうち、本制度の対象となる設備の税務上の取得価額です。

　つまり、その取得価額は、①当該固定資産の購入対価、②外部付随費用（引取運賃、荷役費、運送保険料、購入手数料、関税、その他購入のために要した費用）、③当該資産を事業の用に供するために直接要した費用の金額（即ち、内部取付費用、例えば据付費、試運転費等）のうち、減価償却資産として計上されるものの合計額になります（中小企業庁「中小企業経営強化税制Q＆A集（B類型）」B－９）。

　したがって、ご質問の機械装置にあっては、実際の取得金額である950万円が即時償却等する機械の取得価額となります。

　なお、投資利益率の低下が見込まれる場合に該当しないため変更申請書の提出は必要ないと考えます。

Q23 中小企業経営強化税制と資本的支出に関する取扱い

今回検討している工事の項目は、中小企業経営強化税制の対象となるのでしょうか。

事実関係

・法人の業種：飲食業

・工事内容概略：２階建て建物の１階部分の用途変更工事（事務所から飲食業用へ）

・生産性向上設備（Ａ類型）を検討

・用途変更工事のうち下記の項目の工事を検討

(A)　建物内装工事（建物の資本的支出に該当）

(B)　電気設備（建物附属設備：飲食店に相応しい明るさと華やかさを備えるために既存の電気設備を拡充：資本的支出に該当）

(C)　冷暖房機器（器具及び備品：いままでの冷暖房機器を全て除却し、新規に設置

(D)　ブラインド（建物附属設備：いままでなかったものを新たに追加）

(E)　日射調整フィルム（建物附属設備：いままでなかったものを新たに追加）

・一定期間内に販売されたモデルでかつ経営力向上要件、取得価額要件は満たしているものとします。

A　建物は適用対象外なので建物内装工事は対象外。建物附属設備は新規取得に該当するブラインド、日射調整フィルムは対象、資本的支出に該当する電気設備は対象外。器具及び備品の新規取得に当たる冷暖房機器は対象となります。

1　医療保健業を行う事業者が取得等する建物附属設備及び発電量の2分の1超の売電を見込む発電用設備を除いて、建物附属設備はA類型の対象

中小企業経営強化税制の経営力向上設備等に該当する生産性向上設備（A類型）の建物附属設備は、医療保健業を行う事業者が取得又は建設をするもの及び発電用設備であって、発電量の2分の1超の売電を見込むものを除いて対象となりますが、ただ、14年内に販売されたモデルでかつ経営力向上要件（生産効率、エネルギー効率、精度等の生産性指標が旧モデル比で年平均1％以上向上しているもの）を満たす必要があります。

2　資本的支出に該当するものは対象にならない

本制度では、対象資産は新規に取得したものに限られ、資本的支出に該当するものは対象になりません。ただし、資本的支出といっても、「規模の拡張である場合や単独資産としての機能の付加である場合」のように、資本的支出自体が一個の資産として機能し、新たな資産として管理・償却を行うとしても問題がないものもあり、そういった場合については、資本的支出であっても設備投資減税の適用対象とすることが認められます。

3　新たな建物附属設備の取得となる(D)、(E)は対象

(A)　建物内装工事は、建物に対する資本的支出であり、建物はそもそも本制度の対象から除かれていますから適用対象になりません。

(B)　電気設備は、飲食店に相応しい明るさと華やかさを備えるために既存の電気設備を拡充するものであり資本的支出の範囲内とのことですから適用対象になりません。

(C)　冷暖房機器は、いままでの設備を全て除却して、器具及び備品に区分される冷暖房機器に取り換えるものですから、新たな器具及び備品の取得として適用対象になります。

(D)　ブラインド、(E)　日射調整フィルムについては、いままでなかったものを新たに追加する工事ですから、新たな建物附属設備の取得として適用対象になります。

収益力強化設備（Ｂ類型）について

Ａ社は経済産業局からの確認書の発行と経営力向上計画の認定を受け、中小企業経営強化税制の適用を予定していますが、下記の件についてご教示ください。

①　確認書での導入時期は令和３年９月と記入されていますが、実際の導入時期は令和３年11月の予定です。時期が相違することに問題はないでしょうか。

②　確認書の投資利益率の算定においては消費税の経理方式を税込経理によって算定が行われていますが、決算においては税抜経理を予定しています。申請での利益率の算定と実際の決算での消費税の経理方式が相違することについて問題はないでしょうか。

③　確認書の設備投資額3,000万円（税込）は見積金額であり、その後の価格交渉の結果、最終見積額は2,900万円（税込）となるようです。金額が相違することについて問題はないでしょうか。

①から③の、いずれの件も問題ありません。

中小企業等経営強化法に規定する経営力向上設備等（経営力向上に著しく資する設備等で、認定に係る経営力向上計画に記載されたもの）に該当する収益力強化設備（Ｂ類型）は、機械及び装置、工具、器具及び備品、建物附属設備並びにソフトウエアのうち、投資計画における投資利益率が年平均５％以上となることにつき経済産業局の確認を受けたものです。

ご質問の３件については、以下のように考えられます。

①　経営力向上計画の認定後の、指定期間内での取得及び事業供用であれば問題はない

確認書での導入時期は令和３年９月と記入されていますが、実際の導入時期は令和３年11月の予定とのことです。ところで、経済産業局の確認書を添付して行う主務大臣の経営力向上計画の認定は原則として設備の取得前に取る必要がありますが、中小企業経営強化税制は指定期間（平成29年４月１日から令和５年３月31日）内に取得等して事業の用に供することが適用要件となっています。したがって、経営力向上計画の認定後の、指定期間内での取得及び事業供用であれば問題はありません。

②　申請時と実際の決算で消費税の経理方式が相違しても、投資利益率の算定における分母の設備投資取得額が増える場合等（投資利益率の低下が見込まれる場合）に該当しない場合は変更申請書の提出は必要ない

確認書の投資利益率の算定においては消費税の経理方式を税込経理によってその算定が行われていますが、決算においては税抜経理を予定しているとのことです。申請でのその利益率の算定と実際の決算での消費税の経理方式が相違しますが、投資利益率の算定にあたって、分母に当たる設備投資取得額が増える場合等（投資利益率の低下が見込まれる場合）に該当しないため変更申請書の提出は必要ないと考えます。

③　投資利益率の低下が見込まれる場合に該当しない限り問題はない

確認書の設備投資額3,000万円（税込）は見積金額であり、その後の価格交渉の結果、最終見積額は2,900万円（税込）となるようですが、申請の段階では、あくまでも見込みであるため上記②の投資利益率の低下が見込まれる場合に該当しない限り問題はないと考えます。

Q25 中小企業投資促進税制と中小企業経営強化税制における“まとめ買い”の取扱い

中小企業投資促進税制の取得価額要件には、いわゆる“まとめ買い”の取扱いがありますが、中小企業経営強化税制にもありますか。両制度における取得価額要件の差異についてご教示ください。

A 中小企業経営強化税制には“事業年度単位のまとめ買い”の取扱いはなく、全て単品ごとに判定します。

1　中小企業投資促進税制には“まとめ買い”の取扱いがある

中小企業投資促進税制（措法42の６）の対象となる「製品の品質管理の向上等に資する測定工具及び検査工具（電気又は電子を利用するものを含みます。）は、一台又は一基の取得価額が120万円以上のもの並びにその事業年度の取得価額の合計額が120万円以上のもの（一台又は一基の取得価額が30万円以上のものに限ります。）となっています（措令27の６③、措規20の３①)。

また、ソフトウエアについても、一のソフトウエアの取得価額が70万円以上のもの並びにその事業年度の取得価額の合計額が70万円以上のもの（法令133又は133の２の規定の適用を受けるものを除きます。）となっています（措令27の６③)。

このように、工具（測定工具及び検査工具）とソフトウエアについては、事業年度単位での“まとめ買い”の取扱いが定められています。

ここで、適用対象資産である特定機械装置等ごとにその取得価額要件を表にすると次のようになります（措令27の６③)。

○　特定機械装置等の取得価額要件

資産の種類	最低取得価額要件（1台1基又は一の取得価額）
機械及び装置	1台又は1基の取得価額が160万円以上のもの
工具（測定工具及び検査工具）	次に掲げるいずれかのもの イ　1台又は1基の取得価額が120万円以上のもの ロ　その事業年度における複数の工具の取得価額の合計額が120万円以上（1台又は1基の取得価額が30万円未満であるものを除きます。）である場合のそれらの工具
ソフトウエア	次に掲げるいずれかのもの イ　一の取得価額が70万円以上のもの ロ　その事業年度における複数のソフトウエアの取得価額の合計額が70万円以上である場合のそれらのソフトウエア
車両及び運搬具	要件なし
船舶	要件なし

2　中小企業経営強化税制には“まとめ買い”の取扱いはない

中小企業経営強化税制の対象となる特定経営力向上設備等には、一定の規模（最低取得価額）を満たす要件がありますが、その要件は設備の単品ごとに「1台1基又は一の取得価額」と定められているのみで、事業年度単位での“まとめ買い”の取扱いは規定されていません。

ここで、適用対象資産である特定経営力向上設備等の取得価額要件を表にすると次のようになります（措令27の12の4③）。

○　特定経営力向上設備等の取得価額要件

設備種類	最低取得価額要件（１台１基又は一の取得価額）
機械及び装置	１台又は１基の取得価額が160万円以上のもの
工具	１台又は１基の取得価額が30万円以上のもの
器具及び備品	１台又は１基の取得価額が30万円以上のもの
建物附属設備	一の建物附属設備の取得価額が60万円以上のもの
ソフトウエア	一のソフトウエアの取得価額が70万円以上のもの

3 指定事業

Q26 一部を自社使用し、一部を賃貸の用に供している建物に設置したエレベーターの貸付けの用の判定

甲社が所有する４階建て建物は、１階及び２階は第三者である乙社に賃貸し、３階及び４階は甲社が販売活動の拠点として自ら使用しています。

甲社は、このたび、この建物に設置していたエレベーターを更新し、既存のエレベーターを撤去した上で、新たに生産性向上設備（Ａ類型）に該当するエレベーターを設置して事業の用に供しました。

甲社と乙社（賃借人）との間で締結された賃貸借契約書では、賃貸借の目的物は、賃借人が専用して使用する貸室部分のみとされており、エレベーターは含まれていません。

ところで、中小企業経営強化税制では対象設備を貸付けの用に供すると適用対象外とされますが、この建物のように一部を自社で使用し、一部を貸付けの用に供している建物に設置したエレベーターについても、貸付けの用に供した場合に該当するものとして、本制度の対象外となるのでしょうか。

貸付けの用に供しているかどうかは、賃貸借契約に従うほか、実際の使用状況も見て判断することになります。

1　自社ビルの一部を賃貸する場合は、「貸付けの用に供した」かどうかが問題

中小企業経営強化税制の適用対象資産である生産性向上設備（A類型）には建物附属設備が掲げられていますが、本制度の規定上、対象資産を「貸付けの用に供した場合」には適用されないこととされている（措法42の12の４①）ことから、自社ビルの一部を賃貸する場合、この「貸付けの用に供した」かどうかが問題となります。

2　一部を自社使用し、一部を賃貸の用に供している建物に設置したエレベーターは、契約の定めに従うほか実際の使用状況も見て判断する

各設備を「貸付けの用に供した」かどうかは、当事者間の契約の定めに従うほか、実際の使用状況も見て判断することになると考えられます。

建物の一部を自社使用し、一部を第三者に貸し付けている場合、建物の共用部分に設置されたエレベーターは、一般的には、その賃貸借の目的物の範囲に含まれておらず(注)、また、実際の使用状況をみても、貸室部分とは異なり、賃借人に一定のルールの下に使用を認めているに過ぎないのであれば、本制度の適用において「貸付けの用に供した場合」に該当しないと解されます。

なお、賃貸人による自社使用部分がない建物に係る賃貸用建物附属設備については、一般的にはその全てを「貸付けの用に供した」ことになります。

（注）　賃貸借契約書に賃貸借の目的物として記載されていない場合のほか、賃貸借契約書に添付される「平面図」等により賃貸借の目的となっていないことが明らかである場合を含みます。

3　貸付けの用に供したとは認められないので、取得価額の全額について適用が受けられる

ご質問についてみると、賃貸借契約書に記載されている賃貸借の目的物は貸室部分のみとされており、エレベーターは賃貸借の目的物に含まれていません。

また、エレベーターは、甲社、賃借人及び訪問者が使用するものであり、賃借人のみが専属的に使用する実態もありません。

したがって、そのエレベーターについては、貸付けの用に供した場合には該当しないものと認められることから、他の要件を満たす場合には、甲社はその取得価額の全額について本制度の適用を受けることができます。

関係会社の専属下請先に貸与した特定経営力向上設備等への適用

中小企業経営強化税制では、原則として「貸付資産」は適用対象から除外されています。ただし、貸付資産であっても、専ら自社のための製品の加工等を行わせるために自己の下請業者に貸与した特定経営力向上設備等については、自己の事業の用に供したものとして同税制を適用できるとされています。この点、下請業者が自社の関係会社であった場合も同様に取り扱われますか。

専ら貸し付けた法人の下請業務に供されるものであるときは、適用できます。

1　「貸付けの用に供したもの」は指定事業から除かれる

中小企業経営強化税制では特定経営力向上設備等は指定事業の用に供さなければなりません（措法42の12の4①）が、その指定事業は「中小企業投資促進税制（措法42の6）の指定事業に該当する事業」とされているものの、「貸付けの用に供したもの」がその指定事業から除かれていますから、結局、本制度でも、貸付けの用に供した設備は本制度の適用がありません。

2　「貸付資産」であっても、適用できる場合がある

ただし、「貸付資産」であっても、本制度を適用できるケースがあります。すなわち、法人が取得等した「特定経営力向上設備等」を自己の下請業者に貸与した場合において、その設備等が、専らその法人のためにする国内における製品の加工等の用に供されるものであると

きは、その設備等は、その法人の営む事業の用に供したものとして同税制を適用することができます（措通42の12の４－８）。

この点、下請が自社の関係会社（子会社、関連会社）であっても、同様に取り扱われます。なぜなら、同通達は、企業グループの中では、役割に応じて法人格を分けるといったケースがあることから、その実質に応じて判断することにしているものだからです。すなわち、法人格が別でも、実質的にはその法人の一部門と同様であるような場合、形は貸付でも、実質的には自己の事業の用に供しているとみる余地があることから適用を認めたものでありますから、下請業者が関係会社であっても同様に取り扱われることになります。

3　専属の下請業者でない場合は認められない

ただし、例えば、Ａ社が下請先のＢ社に特定経営力向上設備等を貸与し、Ｂ社はＡ社のためにする国内における製品の加工等の用に供しているが、ただ、専属の下請業者ではないため、Ａ社から貸与を受けた設備をＡ社からの受注がない場合に他の取引先製品の加工用にも活用しているなどのケースでは、Ａ社自らが事業の用に供していると見ることはできませんから、Ａ社において本制度は適用できないと考えます。

経営統括している完全子会社へ賃貸した建物に設置した空調設備

100％子会社である乙社に建物を賃貸している甲社は、その建物に空調設備を設置しました。乙社は製造業の工場用建物として使用しています。

ところで、甲社はグループのホールディングカンパニーとして存立していて自ら製造等を行うことはなく、乙社とは経営及び製造全般の指導助言に関する経営指導等契約を締結しています。

中小企業経営強化税制は原則として特定経営力向上設備等のうち貸付資産は対象から除かれますが、この事例のように法人格は別でも、乙社は実質的に甲社の一部門と考えられるので、乙社に賃貸している建物に甲社が負担して設置した空調設備は甲社における製造業に供したとして本制度の対象にならないでしょうか。

A　法人格が異なる子会社の事業を親会社の事業と見ることはできないため、貸付資産に該当する設備に本制度を適用することはできません。

1　指定事業から「貸付けの用に供したもの」が除かれる

ご質問の場合、甲社が所有するその空調設備は乙社に対する貸付資産に該当します。

ところで、中小企業経営強化税制では指定事業から「貸付けの用に供したもの」が除かれていますから、原則として貸付けの用に供される特定経営力向上設備等は対象になりません。ただ、貸付資産であっても、本制度を適用できるケースがあり、それは、「自己の下請業者に貸与した場合において、その特定経営力向上設備等が専らその法人のためにする製品の加工等の用に供されるものであるときは、その特定経営力向上設備等はその法人の営む事業の用に供したものとして取り扱う。」（措通42の12の４－８）とするものです。この通達の趣旨は、中小企業者等が専属の下請業者に対してその製品の下請加工をさせるために貸与する特定経営力向上設備等については、その実態は、その中小企業者等が自ら事業の用に供していると見る余地があるために認めた取扱いと考えられます。

2　通達が認めるのは自らが製造業者で、下請業者に貸与した設備が専ら自らのための製品加工等の用に供される場合

甲社はホールディングカンパニーとして存立しており、製造業等を自ら営んでいませんので、建物及びその空調設備を上記１に掲げる通達の「実態として、甲社が自らの製造業の用に供している」と見る余地はありません。

また、グループのホールディングカンパニーとして存立している親会社が、子会社と経営指導等契約を締結して一体運営しており、子会社は実質的に親法人の一部門であるとしても、本制度の適用に当たって法人格が異なる子会社の事業を親会社の事業と同視することはできません。

Q29 風力・太陽光発電設備の供用事業と法定耐用年数

自動車製造業を営む法人が、その製造設備の稼働用電力を賄うために工場構内に設置した風力発電設備又は太陽光発電設備（いずれも機械装置に該当）は、中小企業経営強化税制の指定事業に供したといえますか。なお、自動車製造設備に配電して生じた余剰電力（15％～20％程度）については売電も考えています。

併せて、風力・太陽光発電設備の法定耐用年数もご教示ください。

設備の概要

・風力発電設備……風力で風車を回し、これを発電機に繋げることにより発電を行うシステム。

・太陽光発電システム……太陽光電池により蓄電した電力をパワーコンディショナーによって増幅して配電するシステム。

A 自動車製造業用設備を稼働するために設置した発電設備は、製造業の指定事業の用に供したとされ、法定耐用年数はいずれも９年となります。

1　指定事業は主たる事業でなくてもよい

風力発電設備又は太陽光発電設備は、自家発電設備の一つであり、ご質問の場合は「機械及び装置」に該当しますから、本制度の他の要件が満たされていることを前提に、「指定事業」に該当するかどうかについて検討します。

本制度の指定事業は、中小企業投資促進税制（措法42の６）の事業が指定事業となっており、具体的には次の業種が指定事業となります。

○　中小企業経営強化税制の指定事業

農業、林業、漁業、水産養殖業、鉱業、建設業、製造業、ガス業、情報通信業、一般旅客自動車運送業、道路貨物運送業、海洋運輸業、沿海運輸業、内航船舶貸渡業、倉庫業、港湾運送業、こん包業、郵便業、卸売業、小売業、損害保険代理業、不動産業、物品賃貸業、学術研究、専門・技術サービス業、宿泊業、飲食サービス業（注3）、生活関連サービス業、映画業、教育、学習支援業、医療、福祉業、協同組合（他に分類されないもの）、サービス業（他に分類されないもの） （注1）　電気業、水道業、鉄道業、航空運輸業、銀行業、娯楽業（映画業を除く）等は対象になりません。 （注2）　風俗営業等の規制及び業務の適正化等に関する法律第2条第5項に規定する性風俗関連特殊営業に該当するものを除きます。 （注3）　料亭、バー、キャバレー、ナイトクラブその他これらに類する飲食店業は、生活衛生同業組合の組合員が営むもののみが指定事業となります。

（出所：中小企業庁パンフレット「中小企業税制・令和3年版」）

なお、指定事業に該当するか否かの判断に当たっては、次のような取扱いが示されています。

○　主たる事業でない場合の適用

法人の営む事業が租税特別措置法第42条の12の4第1項に規定する事業の用に係る事業（指定事業）に該当するかどうかは、当該法人が主たる事業としてその事業を営んでいるかどうかを問わないことに留意する（措通42の12の4－6）。

○　指定事業とその他の事業とに共通して使用される特定経営力向上設備等

指定事業とその他の事業とを営む法人が、その取得等をした特定経営力向上設備等をそれぞれの事業に共通して使用している場合には、その全部を指定事業の用に供したものとして租税特別措置法第42条の12の４の規定を適用する（措通42の12の４－７）。

2　指定事業と共通して使用される設備は適用対象、ただし、発電設備については要注意

令和元年度改正により、機械装置と建物附属設備のうち、発電用設備であって、売電が見込まれる期間における総発電量に占める販売見込用の割合が50％超の場合の設備（平成31年４月１日以後に申請（変更の申請を含みます。）する経営力向上計画に記載する設備）は適用対象資産から除かれることとなりました（「Q12　発電設備の取扱い」236ページ参照）。

したがって、発電した電気の全部を売却する場合だけでなく、50％超の売却が見込まれる発電設備はそもそも適用対象資産から除かれますから、指定事業の該否は問題となりません。

逆に、ご質問の風力発電設備又は太陽光発電設備のように、その発電する量の50％超の量が製造業の用に供される場合には、適用対象資産に該当するとともに、発電量の一部が売電されて非指定事業（電気業）の用に供されているとしても、取得価格を分けることなくその全部を指定事業（製造業）の用に供したものとして本制度の対象となります。

3　２以上の用途に共通使用される償却資産の耐用年数は使用割合の多い用途で判定

法定耐用年数は次のようになります。

耐用年数通達１－１－１（２以上の用途に共用されている資産の耐用年数）では、「同一の減価償却資産について、その用途により異なる耐用年数が定められている場合において、減価償却資産が２以上の用途に共通して使用されているときは、その減価償却資産の用途については、その使用目的、使用の状況等より勘案して合理的に判定する。」ものとされておりますから、電力の使用割合の多寡が判定の重要な要素となります。

すなわち、売電が主であれば、その耐用年数は、耐用年数省令別表第二「31　電気業用設備」の「その他の設備」の「主として金属製のもの」の17年を用いることになります。

一方で、製造工場への電力供給が主の場合、その製造業を営むために有する発電設備等は、発電される電気により製造される最終製品によって耐用年数が異なります（耐通１－４―２、３、５）。したがって、ご質問のように、主として自動車の製造工場で使用する風力発電設備又は太陽光発電設備の場合には、「23　輸送用機械器具製造業用設備」に該当し、耐用年数は９年となります（国税庁　質疑応答事例「風力・太陽光発電システムの耐用年数について」）。

なお、主として店舗や事務所用の建物の照明等の電力を賄うために設置されたものである場合、建物附属設備の「電気設備（照明設備を含む）その他のもの」に該当し、15年となります（耐通２－２－２）。

経営力向上設備等を段階的に事業の用に供した場合の中小企業経営強化税制の適用

当社は、工場を建替え、最新の処理設備及び廃水設備を導入する投資計画を策定し、投資計画上の投資利益率が年平均5％以上となることが見込まれることにつき経済産業大臣の確認を受けました。

この投資計画は、第1期工事（工期：令和3年10月～令和4年3月）から第3期工事（工期：令和4年10月～令和5年3月）までの複数事業年度にまたがる計画ですが、その投資計画に記載された各機械及び装置は、その完成又は設置の都度、事業の用に供する予定です。

この場合において、事業の用に供した各機械及び装置は、この投資計画の全てが終了する前においても、それぞれ事業の用に供した日の属する事業年度において中小企業経営強化税制（即時償却又は税額控除）の適用を受けることができますか。

なお、これらの各機械及び装置はいずれも特定経営力向上設備等に該当します。

要件を満たす機械及び装置が複数ある場合は、それぞれの機械及び装置ごとにその供用年度において適用できます。

1　中小企業経営強化税制は、指定事業の用に供した日を含む事業年度において、特別償却又は税額控除が認められる

中小企業経営強化税制は、中小企業者等が、平成29年4月1日から令和5年3月31日までの間（以下「指定期間」といいます。）に、特定経営力向上設備等の取得等をして、これを国内にあるその中小企業

者等の営む指定事業の用に供した場合には、その指定事業の用に供した日を含む事業年度（以下「供用年度」といいます。）において、特別償却又は税額控除が認められるものです（措法42の12の４）。

ここで、特定経営力向上設備等とは、生産等設備を構成する機械及び装置、工具、器具及び備品、建物附属設備及び一定のソフトウエアで、認定に係る経営力向上計画に記載された中小企業等経営強化法施行規則第16条第２項の経営力向上設備等に該当するもののうち、一定の規模以上のものとされており、具体的な適用要件は、租税特別措置法、中小企業等経営強化法等で機械及び装置、工具、器具及び備品、建物附属設備及び一定のソフトウエアごとに規定されています。

2　設備ごとに指定期間内での取得や事業供用などの各要件を判定して適用する

本制度は、上記のように特定経営力向上設備等に該当する各設備ごとにその適用要件を判定しますから、ご質問の場合も、認定に係る経営力向上計画の全ての投資が完了したか否かにかかわらず、各機械及び装置ごとに指定期間内での取得等及び事業供用などを判定し、適用要件を満たした各機械及び装置はその供用年度において特別償却又は税額控除の適用を受けることができます。

４　特別償却

Q31　即時償却と特別償却準備金の取扱い

中小企業経営強化税制を適用して即時償却を実施しますが、その特定経営力向上設備等の帳簿価額から減額せずに、特別償却準備金の積立て処理により実施することができますか。

他の特別償却と同様に、準備金方式によって処理できます。

１　取得価額から普通償却限度額を控除した特別償却限度額について特別償却準備金の積立て処理ができる

中小企業経営強化税制に係る特別償却は即時償却といわれますが、減価償却資産については特別償却の実施に先んじて普通償却が行われますから、結局、即時償却といわれる特別償却の償却限度額は、特定経営力向上設備等の取得価額から普通償却限度額を控除した金額となります（措法42の12の４①）。

つまり、

（算式）

当期償却限度額　＝　普通償却限度額　＋　特別償却限度額

特別償却限度額　＝　特定経営力向上設備等の取得価額　－　普通償却限度額

この結果、その特定経営力向上設備等の取得価額は、その全額が償却（即時償却）できることになります。

本制度に係る特別償却について、その特定経営力向上設備等の帳簿価額から控除する（取得価額から普通償却限度額と特別償却限度額の全額を控除して０又は１円の備忘価額を残します。）代わりに、特別償却準備金の積立て処理により、会計上の帳簿価額を残すことができます。

2　積み立てた特別償却準備金は翌年度から一定額の取崩しが発生する

税務では、会計との調整を図るため、取得価額から特別償却費の額を控除する処理に代えて、各特別償却対象資産別に特別償却限度額以下の金額を損金経理の方法により特別償却準備金として積み立てることができます。また、剰余金処分による特別償却準備金の積立てをする処理（特別償却対象資産別に各特別償却限度額以下の金額を、当該事業年度の決算の確定の日までに剰余金の処分により積立金として積み立てる方法）も認められ、その場合の積立額は損金の額に算入されます（措法52の３）。

なお、これらの特別償却準備金は積立事業年度の翌事業年度から７年間（特別償却対象資産の耐用年数が10年未満である場合には、５年とその耐用年数とのいずれか短い期間）で均等額を取り崩して益金の額に算入しなければなりません。

Q32 特別償却不足額の繰越し

当社（３月決算）は、特定経営力向上設備等に該当する機械を令和３年10月に取得して直ちに事業の用に供しました。

当社は、中小企業者等に該当し中小企業経営強化税制に係る所定の要件を満たしていますので、令和４年３月期に特別償却を実施しますが、決算対策上、特別償却不足額を生じさせます。

定率法を採用している当社はこの特別償却不足額について、令和５年３月期に普通償却限度額に加算することができるでしょうか。

特別償却で生じた特別償却不足額は、１年間の繰越しができます。

特別償却不足額は１年間の繰越しができる

他の特別償却の場合と同様に、法人が特定経営力向上設備等について特別償却を適用したものにつき特別償却不足額がある場合、その不足額については１年間の繰越しができます（措法52の２）。

したがって、貴社は令和４年３月期に生じた特定経営力向上設備等に係る特別償却不足額については、令和５年３月期において普通償却限度額に加算することができます。

なお、その特別償却不足額は令和４年３月期に特別償却を実施した結果生じる訳ですから、当該期の確定申告に当たっては、その確定申告書等にその償却限度額の計算に関する明細書（申告書別表16⑴又は⑵）及び「中小企業者等又は中小連結法人が取得した特定経営力向上設備等の特別償却の償却限度額の計算に関する付表（特別償却の付表⑻）及び中小企業等経営強化法に規定する経営力向上計画の認定申請書の写し並びにその経営力向上計画に係る認定書の写しを添付する必要があります（措法42の12の４⑦、措令27の12の４⑤、措規20の９②）。また、適用額明細書の添付が必要です。

特別償却不足額の繰越しとは

償却不足額とは、法人が損金経理した償却費の額が、償却限度額に満たない場合のその満たない金額をいいます。

普通償却に係る償却不足額（普通償却に係る償却限度額－損金経理額）は、その損金経理した事業年度で損金になることはなく、翌事業年度以降に繰り越してそのまま損金に算入することもできません（ただし、償却不足額はいずれ解消されます。）。

※　普通償却に係る償却不足額がいずれ解消される理由

　定率法の場合には、償却不足額があると、翌期首の帳簿価額がその分多くなり翌期以降の償却額が多くなることから、償却不足額はいずれ解消されます。

　定額法の場合には、償却限度額を計算する償却期間が償却不足分長くなります。これによって耐用年数の経過後、償却不足額は解消されます。

以上のことから、税務上、普通償却に係る償却不足額の繰越しは認められていません。

しかし、特別償却不足額（特別償却に係る償却限度額－損金経理額）については１年間の繰越しが認められています。すなわち、翌事業年度１年間に限り、繰り越して翌事業年度の損金の額に算入することができます（措法52の２）。準備金方式による特別償却準備金の積立不足額についても、１年間の繰越しができます（措法52の３②）。

なお、定率法を採用している減価償却資産について、特別償却不足額がある場合の償却限度額は、その特別償却不足額については既に償却されたものとみなして計算しますので、貴社の上記質問における令和５年３月期のその特定経営力向上設備等に係る償却限度額は、次の算式により計算します（措法52の２、措令30）。

償却限度額

＝（帳簿価額－特別償却不足額）×普通償却率＋特別償却不足額

Q33 適用対象資産が２以上ある場合の特別償却と税額控除の選択適用

適用対象となる器具及び備品に該当する冷暖房機器（取得価額60万円）と電気冷蔵庫（取得価額70万円）を同一事業年度内に取得し、国内にある指定事業の用に供した場合、中小企業経営強化税制の適用に当たり、冷暖房機器については特別償却（即時償却）し、電気冷蔵庫については税額控除を適用することができますか。

A 同一事業年度内に２以上の特定経営力向上設備等を取得した場合は、個々の特定経営力向上設備等ごとに特別償却又は税額控除が選択適用できます。

特定経営力向上設備等は、各設備ごとに選択適用できる

本制度では同一事業年度内に特定経営力向上設備等を２以上取得した場合に、取得した全ての特定経営力向上設備等について特別償却又は税額控除のいずれか一方を適用すべき旨の定めはありませんから、個々の特定経営力向上設備等ごとにいずれかを選択適用することができます（国税庁・法人税質疑応答事例「生産性向上設備投資促進税制（租税特別措置法第42条の12の５）の適用対象資産を２以上取得した場合の特別償却と税額控除の選択適用」参照）。

したがって、適用対象となる器具及び備品に該当する冷暖房機器と電気冷蔵庫を同一事業年度内に取得し、国内にある指定事業の用に供した場合、冷暖房機器については即時償却し、電気冷蔵庫については税額控除を適用することができます。

特別償却の適用翌年度にその特定経営力向上設備等を賃貸した場合の取扱い

当社（12月決算）は、中小企業経営強化税制の対象である生産性向上設備（A類型）に該当する機械を令和３年11月に取得し直ちに自社の指定事業の用に供しましたので、本制度の特別償却を適用して令和３年12月期の確定申告書をその申告期限内に提出しました。

この機械は大口受注を見込んでの取得でしたが、その翌年には見込んでいた大口受注の契約が取れなくなり、現状の売上では資金繰りが悪化することが予測されることから、令和４年10月以降はこの機械を他社に賃貸しようと考えています。

このように、いったん指定事業の用に供して特別償却の規定の適用を受けた設備をその翌事業年度で貸付けの用に供することとなった場合、特別償却を実施した令和３年12月期の申告について修正申告が必要となりますか。

A　指定事業の用に供した日を含む事業年度後に指定事業の用に供さなくなった場合の取戻規定はないので、所得金額を是正する必要はありません。

翌期以後に発生した何らかの事情により、やむなく他に賃貸した場合であれば、適用事業年度に遡って修正する必要はない

本制度は適用対象設備をその指定事業の用に供した日を含む事業年度において特別償却又は税額控除をするものでありますが、その指定事業の用に供した日を含む事業年度の翌期以後に指定事業の用に供しなくなった場合の取戻規定等はありません。

もちろん、特別償却又は税額控除を受けた時点で、初めから、その資産を自らの指定事業の用に供するのではなく、一定の期間を経過後に貸付けることが計画されていたような場合には、そもそも本制度に係る「指定事業供用要件」に該当せず、特別償却又は税額控除の適用そのものが妥当でなかったことになります。したがって、その場合は、その後に対象資産を貸し付けるかどうかにかかわらず、そもそも修正申告の必要があると考えます。

しかし、当初はその対象資産を自らの指定事業の用に供する予定で、実際にこれを供用事業年度末までは使用継続したものの、ご質問のように、翌期以降に見込んでいた大口契約のキャンセルにより資金繰り悪化を食い止めるために賃貸に出すことにしたような、いわゆる翌期以後に発生した何らかの事情によりやむなくその資産を他に賃貸したような場合であれば、特別償却又は税額控除を適用事業年度に遡って修正する必要はないと考えます。

なお、その機械については、令和３年12月期において特別償却（即時償却）した結果、令和４年１月以後その帳簿価額はありませんから（又は１円となっていますから）、令和４年12月期以降におけるその機械の償却費は発生しません。

5　税額控除限度額

投資取得２税制での税額控除の優先控除順位

税額控除の控除上限額（法人税額による控除制限）では、中小企業投資促進税制と中小企業経営強化税制の２税制合計で当期の法人税額の20%が控除上限という制限が設けられています。この場合、２つの税制ではその控除において優先順位がありますか。

中小企業投資促進税制、中小企業経営強化税制の順で控除します。

控除上限額は設備取得２税制の合計で調整前法人額の20%で、控除には順番あり

税額控除に当たっては中小企業投資促進税制（措法42の６）及び中小企業経営強化税制（措法42の12の４）の設備取得２税制の合計で当期の調整前法人額の20%が控除上限という制限が設けられています。これら２税制の中では控除に優先順位があり、具体的には以下のようになります。

①　中小企業投資促進税制の当期分の税額控除（措法42の６②）
②　中小企業経営強化税制の当期分の税額控除（措法42の12の４②）
③　中小企業投資促進税制の前期繰越分の控除（措法42の６③）
④　中小企業経営強化税制の前期繰越分の控除（措法42の12の４③）

したがって、中小企業経営強化税制における当期分の税額控除にあっては、上記表の②に該当しますから、当期の調整前法人額の20％相当額から、①中小企業投資促進税制の当期分の税額控除を控除した残額が控除の上限額となります。

また、中小企業経営強化税制に係る前期からの繰越税額控除限度超過額の控除にあっては、上記表の④に該当しますから、その控除の上限額は、当期の調整前法人額の20％相当額から、①から③まで控除金額を控除した残額となります。

Q36 毎月リース料で経理処理している場合の税額控除の適用

当社はリースを受けている機械については、会計上支払の都度、リース料で経理処理を行っています。

所有権移転外ファイナンスリース取引により導入したこの機械が、中小企業経営強化税制の税額控除要件を満たしている場合、この機械について特別控除の適用を受けることは可能でしょうか。

A 所有権移転外リース取引も含め、税務上のリース取引により賃借した特定経営力向上設備等については、賃貸借（リース料）処理した場合であっても税額控除は適用できます。

税務上のリース取引により取得した特定経営力向上設備等については、会計上リース料処理していても税額控除ができる

会計上、リース料総額が300万円以下のリース取引など個々のリース資産に重要性が乏しいと認められる場合又は中小企業には、リース取引の賃借人の会計処理は賃貸借（費用）処理によることが認められています（リース会計適用指針34・35）。

ただ、会計上、賃貸借（費用）処理した場合であっても、税務上のリース取引はリース資産の賃貸人から賃借人への引渡しの時にそのリース資産の売買があったものとして、その賃貸人及び賃借人である法人の各事業年度の所得の金額の計算を行う（法法64の２）とともに、「賃借人がリース料として損金経理をした金額は、償却費として損金経理をした金額に含まれる。」ものとされています（法令131の２③）。

これらのことから、税務上のリース取引（所有権移転リース取引及び所有権移転外リース取引）により賃借人が取得したものとされるリース資産（特定経営力向上設備等）については、本制度の税額控除が適用できるところ、そのリース資産は売買により取得したものとされ、そのことは仮に、会計上支払の都度、リース料で経理処理する賃貸借（費用）処理しているため資産としての計上がない場合であっても変わるものではありません。つまり、税務上はリース資産をリース期間定額法等で減価償却していると扱われます。

したがって、貴社がその機械に係るリース取引につきそのリース料を賃貸借（費用）処理しているために会計上に資産として計上されていなくても、税額控除は可能と考えられ、その場合の税額控除限度額は、取得価額（リース料総額に、リース資産の設置等に当たり貴社が支出した付随費用の額を加算した額）に10％又は７％を乗じた金額相当額となります。

税額控除を適用した資産を返品・交換した場合の処理対応

当社は、青色申告を行う10月決算の中小企業者です。令和３年９月に製造用の機械を購入し、直ちに事業の用に供しました。ただ、使用直後から機械の調子が思わしくなく、メーカーに対してクレーム及び事情説明を行っていたところ、11月末になってメーカーから不具合を理由とした返品・交換に応ずる旨の申し入れがあり返品交換がなされました。

当社は、令和３年10月末の決算に当たり、９月に納品された機械については中小企業経営強化税制の各要件を満たすので、税額控除を適用して確定申告書を提出しています。

今般、返品・交換がなされたことにより、前期に適用した税額控除に何らかの影響が及ぶでしょうか。また、交換によって新たに取得した機械装置に対して何らかの処理が必要ですか。

A　翌期での不具合を理由とした返品・交換は前期の税額控除に影響せず、また、返品・交換により取得した代替品は新規取得に当たりません。

令和３年９月に取得し、直ちに事業の用に供しているので、令和３年10月の決算期中に不具合を理由に返品交渉がされていても問題ない

ご質問は、令和３年９月に所定の特定経営力向上設備等に該当する機械及び装置を取得し、直ちに事業の用に供していますから、令和３年10月の決算期において、本制度の税額控除を適用することについては、仮にその期中に機械及び装置の不具合を理由に返品交渉がなされていたとしても、問題はないと考えます。

その後、翌期の11月になって不具合の機械及び装置を他の新品のものに交換する旨の合意が成立したとのことですが、貴社にとってみれば不具合の機械及び装置が代替品に入れ替わったに過ぎず、その経済実態は当初取得した機械及び装置を交換後も引き続き保有していたものと何ら変わらないものと認められます。したがって、このような状況の下においては、前期に行った税額控除の適用関係に何ら影響を及ぼすものではないと考えます。また、交換によって取得した代替品は、不具合の機械及び装置の取得価額を引き継ぐことになり、新規取得とは認識されないと考えます。

同一の機械について複数の税額控除適用の可否

甲社は、資本金１千万円の製造業を営む３月決算法人ですが、令和３年11月に大型の工作機械（取得価額1,000万円）を取得し、中小企業投資促進税制の指定事業の用に供し、令和４年３月期において取得価額の７％相当額の税額控除を実施します。

ただ、この機械については経営力向上設備等のうち生産性向上設備（A類型）に係る仕様等証明書を日本電気工業会から取得していて、中小企業経営強化税制の適用要件を充足する場合には、令和４年３月期において取得価額の10％相当額の税額控除の適用が可能と思われます。

上記の各規定においては、各規定相互間で重複適用を制限する定めは見当たりませんので、令和４年３月期の申告に際して、この機械の取得価額についてこの両規定を重複して適用することが可能でしょうか。

同一の設備に、中小企業投資促進税制と中小企業経営強化税制を重複適用することはできません。

1　同一の設備について２つ以上の制度に係る特別償却又は税額控除を重複適用することはできない

租税特別措置法に規定された特別償却又は法人税額の特別控除の各規定においては他の特別償却又は特別控除の規定との重複適用を制限する旨の定めが置かれていませんが、重複適用の制限については、租税特別措置法第53条《特別償却等に関する複数の規定の不適用》において「二以上の規定の適用を受けることができるものである場合には、当該減価償却資産については、これらの規定のうちいずれか一の規定のみを適用する。」と規定されています。

そして、「これらの規定」には、租税特別措置法第42条の６及び第42条の12の４の規定も含まれていますから、ご質問の機械について上記の各規定を重複適用することはできません。したがって、各適用要件を満たすいずれか一の税額控除のみの適用となります（措法53①）。

2　事業の用に供する時において試験研究の用に供する固定資産又は繰延資産は、取得価額に係る特別償却又は税額控除とその償却費に係る試験研究を行った場合の法人税額の特別控除とが重複適用できる

令和３年度改正で、法人の有する減価償却資産の取得価額又は繰延資産の額のうちに試験研究費の額が含まれる場合において、その試験研究費の額につき試験研究を行った場合の法人税額の特別控除制度の適用を受けたときは、その減価償却資産又は繰延資産については、租税特別措置法の規定による特別償却又は税額控除制度等は、適用しないこととされました（措法53②）。

これは、同改正で試験研究を行った場合の法人税額の特別控除制度の対象となる試験研究費の額に、試験研究のために要する費用の額で研究開発費として損金経理をした金額のうち、棚卸資産若しくは固定資産（事業の用に供する時において試験研究の用に供する固定資産を除きます。）の取得に要した金額とされるべき費用の額又は繰延資産（試験研究のために支出した費用に係る繰延資産を除きます。）となる費用の額が追加されたことによります。これに伴い、取得価額に対する二重のインセンティブとならないように、試験研究を行った場合の法人税額の特別控除制度と特別償却又は税額控除制度等との重複適用

が排除されたものです。

なお、事業の用に供する時において試験研究の用に供する固定資産は、上記の重複適用の排除の対象外であり、従前どおり、取得価額について特別償却又は税額控除制度等の適用を受けた場合であっても、減価償却費について試験研究を行った場合の法人税額の特別控除制度の適用を受けることができます。

この改正は、法人の令和３年４月１日以後に開始する事業年度分の法人税について適用されます（改正法附則43）。

税額控除の適用翌年度にその特定経営力向上設備等を譲渡した場合の取扱い

当社（12月決算）は、中小企業経営強化税制の対象である生産性向上設備（Ａ類型）に該当する機械を令和３年11月に取得し直ちに自社の指定事業の用に供しましたので、本制度の税額控除を適用して令和３年12月期の確定申告書をその申告期限内に提出しました。

ところがその後、当社の属する企業グループ全体の事業の見直しに伴ってこの機械は不要となったため、翌事業年度の令和４年12月期に、第三者に譲渡することになりました。

このように、いったん指定事業の用に供して税額控除の規定の適用を受けた設備をその翌事業年度で譲渡した場合、税額控除を実施した令和３年12月期の申告について修正申告が必要となりますか。

A　指定事業の用に供した日を含む事業年度後に譲渡した場合の取戻規定はないので、税額控除を是正する必要はありません。

翌期以後に発生した何らかの事情により、やむなく他に譲渡した場合であれば、適用事業年度に遡って修正する必要はない

本制度の特別償却（即時償却）又は税額控除を受けた対象資産を翌期以後に譲渡した場合について検討しますと、特別償却（即時償却）を選択した場合には、対象資産を売却しても、既に帳簿価額が減額されています（この場合は０円）から、譲渡利益がその分多く計上されることとなり（譲渡価額そのものが譲渡利益となります。）、事業年度を通算すると課税のバランスは保たれます。

これに対し、税額控除（取得価額の10％（資本金3,000万円超１億円以下の法人は７％））を選択した場合には、対象資産を売却しても、帳簿価額に変更はありませんからこれが譲渡原価となり、税額控除の特例を受けていない法人が売却した場合と同じ税負担で済んでしまうことなります。

しかしながら、本制度に係る法令上、法人税の税額控除を適用した後にその資産を譲渡した場合の取戻しを定めた規定はありません。このように、特別償却（即時償却）又は税額控除のいずれを選択したかによって、課税関係に大きな差異が生ずるように思われますが、法令上にその手当てをする規定がない以上、特段の修正は必要ないと考えます。

もちろん、税額控除を受けた時点で、初めから、その資産を自ら事業の用に供するのではなく、一定の期間を経過後に譲渡することが計画されていたような場合には、そもそも「取得した固定資産」に該当せず、税額控除の適用そのものが妥当でなかったことになります。したがって、その場合は、その後に対象資産を売却するかどうかにかかわらず、そもそも修正申告の必要があると考えられます。

しかし、当初はその対象資産を自らの指定事業の用に供する予定で、実際にこれを供用事業年度末までは使用継続したものの、ご質問のように、翌期に貴社の属する企業グループ全体の事業の見直しに伴ってその資産が不要となったような、いわゆる翌期以後に発生した何らかの事情によりやむなくその資産を他に譲渡した場合であれば、適用した税額控除を適用事業年度に遡って修正する必要はないと考えます。

前期以前に税額控除を実施した特定経営力向上設備等について値引きがあった場合の税額控除額の調整

当社は、令和３年９月に製造用の機械を購入し、直ちに事業の用に供しましたので、令和３年９月末の決算に当たり、この機械について中小企業経営強化税制の税額控除を適用して確定申告書を提出しています。

ところが、令和４年１月になって、機械の購入先から値引きの入金がありました。令和３年９月に適用した税額控除額について減額する修正申告が必要ですか。

なお、機械の価額に関しては、前期において確定したものを購入先からの請求書に基づいて支払ったものであり、今般の値引きは先方の事情によるものとの説明を受けています。

A　値引きがあった場合は、適用年度に遡って控除税額の修正を行うものとされていますが、適用を受ける時点で価額の修正が予定されていなかったものについては、控除税額の修正は必要ありません。

１　特定経営力向上設備等の対価の額について取得後の事業年度に値引きがあったときは、既往に遡って特別控除税額の修正を行うこととされている

法人が特定経営力向上設備等の取得等をして、これにつき、中小企業経営強化税制による法人税額の特別控除の適用を受けた場合に、その後の事業年度において、その特定経営力向上設備等の対価の額につき値引きがあったようなときは、どのような処理を行うのかという疑

義が生じます。

この点、法人税額の特別控除の適用に当たっては、税額控除限度額の計算の基礎となる特定経営力向上設備等の取得価額は正当な金額で計算すべきものであることから、その特定経営力向上設備等の対価の額につき値引きがあったようなときは、既往に遡って特別控除税額の修正を行うべきとのことが通達で示されています（措通42の12の４－10)。

2　ただし、法人税額の特別控除の適用を受ける時点で対価の額の修正が予定されていないものは、遡っての修正は必要ない

しかし、特定経営力向上設備等につき、法人税額の特別控除の適用を受ける時点でその対価の額の修正があることが不明なものについてまで、事後の値引きを理由として法人が既に申告した内容を修正させることは、法令上の明文規定がない中で適当ではないと考えられますから、取引先との通謀による価額の水増し等の不正取引によって特別控除税額を過大に計上する等、法人税額の特別控除の適用を受ける時点で対価の額の修正が予定されているものについて、本通達を適用するのが相当と思料します。

ご質問の場合は、特定経営力向上設備等に該当する機械の価額に関して、前期において確定し、購入先からの請求書に基づいて代価を支払い、翌期になって先方（購入先）に何らかの都合、事情があって値引きを受けるに至り、購入代価の一部が返金されたと思われ、貴社にとっては予測していなかった事態、つまり、法人税額の特別控除の適用を受ける時点で対価の額の修正が予定されていたものでありませんから、前期に申告した税額控除額について減額する修正申告は必要なく、貴社は値引額について入金時に益金計上すればよいと考えます。

6 その他

Q41 期限後申告と中小企業経営強化税制

当期の法人税の確定申告書は、社内の事務遅れにより期限後提出となります。ところで、当社では当期に中小企業経営強化税制に定める要件を満たした機械を購入して事業の用に供しました。

期限後申告であっても本制度を適用して即時償却ができますか。

期限後申告であっても各要件を具備している場合は、本制度を適用して即時償却ができます。

1　特別償却の適用を受けるには、確定申告書等に申告書別表16⑴又は⑵、特別償却の付表⑻を添付しなければならない

この特別償却の適用を受ける場合には、確定申告書等にその償却限度額の計算に関する明細書（申告書別表16⑴又は⑵）及び「中小企業者等又は中小連結法人が取得した特定経営力向上設備等の特別償却の償却限度額の計算に関する付表（特別償却の付表⑻）及び中小企業等経営強化法に規定する経営力向上計画の認定申請書の写し並びにその経営力向上計画に係る認定書の写しを添付する必要があります（措法42の12の４⑦、措令27の12の４⑤、措規20の９②）。また、適用額明細書も添付します。

2　確定申告書等は期限後申告書を含む

ところで、上記１に掲げる確定申告書等とは、仮決算をした場合の中間申告書と確定申告書（期限後申告書を含みます。）をいいます。

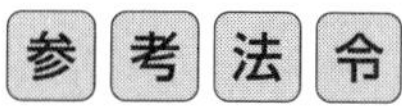

租税特別措置法第２条第27号

確定申告書等：法人税法第２条第30号に規定する中間申告書で同法第72条第１項各号に掲げる事項を記載したもの及び同法第144条の４第１項各号又は第２項各号に掲げる事項を記載したもの並びに同法第２条第31号に規定する確定申告書をいう。

法人税法第２条第31号

確定申告書：第74条第１項（確定申告）又は第144条の６第１項若しくは第２項（確定申告）の規定による申告書（当該申告書に係る期限後申告書を含む。）をいう。

したがって、何らかの事情により確定申告書の提出が期限後申告となった場合であっても、特定経営力向上設備等に該当する機械及び装置の減価償却につき特別償却を実施し、その期限後申告書に申告書別表16(1)又は(2)及び特別償却の付表(8)及び中小企業等経営強化法に規定する経営力向上計画の認定申請書の写し並びにその経営力向上計画に係る認定書の写し、適用額明細書を添付して提出した場合にはこれが認められます。

特定経営力向上設備等を取得した場合の国庫補助金等

青色申告法人Ａ社（資本金1,000万円、決算期３月）が、令和４年２月に生産性向上設備（Ａ類型）に該当するソフトウエア（7,200千円）を取得して事業供用しましたが、３月になって県より助成金（4,800千円）の交付を受けましたので、国庫補助金等に係る圧縮記帳を行いました。

取得の際に国又は地方公共団体から補助金を受けた場合でも、中小企業経営強化税制の対象となりますか。

また、対象となる場合、そのソフトウエアに係る特別償却の対象となる取得価額は、

①　支払った金額の7,200千円

②　圧縮記帳後の金額2,400千円（7,200千円－4,800千円）

のどちらの金額になるのでしょうか。

A　取得の際に国等から補助金を受けた場合でも、原則対象となります。特別償却の対象となる取得価額は、国庫補助金等に係る圧縮記帳後の取得価額です。

1　国又は地方公共団体から補助金を受けた場合でも対象になる

中小企業経営強化税制は設備取得の際に国又は地方公共団体から補助金を受けた場合でも、原則として本制度の対象になります。ただし、補助事業において、中小企業経営強化税制との併用を制限している場合も考えられますので、利用された補助事業の公募要領等をご確認ください。

2　法人税法上の圧縮記帳と措置法の特別償却又は税額控除は併用適用できる

取得した設備について行った国庫補助金等の圧縮記帳（法法42～44）は法人税法上の圧縮記帳ですので、租税特別措置法の措置である中小企業経営強化税制の特別償却とは併用適用ができます。

そして、中小企業経営強化税制の特別償却は、特定経営力向上設備等の取得価額から普通償却限度額を控除した金額が限度となるところ、圧縮記帳した場合の取得価額は圧縮額を控除した後、つまり圧縮記帳後の価額が取得価額となりますので（法令54③)、その圧縮記帳後の取得価額（圧縮記帳後の金額2,400千円（7,200千円－4,800千円））を基礎に普通償却及び特別償却をすることになります。

なお、中小企業経営強化税制の適用に当たり、その取得価額要件（ソフトウエア70万円以上等）を判定する場合においても、その取得価額は圧縮記帳後の取得価額によって判定します（ご質問の場合は2,400千円ですから、その要件を満たします。）（措通42の12の４－５）。

特定経営力向上設備等を取得した場合の税額控除と国庫補助金等の圧縮記帳

当社は青色申告の中小企業者（資本金1,000万円）ですが、800万円の機械装置の取得について国庫補助金400万円を申請中です。この機械装置は当期（令和４年３月期）に取得して中小企業経営強化税制に係る税額控除を適用します。ただ、国庫補助金等400万円が当期に受領できるか、翌期（令和５年３月期）の受領となるかは現在のところわかりません。

このような場合、当期における中小企業経営強化税制に係る法人税額控除と国庫補助金等の圧縮記帳はどのように考えたらいいのでしょうか。

A　国庫補助金の交付予定がある場合、当期は取得価額から交付予定金額を控除した金額の10％相当額を税額控除し、翌期に受領した国庫補助金を圧縮記帳します。

1　国庫補助金等が当期に確定した場合と確定しない場合における税額控除額のアンバランスを調整するために通達が出ている

中小企業経営強化税制の税額控除限度額は、特定経営力向上設備等の取得価額に一定の割合を乗じて計算することとされていますが、圧縮記帳した場合の取得価額は圧縮額を控除した後、つまり圧縮記帳後の価額が取得価額となりますので（法令54③）、その圧縮記帳後の取得価額に対して一定の割合を乗じて計算することになります。

しかし、国庫補助金等が特定経営力向上設備等を取得した事業年度末までに確定せず、翌期になるような場合には、取得した事業年度でその取得価額（圧縮記帳前）で税額控除し翌期に圧縮記帳しますと、国庫補助金等が当期に確定した場合と確定しない場合の税額控除額にアンバランスが生じます。

そこで、法人が取得等をして事業の用に供した特定経営力向上設備等について法人税法第42条又は第44条の国庫補助金等の圧縮記帳制度の適用を受ける場合の取得価額は以下のとおりに取り扱うこととされています。

⑴　特定経営力向上設備等の取得等をして事業の用に供した事業年度（供用年度）において圧縮記帳制度の適用を受ける場合………実際の取得価額から圧縮記帳により損金の額に算入した金額を控除した金額

⑵　供用年度後の事業年度において圧縮記帳制度の適用を受けることが予定されている場合………実際の取得価額から国庫補助金等の交付予定金額を控除した金額

なお、上記⑵の国庫補助金等の交付予定金額は、供用年度終了の日において見込まれる金額によること、及び、本制度の税額控除限度額の計算の基礎となる取得価額を上記⑵の金額によらず実際の取得価額により申告をしたときは、供用年度後の事業年度において圧縮記帳制度の適用（法基通10－２－２の適用）はできません（措通42の12の４－９）。

2　ご質問の場合

⑴　令和４年３月期中に特定経営力向上設備等に該当する800万円の機械装置を取得し、かつ、400万円の国庫補助金が受領できて圧縮記帳する場合

・　800万円　－　400万円（圧縮記帳損金算入額）

＝　400万円（圧縮記帳後取得価額）

・　特定経営力向上設備等を取得した場合の法人税額控除限度額

＝　400万円（圧縮記帳後取得価額）×　10％　＝　40万円

⑵　令和４年３月期中に特定経営力向上設備等に該当する800万円の機械装置を取得し、令和５年３月期に400万円の国庫補助金が見込まれる場合

ⅰ　特定経営力向上設備等を取得した場合の法人税額控除限度額

＝（800万円　－　400万円（国庫補助金等見込額））×　10％　＝　40万円

※　この場合には、令和５年３月期で、補助金収入400万円を対象に圧縮記帳できます。

ⅱ　特定経営力向上設備等を取得した場合の法人税額控除限度額

＝　800万円　×　10％　＝　80万円

※　この場合には、令和５年３月期で補助金収入400万円に係る圧縮記帳（法基通10－２－２の適用）はできません。

中小企業経営強化税制の税額控除を適用して提出した確定申告後の特定経営力向上設備等の取得価額の訂正

　当社は中小企業経営強化税制の税額控除を適用して確定申告書を提出しましたが、収入の洩れが発覚したため修正申告することになりました。そこで提出した確定申告書を見直していたところ、添付した計算明細書に記載した機械（特定経営力向上設備等に該当）の取得価額が実際の額よりも少なく記載され、そのために控除税額が過少になっていることが判明しました。

　修正申告において、機械の取得価額を訂正し、税額控除限度額を増加することができますか。

　また、修正申告における本制度に係る税額控除上限額（法人税額による控除限度額）の計算は、修正申告によって増加した法人税額が基礎になるのでしょうか。

A　修正申告を機会に取得価額を増額修正することはできません。ただし、税額控除上限額は、修正申告後の法人税額を基礎に計算します。

1　税額控除限度額は当初の確定申告書に記載した取得価額が限度。ただし、税額控除上限額は修正申告等による修正後の法人税額が基礎

　修正申告書若しくは更正請求書又は更正に係る事業年度分の本制度の税額控除の申告要件は、次のようになっています（措法42の12の4⑧）。

⑴　確定申告書等（同項の規定により控除を受ける金額を増加させる修正申告書又は更正請求書を提出する場合には、その修正申告書又

は更正請求書を含みます。）に、その控除の対象となる特定経営力向上設備等の取得価額、控除を受ける金額及びその金額の計算に関する明細を記載した書類がある場合に限り適用されます。

⑵　この場合に控除される金額の計算の基礎となる特定経営力向上設備等の取得価額は、確定申告書等に添付された書類に記載された特定経営力向上設備等の取得価額が限度とされます。

この申告要件に関しては以下の点に留意が必要です。

①　本制度の適用に当たっては、確定申告書等（以下「当初申告」といいます。）で適用すること必要があるとともに、税額控除限度額（特定経営力向上設備等の取得価額×10％又は７％相当額等）の算定基礎となる特定経営力向上設備等の取得価額は、その当初申告に添付した計算明細書に記載された金額に限られます。

したがって、当初申告で本制度を適用していないにもかかわらず、修正申告書や更正請求書の提出により本制度を適用することはできませんし、当初申告に添付した書類に記載した特定経営力向上設備等の取得価額が実際の取得価額より少ないとしても、修正申告や更正の請求を機会にその記載された金額を増加訂正することはできません。

※　上記⑵に掲げる確定申告書等は、租税特別措置法第２条第２項第27号に定義する中間申告書及び確定申告書（期限後申告書を含みます。）のみをいい、⑴の確定申告書等を引用していません。

②　当初申告に添付した計算明細書に記載された金額を増加訂正できないのは特定経営力向上設備等の取得価額に限られますから、修正申告する場合の税額控除上限額は修正申告で増加した法人税額を基礎に計算します。

したがって、法人税額による税額控除上限額（調整前法人税額

×20％相当額）規制により控除できなかった税額控除限度超過額がある場合には、その増加した税額控除上限額内での控除につき、修正申告書若しくは更正請求書又は更正で増額控除することができます。

※　上記(1)に掲げる確定申告書等は、租税特別措置法第２条第２項第27号に定義する中間申告書及び確定申告書（期限後申告書を含みます。）に加え、控除を受ける金額を増加させる修正申告書又は更正請求書が含まれます。

なお、更正の請求等が必要な場面が限定されていますから、更正の請求によらない更正により法人税額が増加して税額控除額が増加した場合には、職権で税額控除額が増額されます。

中小企業経営強化税制の税額控除と措置法の他の複数の税額控除の適用

A社（資本金1,000万円）は購入した機械A（300万円）については中小企業経営強化税制の税額控除を受けようと思っております。また、購入した大型貨物自動車B（400万円）については中小企業投資促進税制を、さらには所得拡大促進税制の適用も考えています。

具体的な事実関係が次のような場合、税額控除限度額の合計88万円を税額控除し、当期の法人税額を62万円とすることができますか。

事実関係

A社　調整前法人税額（法人税額）　150万円

機械Aについて中小企業経営強化税制を適用した場合の税額控除限度額　300万円 × 10% ＝ 30万円

大型貨物自動車Bについて中小企業投資促進税制を適用した場合の税額控除限度額　400万円 × 7% ＝ 28万円

所得拡大促進税制を適用した場合の税額控除限度額

給与等支給増加額　200万円 × 15% ＝ 30万円

A　税額控除可能額の合計額は60万円となり、その額は当期の調整前法人税額の90%を超えていないので、60万円の税額が控除できます。

1　法人税の額から控除される特別控除額の特例の概要

租税特別措置法に規定されている特別税額控除は、それぞれごとに独立した別枠として適用されます。ただし、法人が一の事業年度において、租税特別措置法における下記に掲げる特別税額控除の規定による税額控除限度額に係る税額控除又は繰越税額控除限度超過額に係る税額控除のうち、２以上の税額控除の適用を受けようとする場合に、税額控除可能額の合計額がその事業年度の調整前法人税額の90％相当額を超えるときは、その超える部分の金額は、その事業年度の調整前法人税額から控除せず、各税額控除における繰越税額控除限度超過額として、その事業年度後の各事業年度において繰越税額控除限度超過額に係る税額控除を適用することとされています。

［１号］措法42の４①
［２号］措法42の４④
［３号］措法42の４⑦
［４号］措法42の６②又は③
［５号］措法42の９①又は②
［６号］措法42の10②
［７号］措法42の11②
［８号］措法42の11の２②
［９号］措法42の11の３②
［10号］措法42の12①又は②
［11号］措法42の12の２①
［12号］措法42の12の４②又は③
［13号］措法42の12の５①
［14号］措法42の12の５②
［15号］措法42の12の６②
［16号］措法42の12の７④～⑥
［17号］政令で定める規定

2　法人税の額から控除される特別控除額の特例の詳細

上記1における税額控除可能額とは、上記1の［1号］から［17号］までの各規定の税額控除限度額及び繰越税額控除限度超過額のうち、これらの規定による控除をしても控除しきれなかった金額を控除した金額をいいます（措法42の13①）。

ご質問の場合には次のようになります（単位は省略）。

中小企業投資促進税制（措法42の6②）を適用する大型貨物自動車Bの場合には、その取得した大型貨物自動車Bの取得価額は400、その事業年度の調整前法人税額は150ですから、税額控除限度額（取得価額の7％）は28であり、法人税額基準による控除上限額（調整前法人税額の20％相当額）は30となります。したがって、税額控除限度額28が上限額30の範囲内につき税額控除可能額は28となります。

次に、中小企業経営強化税制（措法42の12の4②）を適用する機械Aの場合には、その取得した機械Aの取得価額は300、その事業年度の調整前法人税額が150ですから、税額控除限度額（取得価額の10％）は30であり、法人税額基準による控除上限額は、調整前法人税額の20％相当額である30から中小企業投資促進税制に係る税額控除額28を控除した残額2となります。したがって、この場合の税額控除可能額は、調整前法人税額を基準とした税額控除の適用を受けることができる金額2となります（なお、中小企業経営強化税制には繰越税額控除の規定がありますから、28は繰越税額控除限度超過額として翌期に繰り越すことができます（措法42の12の4③））。

また、所得拡大促進税制（措法42の12の5②）の適用では、その給与等支給増加額200に係る税額控除限度額（15％）は30であり、法人税額基準による控除上限額（調整前法人税額の20％相当額）は30となります。したがって、税額控除限度額30が上限額30の範囲内につき税額控除可能額は30となります。

以上から、A社における当期の税額控除可能額の合計額は60（28＋2＋30）となり、その金額60は当期の調整前法人税額150の90％に相当する金額135を超えていませんから、60はその全額を調整前法人税額150から控除することができて、A社の当期法人税額は90万円（150－60）となります。

3　90％を超える場合、超える金額は各税額控除における繰越税額控除限度超過額として、その事業年度後の各事業年度で税額控除

なお、この事例では発生しませんでしたが、その事業年度において適用を受けようとする特別税額控除の規定による税額控除可能額の合計額がその事業年度の調整前法人税の90％に相当する金額を超える場合があり、その場合のその超える金額は調整前法人税額超過額と呼ばれ、その事業年度の調整前法人税額から控除せず、各税額控除における繰越税額控除限度超過額として、その事業年度後の各事業年度において繰越税額控除限度超過額に係る税額控除を適用することとされています（措法42の13②③）。

※　調整前法人税額超過額は、上記1［1号］から［17号］までの規定のうち控除可能期間が最も長いものから順次成ることとされており（措法42の13①後段）、調整前法人税額超過額を構成する金額は、個々の税額控除の規定による税額控除可能額のうち、まず控除可能期間の長いものに配賦し、次に控除可能期間が同じものがあるのであれば、法人の選択により配賦することとなります。

※　控除可能期間とは、二つ以上の税額控除の規定の適用を受けた事業年度終了の日の翌日から、上記1に掲げる各号の税額控除可能額について繰越税額控除に関する規定（各号に定める金額をその各号に掲げる規定による控除をしても控除しきれなかった金額とみなした場合に適用される租税特別措置法第42条6第3項、第42条の9第2項、又は第42条の12の4第3項の規定その他これらに類する法人税の繰越税額控除に関する

規定として政令で定める規定をいう。）を適用したならば、各事業年度の所得に対する調整前法人税額から控除することができる最終の事業年度終了の日までの期間をいいます。

※　現行においては、調整前法人税額超過額を構成する金額のうち、次の税額控除制度によるものに限っては、その構成することとされた部分の金額は、次のそれぞれの税額控除制度による控除をしても控除をしきれなかった金額として、繰越税額控除に関する規定を適用する（つまり、次のそれぞれの税額控除制度の繰越税額控除限度超過額として翌期以降に繰越控除することができる。）こととされています。

①　中小企業者等が機械等を取得した場合の税額控除制度（措法42の６）

②　沖縄の特定地域において工業用機械等を取得した場合の税額控除制度（措法42の９）

③　中小企業者等が特定経営力向上設備等を取得した場合の税額控除制度（措法42の12の４）

この繰越税額控除の適用を受けるためには調整前法人税額超過額が生じた事業年度以後の各事業年度の確定申告書に調整前法人税額超過額の明細書を添付をし、また、繰越控除の適用を受ける事業年度の確定申告書等に控除の対象となる調整前法人税額超過額、控除を受ける金額を記載するとともに、その金額の計算に関する明細書を添付して申告する必要があります。

Ⅳ 参考情報

1 生産性向上設備（A類型）の適用手続き（中小企業庁）

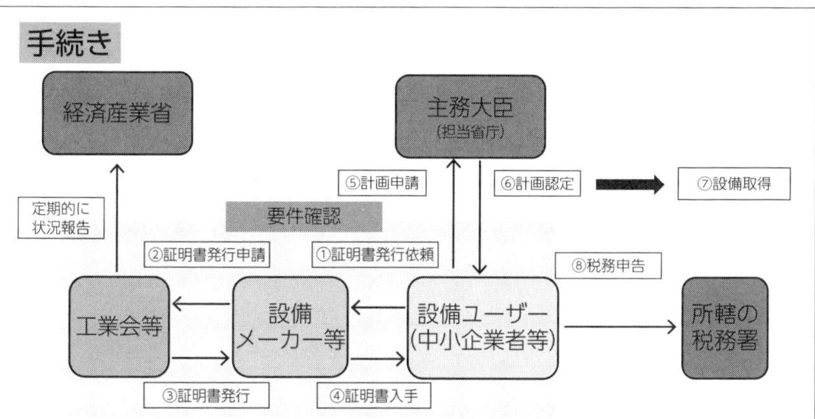

① 設備ユーザーは、当該設備を生産した機器メーカー等（以下「設備メーカー」）に証明書の発行を依頼してください。

※②～③は設備メーカーと工業会等とのやりとりです。

② 依頼を受けた設備メーカーは、証明書（様式１）及びチェックシート（様式２）に必要事項を記入の上、当該設備を担当する工業会等の確認を受けてください。

（注） 設備の種類ごとに担当する工業会等を定めております。詳しくは中小企業庁ホームページをご参照ください。

③ 工業会等は、証明書及びチェックシートの記入内容を確認の上、設備メーカーに証明書を発行してください。

④ 工業会等から証明書の発行を受けた設備メーカーは、依頼があった設備ユーザーに証明書を転送してください。

⑤・⑥　設備ユーザーは、④の確認を受けた設備を経営力向上計画に記載し、計画申請書及びその写しとともに④の工業会証明書の写しを添付して、主務大臣に計画申請します。主務大臣は、計画認定書と計画申請書の写しを設備ユーザーに交付します。

⑦・⑧　認定を受けた経営力向上計画に基づき取得した経営力向上設備等については、税法上の他の要件を満たす場合には、税務申告において税制上の優遇措置の適用を受けることができます。税務申告に際しては、納税書類に④の工業会証明書、⑤の計画申請書及び⑥の計画認定書（いずれも写し）を添付してください。

（注）　本手続きを行っていただいた場合でも、税務の要件（取得価額や事業の用に供する等）を満たさない場合は、税制の適用が受けられないことにご注意ください。

（出所：中小企業庁パンフレット「中小企業等経営強化法に基づく支援措置活用の手引き」）

2　収益力強化設備（B類型）・経営資源集約化に資する設備（D類型）の適用手続き（中小企業庁）

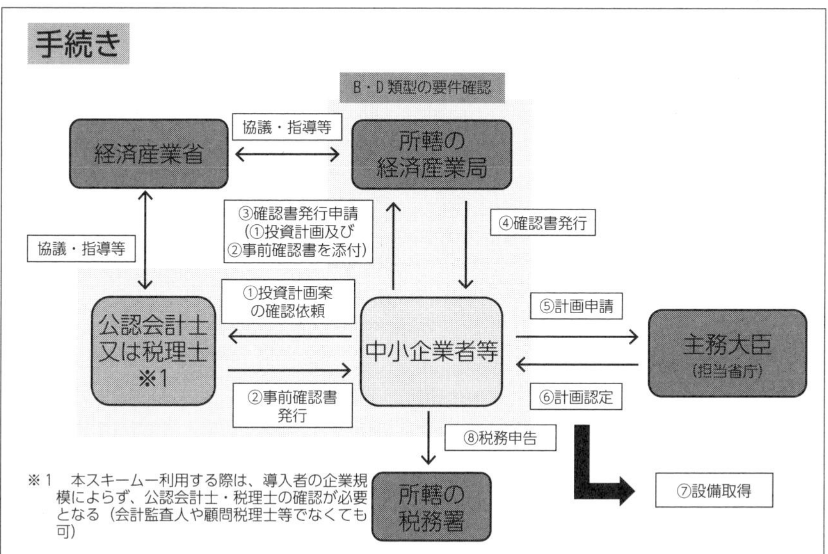

①・②　申請書（様式１）に必要事項をご記入いただき、必要書類（当該申請書の裏付けとなる資料等）を添付の上、公認会計士又は税理士の事前確認を受けてください。

公認会計士又は税理士は申請書と裏付けとなる資料に齟齬がないか等を確認し、「事前確認書（様式２）」を発行します。

③・④　申請者は、必要に応じて申請書の修正等を行った上で、②の事前確認書を添付の上、本社所在地を管轄する経済産業局(※)に、事前にご連絡（予約）をした上で、申請書の内容が分かる方が申請書をご持参・ご説明ください。

※　申請書に記載のある設備の導入場所に当該申請書について説明可能な方がいるなど、特段の事情がある場合は設備の導入場

所の管轄の経済産業局でも申請ができます。

経済産業局は、③のご説明を受けてから、概ね１ヶ月以内に、②の事前確認書、申請書、添付書類に基づき、当該申請書が経営力向上設備等の投資計画であるとして適切である場合に確認書（様式３）を発行し、申請書及び必要添付書類を添付したものをお渡しします。

⑤・⑥　申請者は、④の確認を受けた設備について経営力向上計画に記載し、計画申請書及びその写しとともに④の確認書及び確認申請書（いずれも写し）を添付して、主務大臣に計画申請します。主務大臣は、計画認定書と計画申請書の写しを申請者に交付します。

⑦・⑧　認定を受けた経営力向上計画に基づき取得した経営力向上設備等については、税法上の他の要件を満たす場合には、税務申告において税制上の優遇措置の適用を受けることができます。税務申告に際しては、⑤の申請書及び⑥の認定書（いずれも写し）を添付してください。

⑨　計画認定後、Ｂ類型の場合は投資計画に関する実施状況報告を、Ｄ類型の場合は事業の承継報告及び事業承継等に関する状況報告を、決められた期間提出する必要があります。詳細は、中小企業庁ホームページをご確認ください。

（注）　本手続きを行っていただいた場合でも、税務の要件（取得価額や事業の用に供する等）を満たさない場合は、税制の適用が受けられないことにご注意ください。

（出所：中小企業庁パンフレット「中小企業等経営強化法に基づく支援措置活用の手引き」）

3　デジタル化設備（C類型）の適用手続き（中小企業庁）

手続き

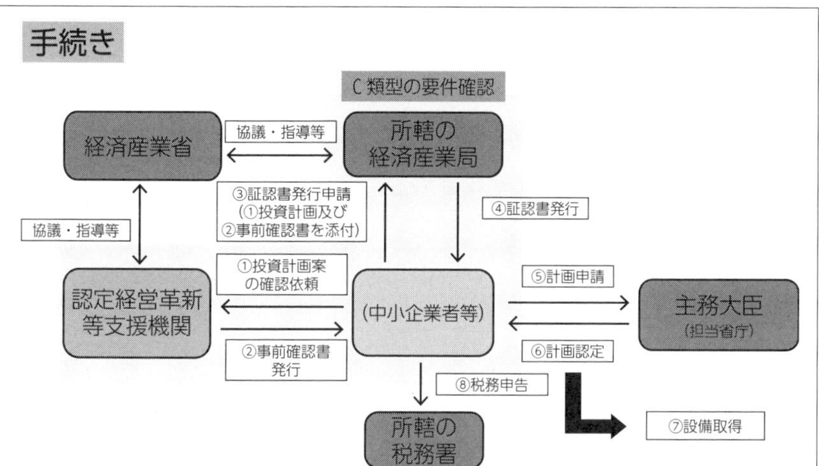

①・②　申請書（様式１）に必要事項をご記入いただき、必要書類（当該申請書の裏付けとなる資料等）を添付の上、認定経営革新等支援機関の事前確認を受けてください。

認定経営革新等支援機関は申請書と裏付けとなる資料に齟齬がないか等を確認し、「事前確認書（様式２）」を発行します。

③・④　申請者は、必要に応じて申請書の修正等を行った上で、②の事前確認書を添付の上、本社所在地を管轄する経済産業局に、事前にご連絡をした上で、申請書二部・必要添付書類二部・事前確認書二部を一式としてご郵送ください。なお、確認書発行に対して、返信用封筒（返信先の宛名必須）に切手（確認書には申請書及び必要添付書類を一式として送付いたしますので、重量をご確認の上、必要となる切手を添付してください。）を添付したものを同封してご郵送ください。

経済産業局は、郵送を受け取ってから（郵送物の到着日が受理日となります)、概ね１ヶ月以内に、②の事前確認書、申請書、添付書類に基づき、当該申請書が経営力向上設備等の投資計画であるとして適切である場合に確認書（様式３）を発行し、申請書及び必要添付書類を添付したものを返送します。

⑤・⑥　申請者は、④の確認を受けた設備について経営力向上計画に記載し、計画申請書及びその写しとともに④の確認書及び確認申請書（いずれも写し）を添付して、主務大臣に計画申請します。主務大臣は、計画認定書と計画申請書の写しを申請者に交付します。

⑦・⑧　認定を受けた経営力向上計画に基づき取得した経営力向上設備等については、税法上の他の要件を満たす場合には、税務申告において税制上の優遇措置の適用を受けることができます。税務申告に際しては、⑤の申請書及び⑥の認定書（いずれも写し）を添付してください。

（注）　本手続きを行っていただいた場合でも、税務の要件（取得価額や事業の用に供する等）を満たさない場合は、税制の適用が受けられないことにご注意ください。

（出所：中小企業庁パンフレット「中小企業等経営強化法に基づく支援措置活用の手引き」）

第4章

参考法令集

中小企業投資促進税制

1　租税特別措置法

（中小企業者等が機械等を取得した場合の特別償却又は法人税額の特別控除）

第42条の6　第42条の4第8項第7号に規定する中小企業者（同項第8号に規定する適用除外事業者に該当するものを除く。）又は同項第9号に規定する農業協同組合等若しくは商店街振興組合で、青色申告書を提出するもの（以下この条において「中小企業者等」という。）が、平成10年6月1日から令和5年3月31日までの期間（次項において「指定期間」という。）内に、次に掲げる減価償却資産（第1号又は第2号に掲げる減価償却資産にあっては政令で定める規模のものに限るものとし、匿名組合契約その他これに類する契約として政令で定める契約の目的である事業の用に供するものを除く。以下この条において「特定機械装置等」という。）でその製作の後事業の用に供されたことのないものを取得し、又は特定機械装置等を製作して、これを国内にある当該中小企業者等の営む製造業、建設業その他政令で定める事業の用（第4号に規定する事業を営む法人で政令で定めるもの以外の法人の貸付けの用を除く。以下この条において「指定事業の用」という。）に供した場合には、その指定事業の用に供した日を含む事業年度（解散（合併による解散を除く。）の日を含む事業年度及び清算中の各事業年度を除く。次項及び第9項において「供用年度」という。）の当該特定機械装置等に係る償却費として損金の額に算入する金額の限度額（以下この節において「償却限度額」という。）は、法人税法

第31条第１項又は第２項の規定にかかわらず、当該特定機械装置等の普通償却限度額（同条第１項に規定する償却限度額又は同条第２項に規定する償却限度額に相当する金額をいう。以下この節において同じ。）と特別償却限度額（当該特定機械装置等の取得価額（第４号に掲げる減価償却資産にあっては、当該取得価額に政令で定める割合を乗じて計算した金額。次項において「基準取得価額」という。）の100分の30に相当する金額をいう。）との合計額とする。

一　機械及び装置並びに工具（工具については、製品の品質管理の向上等に資するものとして財務省令で定めるものに限る。）

二　ソフトウエア（政令で定めるものに限る。）

三　車両及び運搬具（貨物の運送の用に供される自動車で輸送の効率化等に資するものとして財務省令で定めるものに限る。）

四　政令で定める海上運送業の用に供される船舶

2　特定中小企業者等（中小企業者等のうち政令で定める法人以外の法人をいう。以下この項において同じ。）が、指定期間内に、特定機械装置等でその製作の後事業の用に供されたことのないものを取得し、又は特定機械装置等を製作して、これを国内にある当該特定中小企業者等の営む指定事業の用に供した場合において、当該特定機械装置等につき前項の規定の適用を受けないときは、供用年度の所得に対する調整前法人税額（第42条の４第８項第２号に規定する調整前法人税額をいう。以下第４項までにおいて同じ。）からその指定事業の用に供した当該特定機械装置等の基準取得価額の合計額の100分の７に相当する金額（以下この項及び第４項において「税額控除限度額」という。）を控除する。この場合において、当該特定中小企業者等の供用年度における税額控除限度額が、当該特定中小企業者等の当該供用年度の所得に対する調整前法人税額の100分の20に相当する金額を超えるときは、その控除を受ける金額は、当該100分の20に相当する金額を限度とする。

3　青色申告書を提出する法人が、各事業年度（解散（合併による解散を除く。）の日を含む事業年度及び清算中の各事業年度を除く。）において繰越税額控除限度超過額を有する場合には、当該事業年度の所得に対する調整前法人税額から、当該繰越税額控除限度超過額に相当する金額を控除する。この場合において、当該法人の当該事業年度における繰越税額控除限度超過額が当該法人の当該事業年度の所得に対する調整前法人税額の100分の20に相当する金額（当該事業年度においてその指定事業の用に供した特定機械装置等につき前項の規定により当該事業年度の所得に対する調整前法人税額から控除される金額又は第42条の12の４第２項の規定により当該事業年度の所得に対する調整前法人税額から控除される金額がある場合には、これらの金額を控除した残額）を超えるときは、その控除を受ける金額は、当該100分の20に相当する金額を限度とする。

4　前項に規定する繰越税額控除限度超過額とは、当該法人の当該事業年度開始の日前一年以内に開始した各事業年度（その事業年度が連結事業年度に該当する場合には、当該連結事業年度（以下この項において「一年以内連結事業年度」という。）とし、当該事業年度まで連続して青色申告書の提出（一年以内連結事業年度にあっては、当該法人又は当該法人に係る連結親法人による法人税法第２条第32号に規定する連結確定申告書の提出）をしている場合の各事業年度又は一年以内連結事業年度に限る。）における税額控除限度額（当該法人の一年以内連結事業年度における第68条の11第２項に規定する税額控除限度額（当該法人に係るものに限る。以下この項において「連結税額控除限度額」という。）を含む。）のうち、第２項の規定（連結税額控除限度額については、同条第２項の規定）による控除をしてもなお控除しきれない金額（既に前項の規定により当該各事業年度において調整前法人税額から控除された金額（既に同条第３項の規定により一年以内連結事業年度において法人税の額から控除された金額のうち当該法人に係るものを含む。以下この項において「控除済金額」という。）がある場合には、当該控除済金額を控除した残額）の合計額をいう。

5　連結子法人が、法人税法第４条の５第１項の規定により同法第４条の２の承認を取り消された場合（当該承認の取消しのあった日（以下この項において「取消日」という。）が連結事業年度終了の日の翌日である場合を除く。）において、当該連結子法人の取消日前５年以内に開始した各連結事業年度において第68条の11第２項又は第３項の規定の適用に係る連結子法人であるときは、当該連結子法人の取消日の前日を含む事業年度の所得に対する法人税の額は、同法第66条第１項及び第２項の規定、第42条の９第４項及び第42条の12の４第５項の規定その他法人税に関する法令の規定にかかわらず、これらの規定により計算した法人税の額に、第68条の11第２項又は第３項の規定により当該各連結事業年度の連結所得に対する法人税の額から控除された金額のうち当該連結子法人に係る金額に相当する金額を加算した金額とする。

6　第１項の規定は、中小企業者等が所有権移転外リース取引（法人税法第64条の２第３項に規定するリース取引のうち所有権が移転しないものとして政令で定めるものをいう。以下この章において同じ。）により取得した特定機械装置等については、適用しない。

7　第１項の規定は、確定申告書等に特定機械装置等の償却限度額の計算に関する明細書の添付がある場合に限り、適用する。

8　第２項の規定は、確定申告書等（同項の規定により控除を受ける金額を増加させる修正申告書又は更正請求書を提出する場合には、当該修正申告書又は更正請求書を含む。）に同項の規定による控除の対象となる特定機械装置等の取得価額、控除を受ける金額及び当該金額の計算に関する明細を記載した書類の添付がある場合に限り、適用する。この場合において、同項の規定により控除される金額の計算の基礎となる特定機械装置等の取得価額は、確定申告書等に添付された書類に記載された特定機械装置等の取得価額を限度とする。

9　第３項の規定は、供用年度以後の各事業年度の法人税法第２条第31号に規定する確定申告書に同項に規定する繰越税額控除限度超過額の明細書の添付がある場合（第４項に規定する連結税額控除限度額を有する法人については、当該明細書の添付がある場合及び第68条の11第２項に規定する供用年度以後の各連結事業年度（当該供用年度以後の各事業年度が連結事業年度に該当しない場合には、当該供用年度以後の各事業年度）の同法第２条第32号に規定する連結確定申告書（当該供用年度以後の各事業年度にあっては、同条第31号に規定する確定申告書）に第68条の11第３項に規定する繰越税額控除限度超過額の明細書の添付がある場合）で、かつ、第３項の規定の適用を受けようとする事業年度の確定申告書等（同項の規定により控除を受ける金額を増加させる修正申告書又は更正請求書を提出する場合には、当該修正申告書又は更正請求書を含む。）に同項の規定による控除の対象となる同項に規定する繰越税額控除限度超過額、控除を受ける金額及び当該金額の計算に関する明細を記載した書類の添付がある場合に限り、適用する。

10　第42条の４第12項及び第13項の規定は、第２項又は第３項の規定の適用がある場合について準用する。この場合において、同条第12項中「第１項、第４項及び第７項」とあるのは、「第42条の６第２項及び第

3項」と読み替えるものとする。

11　第5項の規定の適用がある場合における法人税法第67条の規定の適用については、同条第1項中「前条第1項又は第2項」とあるのは「租税特別措置法第42条の6第5項（中小企業者等が機械等を取得した場合の特別償却又は法人税額の特別控除）」と、「これら」とあるのは「同項」と、同条第3項中「前条第1項又は第2項」とあるのは「租税特別措置法第42条の6第5項」とする。

12　第5項の規定の適用がある場合における法人税法第2編第1章（第2節を除く。）の規定の適用については、同法第74条第1項第2号に掲げる金額は、同項第1号に掲げる所得の金額につき同節の規定及び第5項の規定を適用して計算した法人税の額とする。

13　第6項から前項までに定めるもののほか、第5項の規定の適用がある場合における法人税法第2編第1章第3節の規定による申告又は還付の特例その他同法及び地方法人税法の規定の適用に関する事項その他第1項から第5項までの規定の適用に関し必要な事項は、政令で定める。

2　租税特別措置法施行令

（中小企業者等が機械等を取得した場合の特別償却又は法人税額の特別控除）

第27条の6　法第42条の6第1項第2号に規定する政令で定めるソフトウエアは、電子計算機に対する指令であって一の結果を得ることができるように組み合わされたもの（これに関連する財務省令で定める書類を含むものとし、複写して販売するための原本、開発研究（新たな製品の製造若しくは新たな技術の発明又は現に企業化されている技術の著しい改善を目的として特別に行われる試験研究をいう。）の用に供されるものその他財務省令で定めるものを除く。）とする。

2　法第42条の６第１項第４号に規定する政令で定める海上運送業は、内航海運業法第２条第２項に規定する内航海運業とする。

3　法第42条の６第１項に規定する政令で定める規模のものは、次の各号に掲げる減価償却資産の区分に応じ当該各号に定める規模のものとする。

一　機械及び装置　一台又は一基（通常一組又は一式をもって取引の単位とされるものにあっては、一組又は一式。次号において同じ。）の取得価額（法人税法施行令第54条第１項各号の規定により計算した取得価額をいう。以下この項において同じ。）が160万円以上のもの

二　工具　一台又は一基の取得価額が120万円以上のもの（当該中小企業者等（法第42条の６第１項に規定する中小企業者等をいう。以下この項において同じ。）が当該事業年度（同条第１項に規定する指定期間の末日以前に開始し、かつ、当該末日後に終了する事業年度にあっては、当該事業年度開始の日から当該末日までの期間に限る。）において、取得（その製作の後事業の用に供されたことのないものの取得に限る。次号において同じ。）又は製作をして国内にある当該中小企業者等の営む同項に規定する指定事業の用に供した同項第１号に掲げる工具（一台又は一基の取得価額が30万円以上のものに限る。）の取得価額の合計額が120万円以上である場合の当該工具を含む。）

三　ソフトウエア　一のソフトウエアの取得価額が70万円以上のもの（当該中小企業者等が当該事業年度（法第42条の６第１項に規定する指定期間の末日以前に開始し、かつ、当該末日後に終了する事業

年度にあっては、当該事業年度開始の日から当該末日までの期間に限る。）において、取得又は製作をして国内にある当該中小企業者等の営む同項に規定する指定事業の用に供した同項第２号に掲げるソフトウエア（法人税法施行令第133条又は第133条の２の規定の適用を受けるものを除く。）の取得価額の合計額が70万円以上である場合の当該ソフトウエアを含む。）

4　法第42条の６第１項に規定する政令で定める契約は、次に掲げる契約とする。

一　当事者の一方が相手方の事業のために出資をし、相手方がその事業から生ずる利益を分配することを約する契約

二　外国における匿名組合契約又は前号に掲げる契約に類する契約

5　法第42条の６第１項に規定する政令で定める事業は、農業、林業、漁業、水産養殖業、鉱業、卸売業、道路貨物運送業、倉庫業、港湾運送業、ガス業その他財務省令で定める事業とし、同項に規定する政令で定める法人は、内航海運業法第２条第２項に規定する内航運送の用に供される船舶の貸渡しをする事業を営む法人とする。

6　法第42条の６第１項に規定する政令で定める割合は、100分の75とする。

7　法第42条の６第２項に規定する政令で定める法人は、資本金の額又は出資金の額が３千万円を超える法人（法第42条の４第８項第９号に規定する農業協同組合等及び商店街振興組合を除く。）とする。

8　法第42条の６第６項に規定する政令で定めるものは、法人税法施行令第48条の２第５項第５号に規定する所有権移転外リース取引とする。

9　法第42条の６第５項の規定の適用がある場合における法人税法第２編第１章（第２節を除く。）及び第４章並びに地方法人税法（平成26年法律第11号）第４章の規定の適用については、次に定めるところに

よる。

一　法人税法第71条第１項第１号又は第２項第１号に規定する確定申告書に記載すべき同法第74条第１項第２号に掲げる金額は、当該金額から当該金額に含まれる法第42条の６第５項の規定（次号から第６号までにおいて「特別税額加算規定」という。）により加算された金額を控除した金額とする。

二　法人税法第80条第１項に規定する所得に対する法人税の額は、当該所得に対する法人税の額から当該所得に対する法人税の額に含まれる特別税額加算規定により加算された金額を控除した金額とする。

三　法人税法第135条第２項に規定する所得に対する法人税の額は、当該所得に対する法人税の額から当該所得に対する法人税の額に含まれる特別税額加算規定により加算された金額を控除した金額とする。

四　地方法人税法第16条第１項第１号に規定する地方法人税額は、当該地方法人税額から当該地方法人税額に係る同法第６条に規定する基準法人税額に含まれる特別税額加算規定により加算された金額の100分の10.3に相当する金額を控除した金額とする。

五　地方法人税法第23条第１項に規定する基準法人税額に対する地方法人税の額は、当該基準法人税額に対する地方法人税の額から当該基準法人税額に対する地方法人税の額に係る同項に規定する基準法人税額に含まれる特別税額加算規定により加算された金額の100分の10.3に相当する金額を控除した金額とする。

六　地方法人税法第29条第２項に規定する所得基準法人税額に対する地方法人税の額は、当該所得基準法人税額に対する地方法人税の額から当該所得基準法人税額に対する地方法人税の額に係る同条第１項に規定する所得基準法人税額に含まれる特別税額加算規定により加算された金額の100分の10.3に相当する金額を控除した金額とする。

3 租税特別措置法施行規則

（中小企業者等が機械等を取得した場合の特別償却又は法人税額の特別控除）

第20条の3　法第42条の6第1項第1号に規定する財務省令で定めるものは、測定工具及び検査工具（電気又は電子を利用するものを含む。）とする。

2　施行令第27条の6第1項に規定する財務省令で定める書類は、システム仕様書その他の書類とする。

3　施行令第27条の6第1項に規定する財務省令で定めるソフトウエアは、次に掲げるものとする。

一　サーバー用オペレーティングシステム（ソフトウエア（電子計算機に対する指令であって一の結果を得ることができるように組み合わされたものをいう。以下この項において同じ。）の実行をするために電子計算機の動作を直接制御する機能を有するサーバー用のソフトウエアをいう。次号において同じ。）のうち、国際標準化機構及び国際電気標準会議の規格15408に基づき評価及び認証をされたもの（次号において「認証サーバー用オペレーティングシステム」という。）以外のもの

二　サーバー用仮想化ソフトウエア（2以上のサーバー用オペレーティングシステムによる一のサーバー用の電子計算機（当該電子計算機の記憶装置に当該2以上のサーバー用オペレーティングシステムが書き込まれたものに限る。）に対する指令を制御し、当該指令

を同時に行うことを可能とする機能を有するサーバー用のソフトウエアをいう。以下この号において同じ。）のうち、認証サーバー用仮想化ソフトウエア（電子計算機の記憶装置に書き込まれた２以上の認証サーバー用オペレーティングシステムによる当該電子計算機に対する指令を制御するサーバー用仮想化ソフトウエアで、国際標準化機構及び国際電気標準会議の規格15408に基づき評価及び認証をされたものをいう。）以外のもの

三　データベース管理ソフトウエア（データベース（数値、図形その他の情報の集合物であって、それらの情報を電子計算機を用いて検索することができるように体系的に構成するものをいう。以下この号において同じ。）の生成、操作、制御及び管理をする機能を有するソフトウエアであって、他のソフトウエアに対して当該機能を提供するものをいう。）のうち、国際標準化機構及び国際電気標準会議の規格15408に基づき評価及び認証をされたもの以外のもの（以下この号において「非認証データベース管理ソフトウエア」という。）又は当該非認証データベース管理ソフトウエアに係るデータベースを構成する情報を加工する機能を有するソフトウエア

四　連携ソフトウエア（情報処理システム（情報処理の促進に関する法律第２条第３項に規定する情報処理システムをいう。以下この号において同じ。）から指令を受けて、当該情報処理システム以外の情報処理システムに指令を行うソフトウエアで、次に掲げる機能を有するものをいう。）のうち、イの指令を日本産業規格（産業標準化法第20条第１項に規定する日本産業規格をいう。イにおいて同じ。）X5731―８に基づき認証をする機能及びイの指令を受けた旨を記録する機能を有し、かつ、国際標準化機構及び国際電気標準会議の規格15408に基づき評価及び認証をされたもの以外のもの

イ　日本産業規格X0027に定めるメッセージの形式に基づき日本産業規格X4159に適合する言語を使用して記述された指令を受ける機能

ロ　指令を行うべき情報処理システムを特定する機能

ハ　その特定した情報処理システムに対する指令を行うに当たり、当該情報処理システムが実行することができる内容及び形式に指令の付加及び変換を行い、最適な経路を選択する機能

五　不正アクセス防御ソフトウエア（不正アクセスを防御するために、あらかじめ設定された次に掲げる通信プロトコルの区分に応じそれぞれ次に定める機能を有するソフトウエアであって、インターネットに対応するものをいう。）のうち、国際標準化機構及び国際電気標準会議の規格15408に基づき評価及び認証をされたもの以外のもの

イ　通信路を設定するための通信プロトコル　ファイアウォール機能（当該通信プロトコルに基づき、電気通信信号を検知し、通過させる機能をいう。）

ロ　通信方法を定めるための通信プロトコル　システム侵入検知機能（当該通信プロトコルに基づき、電気通信信号を検知し、又は通過させる機能をいう。）

ハ　アプリケーションサービスを提供するための通信プロトコル　アプリケーション侵入検知機能（当該通信プロトコルに基づき、電気通信信号を検知し、通過させる機能をいう。）

4　法第42条の６第１項第３号に規定する財務省令で定めるものは、道路運送車両法施行規則別表第１に規定する普通自動車で貨物の運送の用に供されるもののうち車両総重量（道路運送車両法第40条第３号に規定する車両総重量をいう。）が3.5トン以上のものとする。

5　施行令第27条の６第５項に規定する財務省令で定める事業は、次に掲げる事業（風俗営業等の規制及び業務の適正化等に関する法律第２条第５項に規定する性風俗関連特殊営業に該当するものを除く。）とする。

一　小売業

二　料理店業その他の飲食店業（料亭、バー、キャバレー、ナイトクラブその他これらに類する事業にあっては、生活衛生同業組合の組合員が行うものに限る。）

三　一般旅客自動車運送業

四　海洋運輸業及び沿海運輸業

五　内航船舶貸渡業

六　旅行業

七　こん包業

八　郵便業

九　通信業

十　損害保険代理業

十一　不動産業

十二　サービス業（娯楽業（映画業を除く。）を除く。）

4　租税特別措置法通達

第42条の６　《中小企業者等が機械等を取得した場合の特別償却又は法人税額の特別控除》関係

（事業年度の中途において中小企業者等に該当しなくなった場合等の適用）

42の６－１　法人が各事業年度の中途において措置法第42条の６第１項

に規定する中小企業者等（以下「中小企業者等」という。）に該当しないこととなった場合においても、その該当しないこととなった日前に取得又は製作（以下「取得等」という。）をして同項に規定する指定事業の用（以下「指定事業の用」という。）に供した特定機械装置等（同項に規定する「特定機械装置等」をいう。以下42の６－８までにおいて同じ。）については、同項の規定の適用があることに留意する。この場合において、措置法令第27条の６第３項第２号又は第３号に規定する取得価額の合計額がこれらの号に規定する金額以上であるかどうかは、その中小企業者等に該当していた期間内に取得等をして指定事業の用に供していたものの取得価額の合計額によって判定することに留意する。

（注）　法人が各事業年度の中途において特定中小企業者等（措置法第42条の６第２項に規定する「特定中小企業者等」をいう。以下同じ。）に該当しないこととなった場合の同項の規定の適用についても、同様とする。

（取得価額の判定単位）

42の６－２　措置法令第27条の６第３項第１号又は第２号に掲げる機械及び装置又は工具の１台又は１基の取得価額が160万円以上又は120万円以上であるかどうかについては、通常一単位として取引される単位ごとに判定するのであるが、個々の機械及び装置の本体と同時に設置する自動調整装置又は原動機のような附属機器で当該本体と一体になって使用するものがある場合には、これらの附属機器を含めたところによりその判定を行うことができるものとする。

（注）　措置法規則第20条の３第１項に規定する工具の取得価額の合計額が120万円以上であるかどうかについては、同項に規定する測

定工具及び検査工具の取得価額の合計額により判定することに留意する。

(圧縮記帳の適用を受けた場合の特定機械装置等の取得価額要件の判定)

42の6－3　措置法令第27条の６第３項第１号から第３号までに掲げる機械及び装置、工具又はソフトウエアの取得価額が160万円以上、120万円以上又は70万円以上であるかどうかを判定する場合において、その機械及び装置、工具又はソフトウエアが法第42条から第49条までの規定による圧縮記帳の適用を受けたものであるときは、その圧縮記帳後の金額に基づいてその判定を行うものとする。

(主たる事業でない場合の適用)

42の6－4　法人の営む事業が指定事業の用に係る事業（以下「指定事業」という。）に該当するかどうかは、当該法人が主たる事業としてその事業を営んでいるかどうかを問わないことに留意する。

(事業の判定)

42の6－5　法人の営む事業が指定事業に該当するかどうかは、おおむね日本標準産業分類（総務省）の分類を基準として判定する。

（注）１　措置法令第27条の６第５項の「鉱業」については、日本標準産業分類の「大分類Ｃ鉱業，採石業，砂利採取業」に分類する事業が該当する。

２　措置法規則第20条の３第５項第12号に掲げる「サービス業」については、日本標準産業分類の「大分類Ｇ情報通信業」（通信業を除く。)、「小分類693駐車場業」、「中分類70物品賃貸業」、「大分類Ｌ学術研究、専門・技術サービス業」、「中分類75宿泊業」、「中分類78洗濯・理容・美容・浴場業」、「中分類79その他の生活関連サービス業」（旅行業を除く。）、「大分類Ｏ教育、学習支援業」、「大分類Ｐ医療、福祉」、「中分類87協同組合（他に分類されないもの）」及び「大分類Ｒサービス業（他に分類されないもの）」に分類する事業が該当する。

（その他これらに類する事業に含まれないもの）

42の６－６　措置法規則第20条の３第５項第２号括弧書の料亭、バー、キャバレー、ナイトクラブに類する事業には、例えば大衆酒場及びビヤホールのように一般大衆が日常利用する飲食店は含まないものとする。

（指定事業とその他の事業とに共通して使用される特定機械装置等）

42の６－７　指定事業とその他の事業とを営む法人が、その取得等をした特定機械装置等をそれぞれの事業に共通して使用している場合には、その全部を指定事業の用に供したものとして措置法第42条の６の規定を適用する。

（貸付けの用に供したものに該当しない資産の貸与）

42の６－８　法人が、その取得等をした特定機械装置等を自己の下請業者に貸与した場合において、当該特定機械装置が専ら当該法人のためにする製品の加工等の用に供されるものであるときは、当該特定機械装置等は当該法人の営む事業の用に供したものとして取り扱う。

（特定機械装置等の対価につき値引きがあった場合の税額控除限度額の計算）

42の６－10　法人が措置法第42条の６第１項（同法第68条の11第１項を含む。）に規定する特定機械装置等を指定事業の用に供した日を含む事業年度（その事業年度が連結事業年度に該当する場合には、当該連結事業年度。以下42の６－10において「供用年度」という。）後の事業年度において当該特定機械装置等の対価の額につき値引きがあった場合には、供用年度に遡って当該値引きのあった特定機械装置等に係る措置法第42条の６第２項（同法第68条の11第２項を含む。）に規定する税額控除限度額の修正を行うものとする。

Ⅱ 中小企業経営強化税制

1 租税特別措置法

（中小企業者等が特定経営力向上設備等を取得した場合の特別償却又は法人税額の特別控除）

第42条の12の４　中小企業者等（第42条の４第８項第７号に規定する中小企業者（同項第８号に規定する適用除外事業者に該当するものを除く。）又は同項第９号に規定する農業協同組合等若しくは商店街振興組合で、青色申告書を提出するもののうち、中小企業等経営強化法第17条第１項の認定（以下この項において「認定」という。）を受けた同法第２条第２項に規定する中小企業者等に該当するものをいう。以下この条において同じ。）が、平成29年４月１日から令和５年３月31日までの期間（次項において「指定期間」という。）内に、生産等設備を構成する機械及び装置、工具、器具及び備品、建物附属設備並びに政令で定めるソフトウエアで、同法第17条第３項に規定する経営力向上設備等（経営の向上に著しく資するものとして財務省令で定めるもので、その中小企業者等のその認定に係る同条第１項に規定する経営力向上計画（同法第18条第１項の規定による変更の認定があったときは、その変更後のもの）に記載されたものに限る。）に該当するもののうち政令で定める規模のもの（以下この条において「特定経営力向上設備等」という。）でその製作若しくは建設の後事業の用に供されたことのないものを取得し、又は特定経営力向上設備等を製作し、若しくは建設して、これを国内にある当該中小企業者等の営む事業の用（第42条の６第１項に規定する指定事業の用に限る。以下この条において「指定事業の用」という。）に供した場合には、その指定事業の用に供した日を含む事業年度（解散（合併による解散を除く。）の日を含む事業年度及び清算中の各事業年度を除く。次項及び第９項において「供用年度」という。）の当該特定経営力向上設備等の償却限度額は、法人税法第31条第１項又は第２項の規定にかかわらず、当該特定経営力向上設備等の普通償却限度額と特別償却限度額（当該特定経営力向上設備等の取得価額から普通償却限度額を控除した金額に相当する金額をいう。）との合計額とする。

2　中小企業者等が、指定期間内に、特定経営力向上設備等でその製作若しくは建設の後事業の用に供されたことのないものを取得し、又は特定経営力向上設備等を製作し、若しくは建設して、これを国内にある当該中小企業者等の営む指定事業の用に供した場合において、当該特定経営力向上設備等につき前項の規定の適用を受けないときは、供用年度の所得に対する調整前法人税額（第42条の４第８項第２号に規定する調整前法人税額をいう。以下第４項までにおいて同じ。）からその指定事業の用に供した当該特定経営力向上設備等の取得価額の100分の７（中小企業者等のうち政令で定める法人以外の法人がその指定事業の用に供した当該特定経営力向上設備等については、100分の10）に相当する金額の合計額（以下この項及び第４項において「税額控除限度額」という。）を控除する。この場合において、当該中小企業者等の供用年度における税額控除限度額が、当該中小企業者等の当該供用年度の所得に対する調整前法人税額の100分の20に相当する金額（第42条の６第２項の規定により当該供用年度の所得に対する調整前法人税額から控除される金額がある場合には、当該金額を控除した残額）を超えるときは、その控除を受ける金額は、当該100分の20に相当する金額を限度とする。

3　青色申告書を提出する法人が、各事業年度（解散（合併による解散を除く。）の日を含む事業年度及び清算中の各事業年度を除く。）において繰越税額控除限度超過額を有する場合には、当該事業年度の所得に対する調整前法人税額から、当該繰越税額控除限度超過額に相当する金額を控除する。この場合において、当該法人の当該事業年度における繰越税額控除限度超過額が当該法人の当該事業年度の所得に対する調整前法人税額の100分の20に相当する金額（当該事業年度においてその指定事業の用に供した特定経営力向上設備等につき前項の規定により当該事業年度の所得に対する調整前法人税額から控除される金額又は第42条の6第2項及び第3項の規定により当該事業年度の所得に対する調整前法人税額から控除される金額がある場合には、これらの金額を控除した残額）を超えるときは、その控除を受ける金額は、当該100分の20に相当する金額を限度とする。

4　前項に規定する繰越税額控除限度超過額とは、当該法人の当該事業年度開始の日前一年以内に開始した各事業年度（その事業年度が連結事業年度に該当する場合には、当該連結事業年度（以下この項において「一年以内連結事業年度」という。）とし、当該事業年度まで連続して青色申告書の提出（一年以内連結事業年度にあっては、当該法人又は当該法人に係る連結親法人による法人税法第2条第32号に規定する連結確定申告書の提出）をしている場合の各事業年度又は一年以内連結事業年度に限る。）における税額控除限度額（当該法人の一年以内連結事業年度における第68条の15の5第2項に規定する税額控除限度額（当該法人に係るものに限る。以下この項において「連結税額控除限度額」という。）を含む。）のうち、第2項の規定（連結税額控除限度額については、同条第2項の規定）による控除をしてもなお控除しきれない金額（既に前項の規定により当該各事業年度において調整前法人税額から控除された金額（既に同条第３項の規定により一年以内連結事業年度において法人税の額から控除された金額のうち当該法人に係るものを含む。以下この項において「控除済金額」という。）がある場合には、当該控除済金額を控除した残額）の合計額をいう。

5　連結子法人が、法人税法第４条の５第１項の規定により同法第４条の２の承認を取り消された場合（当該承認の取消しのあった日（以下この項において「取消日」という。）が連結事業年度終了の日の翌日である場合を除く。）において、当該連結子法人の取消日前５年以内に開始した各連結事業年度において第68条の15の５第２項又は第３項の規定の適用に係る連結子法人であるときは、当該連結子法人の取消日の前日を含む事業年度の所得に対する法人税の額は、同法第66条第１項及び第２項の規定、第42条の６第５項及び第42条の９第４項の規定その他法人税に関する法令の規定にかかわらず、これらの規定により計算した法人税の額に、第68条の15の５第２項又は第３項の規定により当該各連結事業年度の連結所得に対する法人税の額から控除された金額のうち当該連結子法人に係る金額に相当する金額を加算した金額とする。

6　第１項の規定は、中小企業者等が所有権移転外リース取引により取得した特定経営力向上設備等については、適用しない。

7　第１項の規定は、確定申告書等に特定経営力向上設備等の償却限度額の計算に関する明細書の添付がある場合に限り、適用する。

8　第２項の規定は、確定申告書等（同項の規定により控除を受ける金額を増加させる修正申告書又は更正請求書を提出する場合には、当該修正申告書又は更正請求書を含む。）に同項の規定による控除の対象となる特定経営力向上設備等の取得価額、控除を受ける金額及び当該金額の計算に関する明細を記載した書類の添付がある場合に限り、適用する。この場合において、同項の規定により控除される金額の計算の基礎となる特定経営力向上設備等の取得価額は、確定申告書等に添付された書類に記載された特定経営力向上設備等の取得価額を限度とする。

9　第３項の規定は、供用年度以後の各事業年度の法人税法第２条第31号に規定する確定申告書に同項に規定する繰越税額控除限度超過額の明細書の添付がある場合（第４項に規定する連結税額控除限度額を有する法人については、当該明細書の添付がある場合及び第68条の15の５第２項に規定する供用年度以後の各連結事業年度（当該供用年度以後の各事業年度が連結事業年度に該当しない場合には、当該供用年度以後の各事業年度）の同法第２条第32号に規定する連結確定申告書（当該供用年度以後の各事業年度にあっては、同条第31号に規定する確定申告書）に第68条の15の５第３項に規定する繰越税額控除限度超過額の明細書の添付がある場合）で、かつ、第３項の規定の適用を受けようとする事業年度の確定申告書等（同項の規定により控除を受ける金額を増加させる修正申告書又は更正請求書を提出する場合には、当該修正申告書又は更正請求書を含む。）に同項の規定による控除の対象となる同項に規定する繰越税額控除限度超過額、控除を受ける金額及び当該金額の計算に関する明細を記載した書類の添付がある場合に限り、適用する。

10　第42条の４第12項及び第13項の規定は、第２項又は第３項の規定の適用がある場合について準用する。この場合において、同条第12項中「第１項、第４項及び第７項」とあるのは、「第42条の12の４第２項及び第３項」と読み替えるものとする。

11　第５項の規定の適用がある場合における法人税法第67条の規定の適用については、同条第１項中「前条第１項又は第２項」とあるのは

「租税特別措置法第42条の12の４第５項（中小企業者等が特定経営力向上設備等を取得した場合の特別償却又は法人税額の特別控除）」と、「これら」とあるのは「同項」と、同条第３項中「前条第１項又は第２項」とあるのは「租税特別措置法第42条の12の４第５項」とする。

12　第42条の６第12項の規定は、第５項の規定の適用がある場合について準用する。この場合において、同条第12項中「及び第５項」とあるのは、「及び第42条の12の４第５項」と読み替えるものとする。

13　第６項から前項までに定めるもののほか、第５項の規定の適用がある場合における法人税法第２編第１章第３節の規定による申告又は還付の特例その他同法及び地方法人税法の規定の適用に関する事項その他第１項から第５項までの規定の適用に関し必要な事項は、政令で定める。

2　租税特別措置法施行令

（中小企業者等が特定経営力向上設備等を取得した場合の特別償却又は法人税額の特別控除）

第27条の12の４　法第42条の12の４第１項に規定する政令で定めるものは、産業競争力強化法等の一部を改正する等の法律（令和３年法律第70号）附則第９条第２項に規定する中小企業者等で同項の規定により中小企業等経営強化法第２条第６項に規定する特定事業者等とみなされるものとする。

2　法第42条の12の４第１項に規定する政令で定めるソフトウエアは、第27条の６第１項に規定するソフトウエアとする。

3　法第42条の12の４第１項に規定する政令で定める規模のものは、機械及び装置にあっては一台又は一基（通常一組又は一式をもって取引の単位とされるものにあっては、一組又は一式。以下この項において同じ。）の取得価額（法人税法施行令第54条第１項各号の規定により計算した取得価額をいう。以下この項において同じ。）が160万円以上のものとし、工具、器具及び備品にあっては一台又は一基の取得価額が30万円以上のものとし、建物附属設備にあっては一の建物附属設備の取得価額が60万円以上のものとし、ソフトウエアにあっては一のソフトウエアの取得価額が70万円以上のものとする。

4　法第42条の12の４第２項に規定する政令で定める法人は、資本金の額又は出資金の額が３千万円を超える法人（法第42条の４第８項第９号に規定する農業協同組合等及び商店街振興組合を除く。）とする。

5　法人が、その取得し、又は製作し、若しくは建設した機械及び装置、工具、器具及び備品、建物附属設備並びにソフトウエア（以下この項において「機械装置等」という。）につき法第42条の12の４第１項又は第２項の規定の適用を受ける場合には、当該機械装置等につきこれらの規定の適用を受ける事業年度の確定申告書等に当該機械装置等が同条第１項に規定する特定経営力向上設備等に該当するものであることを証する財務省令で定める書類を添付しなければならない。

6　第27条の６第９項の規定は、法第42条の12の４第５項の規定の適用がある場合について準用する。この場合において、第27条の６第９項第１号中「第42条の６第５項」とあるのは、「第42条の12の４第５項」と読み替えるものとする。

3　租税特別措置法施行規則

（中小企業者等が特定経営力向上設備等を取得した場合の特別償却又は法人税額の特別控除）

第20条の9　法第42条の12の4第1項に規定する財務省令で定めるものは、中小企業等経営強化法施行規則第16条第2項に規定する経営力向上に著しく資する設備等とする。

2　施行令第27条の12の4第4項に規定する財務省令で定める書類は、当該法人が受けた中小企業等経営強化法第17条第1項の認定（同法第18条第1項の規定による変更の認定を含む。）に係る同法第17条第1項に規定する経営力向上計画の写し及び当該経営力向上計画に係る認定書の写しとする。

4　租税特別措置法通達

第42条の12の4《中小企業者等が特定経営力向上設備等を取得した場合の特別償却又は法人税額の特別控除》関係

(中小企業者であるかどうかの判定)

42の12の4－1　措置法第42条の12の4第1項又は第2項の規定の適用上、法人が同条第1項に規定する中小企業者に該当するかどうかの判定（措置法第42条の4第8項第8号に規定する適用除外事業者（以下「適用除外事業者」という。）に該当するかどうかの判定を除く。）は、措置法第42条の12の4第1項に規定する特定経営力向上設備等（以下42の12の4－9までにおいて「特定経営力向上設備等」という。）の取得又は製作若しくは建設（以下「取得等」という。）をした日及び事業の用に供した日の現況によるものとする。

（注）　法人が同条第2項に規定する「中小企業者等のうち政令で定める法人以外の法人」に該当するかどうかの判定（適用除外事業者に該当するかどうかの判定を除く。）についても同様とする。

（生産等設備の範囲）

42の12の４－２　措置法第42条の12の４第１項に規定する生産等設備（以下「生産等設備」という。）とは、例えば、製造業を営む法人の工場、小売業を営む法人の店舗又は自動車整備業を営む法人の作業場のように、その法人が行う生産活動、販売活動、役務提供活動その他収益を稼得するために行う活動（以下これらを「生産等活動」という。）の用に直接供される減価償却資産で構成されているものをいう。したがって、例えば、本店、寄宿舎等の建物、事務用器具備品、乗用自動車、福利厚生施設のようなものは、これに該当しない。

（注）　一棟の建物が本店用と店舗用に供されている場合など、減価償却資産の一部が法人の生産等活動の用に直接供されているものについては、その全てが生産等設備となることに留意する。

（取得価額の判定単位）

42の12の４－４　措置法令第27条の12の４第３項に規定する機械及び装置又は工具、器具及び備品の１台又は１基の取得価額が160万円以上又は30万円以上であるかどうかについては、通常一単位として取引される単位ごとに判定するのであるが、個々の機械及び装置の本体と同時に設置する自動調整装置又は原動機のような附属機器で当該本体と一体になって使用するものがある場合には、これらの附属機器を含めたところによりその判定を行うことができるものとする。

（圧縮記帳をした特定経営力向上設備等の取得価額）

42の12の４－５　措置法令第27条の12の４第３項に規定する機械及び装置、工具、器具及び備品、建物附属設備又はソフトウエアの取得価額が160万円以上、30万円以上、60万円以上又は70万円以上であるかどうかを判定する場合において、その機械及び装置、工具、器具及び備品、建物附属設備又はソフトウエアが法第42条から第49条までの規定による圧縮記帳の適用を受けたものであるとき（42の12の4－9(2)に掲げる場合を含む。）は、その圧縮記帳後の金額（42の12の4－9(2)に掲げる場合にあっては、42の12の4－9(2)に定める金額）に基づいてその判定を行うものとする。

(主たる事業でない場合の適用)

42の12の4－6　法人の営む事業が措置法第42条の12の4第1項に規定する指定事業の用に係る事業（以下「指定事業」という。）に該当するかどうかは、当該法人が主たる事業としてその事業を営んでいるかどうかを問わないことに留意する。

(指定事業とその他の事業とに共通して使用される特定経営力向上設備等)

42の12の4－7　指定事業とその他の事業とを営む法人が、その取得等をした特定経営力向上設備等をそれぞれの事業に共通して使用している場合には、その全部を指定事業の用に供したものとして措置法第42条の12の4の規定を適用する。

(貸付けの用に供したものに該当しない資産の貸与)

42の12の4－8　法人が、その取得等をした特定経営力向上設備等を自己の下請業者に貸与した場合において、当該特定経営力向上設備等が専ら当該法人のためにする製品の加工等の用に供されるものであるときは、当該特定経営力向上設備等は当該法人の営む事業の用に供したものとして取り扱う。

(国庫補助金等の圧縮記帳の適用を受ける場合の取得価額)

42の12の4－9　措置法第42条の12の4第2項に規定する税額控除限度

額を計算する場合における特定経営力向上設備等の取得価額は、次に掲げる場合には、それぞれ次に定める金額による。

⑴　法人が取得等をした特定経営力向上設備等につき、当該取得等をして指定事業の用に供した事業年度（以下42の12の４－９において「供用年度」という。）において法第42条又は第44条の規定の適用を受ける場合令第54条第３項の規定により同条第１項の取得価額とみなすこととされた金額

⑵　法人が取得等をした特定経営力向上設備等につき、供用年度後の事業年度において法第42条又は第44条の規定の適用を受けることが予定されている場合令第54条第１項各号に掲げる金額から法第42条第１項に規定する国庫補助金等（以下「国庫補助金等」という。）の交付予定金額を控除した金額

（注）１　⑵の国庫補助金等の交付予定金額は、供用年度終了の日において見込まれる金額による。

（注）２　特定経営力向上設備等の供用年度において、当該特定経営力向上設備等を対象とした国庫補助金等の交付を受けていない場合で、法人が、措置法第42条の12の４第２項の規定による税額控除限度額の計算の基礎となる取得価額を上記⑵に定める金額によることなく令第54条第１項各号に掲げる金額により申告をしたときは、供用年度後の事業年度（その事業年度が連結事業年度に該当する場合には、当該連結事業年度）において基本通達10－２－２（連結基本通達９－２－３を含む。）の取扱いの適用はないことに留意する。

（特定経営力向上設備等の対価につき値引きがあった場合の税額控除限度額の計算）

42の12の４－10　法人が措置法第42条の12の４第１項（同法第68条の15の５第１項を含む。）に規定する特定経営力向上設備等を指定事業の用に供した日を含む事業年度（その事業年度が連結事業年度に該当する場合には、当該連結事業年度。以下「供用年度」という。）後の事業年度において当該特定経営力向上設備等の対価の額につき値引きがあった場合には、供用年度に遡って当該値引きのあった特定経営力向上設備等に係る措置法第42条の12の４第２項（同法第68条の15の５第２項を含む。）に規定する税額控除限度額の修正を行うものとする。

5　中小企業等経営強化法

（定義）

第２条　この法律において「中小企業者」とは、次の各号のいずれかに該当する者をいう。

一　資本金の額又は出資の総額が３億円以下の会社並びに常時使用する従業員の数が300人以下の会社及び個人であって、製造業、建設業、運輸業その他の業種（次号から第４号までに掲げる業種及び第５号の政令で定める業種を除く。）に属する事業を主たる事業として営むもの

二　資本金の額又は出資の総額が１億円以下の会社並びに常時使用する従業員の数が100人以下の会社及び個人であって、卸売業（第５号の政令で定める業種を除く。）に属する事業を主たる事業として営むもの

三　資本金の額又は出資の総額が５千万円以下の会社並びに常時使用

する従業員の数が100人以下の会社及び個人であって、サービス業（第５号の政令で定める業種を除く。）に属する事業を主たる事業として営むもの

四　資本金の額又は出資の総額が５千万円以下の会社並びに常時使用する従業員の数が50人以下の会社及び個人であって、小売業（次号の政令で定める業種を除く。）に属する事業を主たる事業として営むもの

五　資本金の額又は出資の総額がその業種ごとに政令で定める金額以下の会社並びに常時使用する従業員の数がその業種ごとに政令で定める数以下の会社及び個人であって、その政令で定める業種に属する事業を主たる事業として営むもの

六　企業組合

七　協業組合

八　事業協同組合、事業協同小組合、商工組合、協同組合連合会その他の特別の法律により設立された組合及びその連合会であって、政令で定めるもの

2　この法律において「中小企業者等」とは、次の各号のいずれかに該当する者をいう。

一　中小企業者

二　一般社団法人であって中小企業者を直接又は間接の構成員とするもの（政令で定める要件に該当するものに限る。）

三　資本金の額又は出資の総額が政令で定める金額以下の会社その他政令で定める法人（第１号に掲げる者を除く。）

四　常時使用する従業員の数が政令で定める数以下の会社その他政令で定める法人及び個人（前３号に掲げる者を除く。）

3～4　省　略

5　この法律において「特定事業者」とは、次の各号のいずれかに該当する者をいう。

一　常時使用する従業員の数が500人以下の会社及び個人であって、製造業、建設業、運輸業その他の業種（次号及び第３号に掲げる業種並びに第４号の政令で定める業種を除く。）に属する事業を主たる事業として営むもの

二　常時使用する従業員の数が400人以下の会社及び個人であって、卸売業（第４号の政令で定める業種を除く。）に属する事業を主たる事業として営むもの

三　常時使用する従業員の数が300人以下の会社及び個人であって、小売業又はサービス業（次号の政令で定める業種を除く。）に属する事業を主たる事業として営むもの

四　常時使用する従業員の数がその業種ごとに政令で定める数以下の会社及び個人であって、その政令で定める業種に属する事業を主たる事業として営むもの

五　企業組合

六　協業組合

七　事業協同組合、事業協同小組合、商工組合、協同組合連合会その他の特別の法律により設立された組合及びその連合会であって、政令で定めるもの

八　一般社団法人であって前各号に掲げるものを直接又は間接の構成員とするもの（政令で定める要件に該当するものに限る。）

6　この法律において「特定事業者等」とは、次の各号のいずれかに該当する者をいう。

一　特定事業者

二　常時使用する従業員の数が政令で定める数以下の会社その他政令

で定める法人及び個人（前号に掲げる者を除く。）

7～15　省　略

（経営力向上計画の認定）

第17条　特定事業者等は、単独で又は共同で行おうとする経営力向上に関する計画（特定事業者等が第２条第５項第５号から第７号までに掲げる組合若しくは連合会、会社又は同条第６項第２号の政令で定める法人（以下この項において単に「法人」という。）を設立しようとする場合にあっては当該特定事業者等がその組合、連合会、会社又は法人と共同で行う経営力向上に関するものを、特定事業者等が合併して会社又は法人を設立しようとする場合にあっては合併により設立される会社又は法人（合併後存続する会社又は法人を含む。）が行う経営力向上に関するものを、特定事業者等がその外国関係法人等の全部又は一部と共同で経営力向上を行おうとする場合にあっては当該特定事業者等が当該外国関係法人等と共同で行う経営力向上に関するものを含む。以下「経営力向上計画」という。）を作成し、主務省令で定めるところにより、これを主務大臣に提出して、その経営力向上計画が適当である旨の認定を受けることができる。ただし、特定事業者等が共同で経営力向上計画を作成した場合にあっては、主務省令で定めるところにより、代表者を定め、これを主務大臣に提出するものとする。

2　経営力向上計画には、次に掲げる事項を記載しなければならない。

一　経営力向上の目標

二　経営力向上による経営の向上の程度を示す指標

三　経営力向上の内容及び実施時期（事業承継等を行う場合にあっては、その実施時期を含む。）

四　経営力向上を実施するために必要な資金の額及びその調達方法

五　経営力向上設備等の種類

3　前項第5号の「経営力向上設備等」とは、商品の生産若しくは販売又は役務の提供の用に供する施設、設備、機器、装置又はプログラムであって、経営力向上に特に資するものとして経済産業省令で定めるものをいう。

4～10　省　略

(経営力向上計画の変更等)

第18条　前条第1項の認定を受けた特定事業者等は、当該認定に係る経営力向上計画を変更しようとするときは、主務省令で定めるところにより、その認定をした主務大臣の認定を受けなければならない。

2　主務大臣は、前条第1項の認定に係る経営力向上計画（前項の規定による変更の認定があったときは、その変更後のもの。以下「認定経営力向上計画」という。）に従って経営力向上に係る事業（認定経営力向上計画に前条第4項第2号に掲げる事項の記載がある場合にあっては、事業承継等事前調査を含む。）が行われていないと認めるときは、その認定を取り消すことができる。

3～4　省　略

6　中小企業等経営強化法施行令

(中小企業者の範囲)

第1条　中小企業等経営強化法（平成11年法律第18号。以下「法」という。）第2条第1項第5号に規定する政令で定める業種並びにその業種ごとの資本金の額又は出資の総額及び常時使用する従業員の数は、次の表のとおりとする。

	業　種	資本金の額又は出資の総額	常時使用する従業員の数
1	ゴム製品製造業（自動車又は航空機用タイヤ及びチューブ製造業並びに工業用ベルト製造業を除く。）	3億円	9百人
2	ソフトウェア業又は情報処理サービス業	3億円	3百人
3	旅館業	5千万円	2百人

2　法第2条第1項第8号の政令で定める組合及び連合会は、次のとおりとする。

一　事業協同組合及び事業協同小組合並びに協同組合連合会

二　水産加工業協同組合及び水産加工業協同組合連合会

三　商工組合及び商工組合連合会

四　商店街振興組合及び商店街振興組合連合会

五　生活衛生同業組合、生活衛生同業小組合及び生活衛生同業組合連合会であって、その直接又は間接の構成員の3分の2以上が5千万円（卸売業を主たる事業とする事業者については、1億円）以下の金額をその資本金の額若しくは出資の総額とする法人又は常時50人（卸売業又はサービス業を主たる事業とする事業者については、100人）以下の従業員を使用する者であるもの

六　酒造組合、酒造組合連合会及び酒造組合中央会であって、その直接又は間接の構成員たる酒類製造業者の3分の2以上が3億円以下の金額をその資本金の額若しくは出資の総額とする法人又は常時300人以下の従業員を使用する者であるもの並びに酒販組合、酒販組合連合会及び酒販組合中央会であって、その直接又は間接の構成員たる酒類販売業者の3分の2以上が5千万円（酒類卸売業者につ

いては、１億円）以下の金額をその資本金の額若しくは出資の総額とする法人又は常時50人（酒類卸売業者については、100人）以下の従業員を使用する者であるもの

七　内航海運組合及び内航海運組合連合会であって、その直接又は間接の構成員たる内航海運事業を営む者の３分の２以上が３億円以下の金額をその資本金の額若しくは出資の総額とする法人又は常時300人以下の従業員を使用する者であるもの

八　技術研究組合であって、その直接又は間接の構成員の３分の２以上が法第２条第１項第１号から第７号までに掲げる者であるもの

（中小企業者等の範囲）

第２条　法第２条第２項第２号の政令で定める要件は、当該一般社団法人の直接又は間接の構成員の３分の２以上が同条第１項に規定する中小企業者であることとする。

2　法第２条第２項第３号の政令で定める資本金の額又は出資の総額は、10億円とする。

3　法第２条第２項第３号の政令で定める法人は、次のとおりとする。

一　医業を主たる事業とする法人

二　歯科医業を主たる事業とする法人

4　法第２条第２項第４号の政令で定める常時使用する従業員の数は、２千人とする。

5　法第２条第２項第４号の政令で定める法人は、次のとおりとする。

一　医業を主たる事業とする法人

二　歯科医業を主たる事業とする法人

三　社会福祉法（昭和26年法律第45号）第22条に規定する社会福祉法人（前２号に掲げる法人を除く。第５条第２項第３号において「社

会福祉法人」という。)

四　特定非営利活動促進法（平成10年法律第７号）第２条第２項に規定する特定非営利活動法人（第１号及び第２号に掲げる法人を除く。第５条第２項第４号において「特定非営利活動法人」という。)

(特定事業者の範囲)

第４条　法第２条第５項第４号に規定する政令で定める業種は次のとおりとし、これらの業種ごとの同号に規定する政令で定める常時使用する従業員の数はいずれも500人とする。

一　ソフトウェア業

二　情報処理サービス業

三　旅館業

２　法第２条第５項第７号の政令で定める組合及び連合会は、次のとおりとする。

一　事業協同組合及び事業協同小組合並びに協同組合連合会

二　水産加工業協同組合及び水産加工業協同組合連合会

三　商工組合及び商工組合連合会

四　商店街振興組合及び商店街振興組合連合会

五　生活衛生同業組合、生活衛生同業小組合及び生活衛生同業組合連合会であって、その直接又は間接の構成員の３分の２以上が常時300人（卸売業を主たる事業とする事業者については、400人）以下の従業員を使用する者であるもの

六　酒造組合、酒造組合連合会及び酒造組合中央会であって、その直接又は間接の構成員たる酒類製造業者の３分の２以上が常時500人以下の従業員を使用する者であるもの並びに酒販組合、酒販組合連合会及び酒販組合中央会であって、その直接又は間接の構成員たる

酒類販売業者の3分の2以上が常時300人（酒類卸売業者については、400人）以下の従業員を使用する者であるもの

七　内航海運組合及び内航海運組合連合会であって、その直接又は間接の構成員たる内航海運事業を営む者の3分の2以上が常時500人以下の従業員を使用する者であるもの

八　技術研究組合であって、その直接又は間接の構成員の3分の2以上が法第2条第5項第1号から第6号までに掲げる者であるもの

3　法第2条第5項第8号の政令で定める要件は、当該一般社団法人の直接又は間接の構成員の3分の2以上が同項第1号から第7号までに掲げる者であることとする。

（特定事業者等の範囲）

第5条　法第2条第6項第2号の政令で定める常時使用する従業員の数は、2,000人とする。

2　法第2条第6項第2号の政令で定める法人は、次のとおりとする。

一　医業を主たる事業とする法人

二　歯科医業を主たる事業とする法人

三　社会福祉法人

四　特定非営利活動法人

7　中小企業等経営強化法施行規則

（経営力向上設備等の要件）

第16条　法第17条第3項の経営力向上に特に資するものとして経済産業省令で定める設備等は、次の各号のいずれかに該当するものとする。

1　省　略

2　前項の設備等のうち、経営力向上に著しく資する設備等は、次の各号のいずれかに該当するものとする。

一　次の表の上欄に掲げる指定設備であって、次に掲げるいずれの要件（当該指定設備がソフトウエア（電子計算機に対する指令であって、一の結果を得ることができるように組み合わされたものをいう。以下この号及び次号において同じ。）である場合及びロの比較の対象となる設備が販売されていない場合にあっては、イに掲げる要件に限る。）にも該当するもの

イ　当該指定設備の区分ごとに同表の下欄に掲げる販売が開始された時期に係る要件に該当するものであること。

ロ　当該指定設備が、その属する型式区分（同一の製造業者が製造した同一の種別に属する設備を型式その他の事項により区分した場合の各区分をいう。以下この号において同じ。）に係る販売開始日に次いで新しい販売開始日の型式区分（当該指定設備の製造業者が製造した当該指定設備と同一の種別に属する設備の型式区分に限る。）に属する設備と比較して、生産効率、エネルギー効率、精度その他の経営力の向上に資するものの指標が年平均1パーセント以上向上しているものであること。

指定設備		販売が開始された時期に係る要件
減価償却資産の種類	対象となるものの用途又は細目	

機械及び装置	全ての指定設備（発電の用に供する設備にあっては、主として電気の販売を行うために取得又は製作をするものとして経済産業大臣が定めるものを除く。）	当該設備の属する型式区分に係る販売開始日が、事業者が当該設備を導入した日の10年前の日の属する年度（その年の１月１日から12月31日までの期間をいう。以下この表において同じ。）開始の日以後の日であること。
器具及び備品	全ての指定設備（医療機器にあっては、医療保健業を行う事業者が取得又は製作をするものを除く。）	当該設備の属する型式区分に係る販売開始日が、事業者が当該設備を導入した日の６年前の日の属する年度開始の日以後の日であること。
工具	測定工具及び検査工具（電気又は電子を利用するものを含む。）	当該設備の属する型式区分に係る販売開始日が、事業者が当該設備を導入した日の５年前の日の属する年度開始の日以後の日であること。
建物附属設備	全ての指定設備（医療保健業を行う事業者が取得又は建設をするものを除くものとし、発電の用に供する設備にあっては主として電気の販売を行うために取得又は建設をするものとして経済産業大臣が定めるものを除く。）	当該設備の属する型式区分に係る販売開始日が、事業者が当該設備を導入した日の14年前の日の属する年度開始の日以後の日であること。
ソフトウエア	設備の稼働状況等に係る情報収集機能及び分析・指示機能を有するもの	当該設備の属する型式区分に係る販売開始日が、事業者が当該設備を導入した日の５年前の日の属する年度開始の日以後の日であること。

二　機械及び装置（発電の用に供する設備にあっては、主として電気

の販売を行うために取得又は製作をするものとして経済産業大臣が定めるものを除く。)、工具、器具及び備品（医療機器にあっては、医療保健業を行う事業者が取得又は製作をするものを除く。)、建物附属設備（医療保健業を行う事業者が取得又は建設をするものを除くものとし、発電の用に供する設備にあっては主として電気の販売を行うために取得又は建設をするものとして経済産業大臣が定めるものを除く。）並びにソフトウエアのうち、事業者が策定した投資計画（次の算式により算定した当該投資計画における年平均の投資利益率が5パーセント以上となることが見込まれるものであることにつき経済産業大臣の確認を受けたものに限る。）に記載された投資の目的を達成するために必要不可欠な設備

各年度において増加する営業利益と減価償却費の合計額（設備の取得等をする年度の翌年度以降３箇年度におけるものに限る。）を平均した額÷設備の取得等をする年度におけるその取得等をする設備の取得価額の合計額

三　機械及び装置（発電の用に供する設備にあっては、主として電気の販売を行うために取得又は製作をするものとして経済産業大臣が定めるものを除く。)、工具、器具及び備品（医療機器にあっては、医療保健業を行う事業者が取得又は製作をするものを除く。)、建物附属設備（医療保健業を行う事業者が取得又は建設をするものを除くものとし、発電の用に供する設備にあっては主として電気の販売を行うために取得又は建設をするものとして経済産業大臣が定めるものを除く。）並びにソフトウエアのうち、事業者が策定した投資計画（次のイからハまでのいずれかに該当することにつき経済産業大臣の確認を受けたものに限る。）に記載された投資の目的を達成するために必要不可欠な設備

イ　情報処理技術を用いた遠隔操作を通じて、事業を対面以外の方法により行うこと又は事業に従事する者が現に常時労務を提供している場所以外の場所において常時労務を提供することができるようにすること。

ロ　現に実施している事業に関するデータの集約及び分析を情報処理技術を用いて行うことにより、当該事業の工程に関する最新の状況の把握及び経営資源等の最適化を行うことができるようにすること。

ハ　情報処理技術を用いて、現に実施している事業の工程に関する経営資源等の最適化のための指令を状況に応じて自動的に行うことができるようにすること。

四　機械及び装置（発電の用に供する設備にあっては、主として電気の販売を行うために取得又は製作をするものとして経済産業大臣が定めるものを除く。）、工具、器具及び備品（医療機器にあっては、医療保健業を行う事業者が取得又は製作をするものを除く。）、建物附属設備（医療保健業を行う事業者が取得又は建設をするものを除くものとし、発電の用に供する設備にあっては主として電気の販売を行うために取得又は建設をするものとして経済産業大臣が定めるものを除く。）並びにソフトウエアのうち、事業者が策定した投資計画（次に掲げるいずれかの要件を満たすことが見込まれるものであることにつき経済産業大臣の確認を受けたものに限る。）に記載された投資の目的を達成するために必要不可欠な設備（当該事業者が行う認定経営力向上計画（法第17条第４項第２号に掲げる事項の記載があるものに限る。）に記載された設備であって、当該認定経営力向上計画に従って事業承継等を行った後に取得又は製作若しくは建設をするものに限る。）

イ　当該事業者が行う認定経営力向上計画（法第17条第４項第２号に掲げる事項の記載があるものに限る。）の実施期間の終了の日を含む事業年度（ロにおいて「計画終了年度」という。）において減価償却費及び研究開発費を控除する前の営業利益の額を総資産の額で除した値を百分率で表した値が、当該認定経営力向上計画の開始の直前の事業年度（ロにおいて「基準事業年度」という。）における当該値より、次の表の上欄に掲げる当該認定経営力向上計画の計画期間（ロにおいて「計画期間」という。）に応じ、同表の下欄に掲げる水準以上上回ること。

計画期間	水準
３年間	0.3
４年間	0.4
５年間	0.5

ロ　計画終了年度の売上高を有形固定資産の帳簿価額で除した値を百分率で表した値が、基準事業年度における当該値より、次の表の上欄に掲げる計画期間に応じ、同表の下欄に掲げる水準以上上回ること。

計画期間	水準
３年間	２パーセント
４年間	2.5パーセント
５年間	３パーセント

8　産業競争力強化法等の一部を改正する等の法律（令和３年法律第70号）

附　則

第９条　省　略

２　新中小強化法第２条第２項に規定する中小企業者等（同条第６項に規定する特定事業者等（以下この項において「特定事業者等」という。）に該当するものを除く。）については、令和５年３月31日までの間は、特定事業者等とみなして、新中小強化法の経営力向上（同条第10項に規定する経営力向上をいう。第５項において同じ。）に関する規定を適用する。

３～５　省　略

9　中小企業等経営強化法施行規則第16条第２項第１号の表並びに第２号及び第３号の規定に基づき主として電気の販売を行うために取得等をする設備を定める告示

（平成31年３月29日）

（経済産業省告示第85号）

改正　令和元年７月12日経済産業省告示第 65号

同　２年４月30日同　第105号

同　２年９月16日同　第191号

中小企業等経営強化法施行規則（平成11年通商産業省令第74号）第８条第２項第１号の表及び第２号の規定に基づき、並びに同令を実施するため、中小企業等経営強化法施行規則第８条第２項第１号の表及び第２号の規定に基づき主として電気の販売を行うために取得等をする設備を定める告示を次のように定める。

中小企業等経営強化法施行規則第16条第２項第１号の表並びに第２号及び第３号の規定に基づき主として電気の販売を行うために取得等をする設備を定める告示
（令元経産告65・令２経産告105・改称）

1　中小企業等経営強化法施行規則第16条第２項第１号の表並びに第２号及び第３号に規定する主として電気の販売を行うために取得又は製作若しくは建設をする設備は、認定等（中小企業等経営強化法（平成11年法律第18号）第17条第１項の規定による認定又は同法第18条第１項の規定による変更の認定をいう。以下同じ。）を受けようとする中小企業者等（同法第２条第２項に規定する中小企業者等をいう。以下同じ。）の当該認定等に係る経営力向上計画（同法第17条第１項に規定する経営力向上計画をいう。以下同じ。）に記載された発電の用に供する設備（当該設備と併せて設置される架台、蓄電装置、制御装置その他の当該発電の用に供する設備に附属する設備を含む。以下「発電設備等」という。）であって、当該経営力向上計画に記載された実施時期のうち当該発電設備等により発電される電気の販売を行うことが見込まれる期間において、当該発電設備等により発電されることが見込まれる電気の量のうちに販売を行うことが見込まれる当該電気の量の占める割合が２分の１を超えるものとする。

2　発電設備等の記載がある経営力向上計画について認定等を受けようとする中小企業者等による当該認定等の申請に係る経営力向上に関する命令（平成28年／内閣府、総務省、財務省、／厚生労働省、農林水産省、経済産業省、／国土交通省／令第２号）第２条第１項の申請書又は同令第3条第1項の申請書の提出は、別記様式による報告書を添付して行わなければならない。ただし、中小企業等経営強化法第18条第1項の規定による変更の認定に係る変更が当該発電設備等に係る部分の変更でない場合（当該変更の認定に係る申請前に、当該認定等の申請に係る申請書に当該発電設備等に係る当該報告書を添付していない場合を除く。）は、この限りでない。

（令元経産告65・令2経産告105・令2経産告191・一部改正）

様式（第二項関係）

（令元経産告65・令2経産告191・一部改正）

様式（第二項関係）

発電設備等の概要等に関する報告書

年　　月　　日

殿

住　　　　所
名 称 及 び
代表者の氏名

1．発電設備等の概要

番号	取得年月	利用を想定している支援措置	設備等の名称／型式	所在地

番号	設備等の種類	単価（千円）	数量	金額（千円）	証明書等の文書番号等

2．当該経営力向上計画に記載された実施時期のうち当該発電設備等により発電される電気の販売を行うことが見込まれる期間

期間	

3．当該発電設備等により発電されることが見込まれる電気の量等の見込み

当該発電設備等により発電されることが見込まれる電気の量（A）	当該発電設備等により発電されることが見込まれる電気の量のうち販売以外の用に供することが見込まれる電気の量（B）	当該発電設備等により発電されることが見込まれる電気の量のうち販売を行うことが見込まれる電気の量（C）＝（A－B）	当該発電設備等により発電されることが見込まれる電気の量のうちに販売を行うことが見込まれるものの占める割合（C／A）
kWh	kWh	kWh	%

（備考）

1　用紙の大きさは、日本工業規格Ａ４とする。

2「2．当該経営力向上計画に記載された実施時期のうち当該発電設備等により発電される電気の販売を行うことが見込まれる期間」及び「3．当該発電設備等により発電されることが見込まれる電気の量等の見込み」については、記載内容が確認できる書類を添付すること。

（記載要領）

1　発電設備等の概要

(1)　主務大臣に提出する経営力向上計画の認定に係る申請書又は変更の認定に係る申請書中、「８経営力向上設備等の種類」において、発電設備等であって、販売の用に供する電気を発電するために導入しようとするものが含まれている場合に、当該発電設備等の概要を記載すること。

(2)　(1)の記載に当たっては、経営力向上計画に係る認定申請書における記載要領に従って記載すること。

(3)　表中「証明書等の文書番号等」については、工業会証明書等が発行されていない場合は記載しないこと。

(4)　項目数が足りない場合は、列を追加すること。

2　当該経営力向上計画に記載された実施時期のうち当該発電設備等により発電される電気の販売を行うことが見込まれる期間

表の欄の記載に当たっては、当該経営力向上計画に記載された実施時期のうち当該発電設備等により発電される電気の販売を行うことが見込まれる期間を記載すること。ただし、当該発電設備等が既に中小企業等経営強化法第17条第１項の認定に係る同法第18条第２項に規定する認定経営力向上計画に記載があるもので同条第一項の規定による変更の認定に係る変更が当該発電設備等に係る部分の変更である場合には、その変更により電気の販売を行うことが見込まれる期間その他の計画の変更の内容に応じた期間を記載し、併せてその旨を記載すること。

3　当該発電設備等により発電されることが見込まれる電気の量等の見込み

表の各欄の記載に当たっては、「２．当該経営力向上計画に記載された実施時期のうち当該発電設備等により発電される電気の販売を行うことが見込まれる期間」に記載された期間における値をそれぞれ記載すること。

附則

（施行期日）

1　この告示は、平成31年４月１日から施行する。

（経過措置）

2　本則第２項の規定は、中小企業等経営強化法第２条第２項に規定する中小企業者等がこの告示の施行の日以後に受ける同法第17条第１項の認定又は同法第18条第１項の規定による変更の認定のうち、同日以後に申請がされるものに係る経営力向上に関する命令第２条第１項の申請書又は同令第３条第１項の申請書の提出について適用する。

（令元経産告65・令２経産告191・一部改正）

附則（令和元年７月12日経済産業省告示第65号）

この告示は、中小企業の事業活動の継続に資するための中小企業等経営強化法等の一部を改正する法律の施行の日（令和元年７月16日）から施行する。

附則（令和２年４月30日経済産業省告示第105号）

この告示は、公布の日から施行する。

附則（令和２年９月16日経済産業省告示第191号）

この告示は、中小企業の事業承継の促進のための中小企業における経営の承継の円滑化に関する法律等の一部を改正する法律の施行の日（令和２年10月１日）から施行する。

【著者略歴】

橋本 満男（はしもと　みつお）

渋谷税務署副署長、国税不服審判所本部審判官、東京国税局調査第一部調査審理課長、大阪国税不服審判所部長審判官、川崎北税務署長等を経て平成23年7月退官、現在税理士。
著書に「所得拡大促進税制の実務」、「賃上げ税制の実務」、「所得拡大・人材確保等促進税制の実務」、「投資促進3税制の実務」、「法人の災害対応ガイドブック・共編著」、「法人税 決算と申告の実務・共著」（いずれも大蔵財務協会）。

令和4年改訂版　設備取得を支援する！
中小企業投資促進税制・中小企業経営強化税制の実務

令和4年1月26日　初版印刷
令和4年2月17日　初版発行

著　者　　橋　本　満　男

（一財）大蔵財務協会　理事長
発行者　　木　村　幸　俊

発行所　　一般財団法人　大　蔵　財　務　協　会
〔郵便番号　130-8585〕
東京都墨田区東駒形1丁目14番1号
（販　売　部）TEL03(3829)4141・FAX03(3829)4001
（出版編集部）TEL03(3829)4142・FAX03(3829)4005
http://www.zaikyo.or.jp

乱丁・落丁はお取替えいたします。　　印刷　三松堂㈱
ISBN978-4-7547-2982-0